中国の高学歴化と大卒者就職の諸相

蒋 純青【著】
Jiang CHUNQING

専修大学出版局

［目 次］

序章　中国の学歴高度化の現状と大卒者就職難問題······················1

1．本書の目的　*1*

2．先行研究　*4*

　2-1　学歴社会に関する研究　*4*

　2-2　高等教育大衆化をめぐる研究　*8*

　2-3　大卒者就職に関する研究　*12*

3．本書の枠組　*16*

参考文献　*18*

第1章　学歴格差社会の諸相···21

はじめに　*21*

1．所得格差の実態　*23*

　1-1　所得格差に関する先行研究　*23*

　1-2　学歴社会が生み出した所得格差　*26*

2．教育制度の変遷と中国人の学歴観　*28*

　2-1　教育制度の変遷　*28*

　2-2　中国社会の学歴観　*33*

3．学歴獲得競争と学歴による所得格差　*35*

　3-1　高騰する進学費用と受験競争の深刻化　*36*

　3-2　学歴による所得格差の拡大　*39*

おわりに　*44*

参考文献　*46*

第2章　大卒者就職制度の変遷···49

はじめに　*49*

1．先行研究　*50*

i

2．「統包統配」の就業制度（1949年～1984年）*51*

  2-1　「包下来」制度　*51*

  2-2　「統包統配」の就業制度　*52*

  2-3　「統包統配」の就業制度に対する評価　*57*

3．「双方向選択」の就業制度（1985年～1992年）*59*

  3-1　「双方向選択」の就業制度　*59*

  3-2　都市知識青年の双方向選択　*61*

  3-3　「固定工」（鉄飯碗）の解体　*62*

4．「自主的職業選択」の就業制度（1993年～現在）*63*

  4-1　「自主的職業選択」の就業制度とは　*63*

  4-2　大学生募集の拡大　*64*

  4-3　「自主的職業選択」の時代　*67*

  4-4　「自主的職業選択」制度に対する評価　*68*

おわりに　*70*

参考文献　*71*

第3章　大卒者就職難と「民工荒」………………………*73*

はじめに　*73*

1．先行研究　*74*

2．「民工荒」の現状　*75*

  2-1　「民工潮」から「民工荒」へ　*76*

  2-2　「民工潮」と「民工荒」の原因　*77*

3．大卒者就職難と「民工荒」併存の原因　*80*

  （ア）　大卒者労働市場　*80*

  （イ）　農民工労働市場　*82*

  （ウ）　産業構造からの解釈　*83*

  （エ）　「民工荒」と賃金引上げ　*85*

4．産業構造と大学専攻設置の適合性　*87*

  4-1　産業構造と就業構造　*87*

［目 次］

　　4-2　産業構造と大学専攻設置の適合性　*90*

　　4-3　実証分析　*93*

　5．定員拡大と賃金への影響　*96*

　　5-1　定員拡大と経済成長　*96*

　　5-2　ミンサー型賃金関数による推定　*98*

おわりに　*104*

参考文献　*106*

第4章　大卒者の就職意識と就職能力 ································*109*

はじめに　*109*

1．先行研究　*111*

2．大卒者の職業に対する期待の変化　*114*

　　2-1　大卒者の職業に対する期待　*114*

　　2-2　職業に対する期待の変化　*115*

3．大卒者就職意識の実証研究　*117*

　　3-1　理論アプローチ　*117*

　　3-2　実証研究　*119*

　　3-3　推定の結果　*121*

4．大卒者の期待賃金と「レモン市場」の原理　*123*

　　4-1　大卒者の期待賃金　*123*

　　4-2　「レモン市場」の原理　*124*

　　4-3　大卒者賃金の実態　*127*

　　4-4　実証研究　*132*

5．大卒者の就業能力　*136*

　　5-1　大卒者の就業能力モデル　*138*

　　5-2　中国の大卒者の能力基準　*140*

おわりに　*144*

参考文献　*145*

【付録1】　*147*

iii

【付録2】 *150*

第5章　家庭環境と大卒者の就職 ………………………………*155*

はじめに *155*

1．先行研究 *156*

2．親の高学歴志向 *159*

3．社会階層論からの解釈 *160*

3-1　文化資本論 *160*

3-2　ウィスコンシン・モデル *162*

3-3　トラッキング論 *163*

4．家庭資本の影響メカニズム *165*

4-1　家庭資本の役割 *165*

4-2　家庭資本の形成 *165*

4-3　家庭資本と大卒者就職 *168*

5．家庭環境と大卒者の就職に関する実証研究 *169*

5-1　社会階層と大卒者の就職 *169*

5-2　実証研究 *171*

おわりに *175*

参考文献 *176*

第6章　新卒採用の日中比較 ………………………………*179*

はじめに *179*

1．先行研究 *180*

2．日本における新卒採用の歴史 *181*

2-1　戦前 *181*

2-2　戦後 *182*

2-3　「就職協定」以降 *185*

3．「新卒一括採用」 *188*

3-1　「新卒一括採用」の意義 *188*

3-2 「新卒一括採用」のメリットとデメリット *189*

3-3 新卒採用の就職経路 *193*

4. 中国の新卒採用 *195*

4-1 日中採用慣行の比較 *195*

4-2 大卒者の就職経路 *197*

4-3 大卒者の就職過程 *199*

おわりに *201*

【付論】 4Ｐマーケティング理論と大卒者就職 *203*

1. 大卒者の就業競争力 *203*

2. 4Ｐマーケティング理論 *204*

3. 4Ｐマーケティング理論と大卒者就職 *205*

参考文献 *210*

終章　結論 ……………………………………………………………*213*

1. 中国式学歴社会 *213*

2. 大卒者就職難の原因 *214*

2-1 高等教育の定員拡大 *214*

2-2 大卒者の就職観と資質の低下 *216*

2-3 高い親の期待 *217*

3. 「人的資本」の蓄積と社会的負担 *218*

4. 中国社会の処方箋 *219*

4-1 学歴社会から学習社会へ *219*

4-2 「新卒一括採用」の導入 *221*

5. 今後の課題 *222*

[注] …………………………………………………………………………*223*

[索引] ………………………………………………………………………*232*

あとがき ……………………………………………………………………*237*

装丁　　右澤康之

序章　中国の学歴高度化の現状と大卒者就職難問題

1．本書の目的

　中国の大卒者は、2015年に史上最高の749万人に達する見込みである。2010年には631万人だったものが、2014年は727万人と700万人台の大台に乗った。2015年3月に開かれた第12期全国人民代表大会（全人代）第3回全体会議の李克強総理の政府活動報告（以下は「報告」）によると、雇用に関しては、都市の新規登録失業率を4.5％以下に（2014年実績4.07％）、新規雇用者数を1,000万人以上（同1,322万人）にするとされた[1]。

　「報告」は、2015年の新卒大学生は749万人（14年は約727万人）と史上最高になることや、構造調整や過剰設備の削減に伴う失業者の増加などにより、多くの雇用チャンスを創出しなければならないことから、新規雇用の創出目標は2104年並みの目標に設定された。一方で、労働年齢人口の減少や昨年の新規雇用創出実績が1,322万人になったことなどにより、失業率目標は昨年より0.1％引き下げられ、2008年以降8年ぶりの引き下げとなった。

　しかし、中国の国内総生産（GDP）成長率は低下しつつあり、就業ポストと卒業生の需給アンバランス状態が際立っている。大卒者の求人需要は、両極端に分かれる傾向にある。需要は最先端分野と都市・農村基層の公共サービス分野の2つに集中しているが、大卒者の就職希望先はこれらの分野に合致していない。

　また、海外留学帰国者の増加、就業における様々な差別などにより、大卒者

1

は無力感を抱いている。さらに、党体制部門で職を得るためには、「親の七光り」が不可欠になっている。卒業生やその親の立場からすると、このような風潮は日常茶飯となっている。

1999年に中国が高等教育機関定員拡大政策を実施してから、大学在校者数が飛躍的に増加した。『中国統計年鑑2014』によると、大学在校者数（本科・専科を含む）は2000年の556.1万人から2013年の2,468.1万人に急速に上昇した。

高等教育への粗就学率[2]は2011年の27%から2013年の35%まで上昇し、大学進学のハードルは低くなり、大学入試の合格率は2011年の70%から2013年の77%に達した。2015年中国の浙江省の教育部が発表した大学入試の合格率は90%に達した。日本と同様に、「大学全入」時代を迎えたと言っても過言ではない。

最近の調査では、卒業時に就職先が決定している大卒者は僅か40%前後であり、大学院進学、留学や起業などを合わせても、進路決定率は70%の水準にとどまっている。高等教育機関の在校生が大きく増加したために、未就職者数も年々増加傾向にある。

大学新卒者の就職問題が深刻化している背景には、大学進学率の上昇による大学生の過剰供給の問題がある。大学生が増えただけではなく、学力低下といった問題も顕在化している。大学生の質はバラツキが大きくなっており、優秀な学生から、とても大学生とは思えない学生まで、玉石混交といった状態にある。

「人材大国」から「人材強国」を目指す中国では、高等教育機関の定員拡大後、大学在校者数は急速に増えており、確かに「人材大国」にはなりつつある。しかし、在校者数が急激に増えているために、大学教育の質の低下、大卒者の総合的素質の低下により、「人材強国」の実現にはまだまだ時間を要するであろう。

現在の学生の多くが就職に際しての理想が高く、卒業してもブルーカラーのような仕事には就きたがらない。東部沿岸地区の発展した都市は依然として多くの大学生の理想の就職地であり、彼らは決して人材不足が顕著な内陸部の中小都市へは行こうとはしない。結果的に「希望の就職先には入れず、希望しな

い就職先には入らない」状況が生まれ、最終的には親のすねをかじることになっている。「卒業、即失業」は、すでに多くの卒業生の最大の悩みとなっている。

大学のカリキュラムの設定と実際の社会のニーズの食い違いも原因の１つである。中国ではその時に人気のある事項に投資が集中するという現象がよく起こるが、教育も例外ではない。人気の業界に関連するカリキュラムを設置する大学が増加し、学生も急増している。結果として、その業界の人材が過剰になり、卒業生の失業問題を深刻化させている。

大卒者就職難を緩和させるために、河南省工商聯副主席（2009年３月）の王超斌は、大学卒業後、職業学校に入るという手段が良い解決策ではないかと提案した。また、清華大学政治経済学研究センター主任の蔡継明も就職難問題を緩和するために、様々な解決策を提案した。たとえば、大学生の在校時間を延ばし、専門学校の卒業生を本科学校へ進学させる。さらに、本科生を大学院へ進学させ、公費留学生を増やすという[3]。

しかし、就職希望者を減らすことにより、就職難を緩和するという考え方は、実現可能性が低いだろう。大卒者が学業を続けることは当面の就職難を緩和する手段として必要ではあるが、社会的、家庭的コストを要し、就職を延期しても就職希望者の総人数が減るわけではない。

中国の不均衡な経済発展の下で、高等教育は急速に大衆化し、大卒者が過剰に供給され、大卒者の就職にも多大な問題が生じている。中国社会は大卒者就職難という深刻な社会問題に直面しており、潜在的な不安がますます顕著となっている。

以上を踏まえて、大卒者就職難問題を分析することは、中国社会にとって極めて重要な課題であると考えられる。本書では、第１に、「民工荒」[4]と「大卒者就職難」が併存する矛盾を指摘し、大卒者就職難と高等教育機関定員拡大の関連性を明らかにする。第２に、中国社会における学歴意識、特に大卒者の就職意識と就業能力を検証する。第３に、家庭が大卒者の就職に与える影響を考察する。第４に、日中間の就職制度を比較しながら、中国の新卒採用制度の問題点を多面的に検討することとする。

2．先行研究

　ここでは、大卒者就職に関する先行研究を概観し、①学歴社会に関する研究、②高等教育大衆化をめぐる研究、③中国の大卒者就職に関する研究の3点に関してレビューを行う。また、先行研究の不足を指摘し、本書の課題を明確にする。

2-1　学歴社会に関する研究

（1）学歴社会

　学歴社会とは、人間の社会的地位や所得さらには評価までもが学歴により決められるという社会のことである。学歴による出世や賃金の格差、世間の見る目の格差など、学歴社会の風潮が強く残っていると言える（小宮山 1993）。

　また、ある社会での「職業的地位の配分」を、主に学歴を指標として行うシステムを学歴主義という（太田 1998）。学歴社会のより包括的な定義としては、藤田（1993）がある。

　「社会的地位への人員の配分や社会的報酬の配分に際して学歴を重視することを学歴主義といい、学歴主義が優勢な社会を学歴社会という。具体的には、社会一般に学歴により就職機会や賃金水準に格差がある場合、その社会を学歴社会といい、そのような格差を生み出している人々の行動規範・行動原理を学歴主義というのである」（藤田 1993）。

　明治初期のベスト・セラー『学問のすゝめ』のなかの冒頭の一句「天は人の上に人を造らず人の下に人を造らず」という言葉は有名である。ここで福沢諭吉は次のように述べている。

　「医者、学者、政府の役人、または大なる商売をする人、夥多の奉公人を召使う大百姓などは、身分重くして貴き者というべし。身分重くして貴ければ自らその家も富んで、下々の者より見れば及ぶべからざるようなれども、その本を尋ぬればただその人に学問の力あるとなきとに由ってその相違も出来るのみにて、天より定めたる約束にあらず。……人は生まれながらにして貴賤貧富の

別なし。ただ学問を勤めて物事をよく知る者は貴人となり富人となり、無学なる者は貧人となり下人となるなり」（福沢 1942）。

　この引用部分に対して、吉川（2005）は、そこでは天賦の機会の平等、学歴のメリットの強調とともに、自己責任による結果の不平等が強く是認されていることが知られており、この意味で福沢諭吉が目指した学歴社会は、じつは激烈な、（欧米的）不平等なのであると批判している。また、吉川は現代から近未来の日本社会における学歴をめぐる状況を成熟学歴社会と名付け、成熟学歴社会とは、著しい高学歴化の変動期の後に続く、現在および近未来の高水準の安定・膠着状態を指すものであり、学歴社会はもはや高学歴化社会ではないと指摘している。

　ドーア（1978）は、特に途上国に存在する、「大学に行けば」、「大卒の資格を取りさえすれば、良い仕事、良い給料が得られる」という考え方＝学歴信仰に警鐘を鳴らした。ドーアは「後発効果」という概念を用いた。途上国が先進国に追いつくために近代的な制度を整備し、それを支えるための客観的な環境が整っていないため、これが学歴信仰を生み出していると指摘した。

　ドーアは「毛沢東のロマンチックな儒教的理想主義に共感を寄せ」、中国をユニークな存在として記述・説明している。ドーアは、中国においては①社会的選別が学校の学力テスト以外の基準でなされる、②権力という報奨をほかの報奨から切り離す、③知能が利欲的達成のためではなく、④生産的自己達成のために利用されるという4点を指摘し、権力と威信が、富の配分と一致しないよう意図的に操作し、世界で見られる学歴社会とは異なる学歴観を生み出したと説明している。

　後に園田（2008）は、現在の多くの中国の人々は当時のことを否定的に評価する傾向があり、ドーアの議論を「中国の現状を理解しないユートピアだ」と評価している。しかしここで留意すべきは、今日の中国では、高学歴者が必ずしも高い経済的、政治的地位を得ることができるわけではないという事実が存在するという点である。

　園田は、日本や韓国のように大学進学率が高い地域では、概して功利主義的な考え方に賛同しない人が多くみられ、どの地域でも高学歴を達成できなかっ

た者が功利主義的な教育観を持つ傾向が強いと述べている。また、園田は、東アジア地域は、どこでも受験競争が激しいが、高学歴を得られなかった人々は、良い職業と所得が学歴獲得により得られると考えがちであり、こうしたメンタリティが学歴社会を根本から支えているのであると指摘している。

（2）学歴社会と階層分化

　学歴社会と階層分化に関して、以下の研究が注目される。

　和田（2009）は、学歴社会になると、これまで以上に階層分化が進み、学歴による収入格差が広がり、それにより、これまで以上の様々な格差が生じると指摘している。

　原・盛山（1999）によると、階層意識の定義は次の通りである。まず、特定の階層・階級における特有の知識、価値、利害関心などと、階層に関する意識に大別することができる。そして後者の階層に関する意識の中には、①全体的階層分布に関する意識、②階層的地位の個人的な重要度に関する意識、③階層分化と密接に関連していると考えられる意識の3つがある。③には次のものが含まれる。第1は、階層帰属意識のように、階層構造の中での自らの位置づけに関する認知が代表的なものである。第2は、地位上昇志向や高学歴志向といった、階層的地位についての志向性を表すものである。第3は、社会満足感や公平感といった社会の評価に関係する意識である。日本社会全体が一定の豊かさを達成した現在、階層帰属意識は「階層意識の焦点」としての機能を失い、第2点や第3点のような意識が階層意識の中心になる可能性があると、原・盛山は述べている。

　一方で、吉川（2000）の「学歴社会意識論」とは、社会意識を差異化させる要因としての教育経験の「量」と「質」に注目する研究を指す。吉川による階層意識の分類では、高学歴志向や地位上昇志向は「再帰的階層意識」に入る。再帰的階層意識とは、階層について言及した意識項目であると同時に、階層による意識の分化が予想（期待）されるものである。高地位→高地位の重視→高地位の同型的再生産といった階層構造の維持を、社会意識の次元で想定していることも特徴である。吉川は経験的分析により学歴観の再現のループを発見

し、これが「学歴社会意識論」の中心的な研究課題になると主張している。

　苅谷剛彦（2010）によると、親の学歴、職業、所得、教育への関心、文化レベルといった事項は相互に関連しており、これが社会階層を形成する。そしてこれらが子供の学習意欲や学力に強い影響を及ぼし、社会階層の再生産を生じさせる。単純に「経済格差が子供の学力格差を産む」という因果関係にならない点に注意する必要がある。結果として、そう見えることは別の問題である。たとえば、経済的側面だけに着目して十分な奨学金制度を設けても、社会階層の流動化にあまり役に立たないのは、そのためだと考えられている。このような問題意識は、階級意識が強い欧州や人種対立を持つアメリカにおいて重要なテーマとして扱われ、研究されてきた。

　こうして、苅谷は、階層意識が薄い（あるいは避けていた）日本に対してこのような教育社会学的観点を用いて、「教育における隠れた社会階層」が終戦直後から一貫して存在していることを指摘している。また、実際には存在する社会階層を長年にわたって無視・タブー視してきた日本の戦後教育史にも着目している。

　園田（2008）は、日本では低学歴者ほど子供の教育達成への期待度が低くなる傾向があるが、中国ではむしろ中学歴・低学歴の親のほうが子供への教育達成への期待が高くなる傾向がみられると主張している。北京、上海、広州などの八都市で、2005年に市場リサーチ会社「零点」[5]が行った調査からは、一般家庭の支出全体に占める教育費の割合が三分の一に達しているという数値が得られる。また、中国青少年発展基金が2006年に実施した調査[6]によれば、貧困学生の80.3％は「大学に進学することで自分の人生を変えることができる」と考えている。園田は現在の中国における過酷なまでの学歴獲得競争は、様々な理由で大学に進学することができなかった親たちの「リターンマッチ志向」のあらわれなのであると考えじいた。

　中国の大卒者就職問題の代表的な研究者である李敏（2011）は、中国の出身階層格差が大学進学のみでなく、卒業時に、大学院進学、留学、そして就職にも影響を及ぼしていると分析している。李の分析によると、父親の学歴と家庭の所得が高ければ、進学と留学の可能性が高められ、人から羨望されるような

職に就くことができ、中国の階層分化は、今後さらに拡大することが予想できると指摘している。

2-2　高等教育大衆化をめぐる研究

(1)「人的資本理論」

経済学における教育の研究では、シュルツ（1961）やベッカー（1964）により考案された「人的資本理論」とスペンス（1974）により考案された「シグナリング理論」という2つの理論がある。

「人的資本理論」とは、教育により人間の中で知識や技能が蓄積されたことで生産性が上昇し、その結果として高い所得が得られるという考え方である。このような議論の背景には、一国の経済成長の要因として、資本と労働のみならず、教育水準の向上も重要であることが判明したことがある。

荒井（1995）によれば、①義務教育などの基礎的な教育ほど、また、理科系的な教育と職業ほど、さらに経済や技術が複雑化・高度化するほど、「人的資本理論」が成立しやすく、②就職直後の企業内訓練や経験が学歴により明確に区分され、将来のキャリアを決定する度合いが大きく、企業などの採用決定者が責任回避的なほど、「シグナリング理論」が成立しやすいとしている。「人的資本理論」と「シグナリング理論」は正反対の理論でありながら、相容れない理論ではない。なぜならば、就業や賃金決定のプロセスには、教育のシグナリング機能と労働生産性向上機能の両方が混在しているからである。もっとも知的基盤社会であり、人口減少のもとで、より高度な教育への需要が高い現在の日本の場合では、教育への投資の経済学的な理論的根拠として、「人的資本理論」が成立しやすいといえる。

宇沢（1998）は、「人的資本理論」に関して、教育の持っている本来の役割を無視した、「極めて非人間的、反社会的」な考え方だと厳しく批判する立場も十分ありうると述べている。小塩（2002）は、経済学的な分析に話を絞ったとしても、「人的資本理論」は「投資」としての教育、とりわけ「本人による投資としての教育」に関する理論であり、教育に備わっているその他の面を十分に考慮していないとしても、「人的資本理論」が教育という行動の経済学的

特徴を分析可能な形で捉えたことには大きな意義があると主張している。

　「人的資本理論」の提唱者の一人であるシュルツ（1975）によると、教育により蓄積される主要な知識・技能の一つとして「配分的能力」がある。人は日常生活を営む上で、時間や金銭といった限られた資源を配分するという行為を日常的に行っている。シュルツは、配分的能力について、状況を認知し、それを正確に解釈し、資源を適切に配分する能力としている。シュルツが教育により得られるとした配分的能力は、日常生活から国家運営に至るまで、あらゆる面において重要視される能力である。

（2）「シグナリング理論」

　「人的資本理論」は教育が個人の能力を向上させるという考え方であるのに対して、「シグナリング理論」では、教育が個人の能力を向上させるかどうかは重要ではなく、学歴は個人の（潜在的）能力を識別するシグナルでしかない。

　「シグナリング理論」を支持する橘木（2002）がその代表的研究者である。橘木は、「シグナリング理論」（橘木は「スクリーニング仮説」という表現を用いている）を支持する統計的事実として、①低学歴の人が高学歴の人よりも高い生涯賃金を得る例は確かに多数存在しないが、無視できないほど少ない例ではない、②企業の指定校制度、大学卒における銘柄大学とそうでない大学との間の昇進格差が存在する、③賃金や所得とは関係のない動機で大学に行くことも多い、④医師や弁護士、技術者等職業決定に際してどの学部に進学するかが大きな役割を演じている、といった点を指摘している。しかし、これらの事実は「シグナリング理論」を全面的に肯定し、「人的資本理論」を全面的に否定するものとは言えない。

　学校教育は生産性に何の影響も与えないと思われるが、もしも生産性との相関関係があるとすれば、企業が学歴により労働者を採用することには合理性がある。また求職者も高等教育を受けることにより自分の優秀さを示せるため、高賃金を受け取ることができる。しかしこの見方によれば、教育は社会的な浪費となる。なぜならば、教育を受けたとしても、生産性に影響を与えることがなければ、学生や学校関係者の社会的資源を使ったことにほかならず、それだ

け無駄が生じたことになる。これはあまりにも極端な見方であるかもしれないが、生産性に影響を与えると仮定したとしても、シグナリングには社会的な恩恵はなく、費用を要するために、やはり教育に対する過剰投資となってしまう。

　新卒採用の現場では、企業に応募してくる求職者の中には高い生産能力を備えた者もいれば低い者もいる。企業はそれぞれの各求職者の生産能力について正確に把握することは困難、ないしは不可能である。一方で、求職者本人は自分の生産能力について、企業より正確に把握している。それぞれ求職者の生産能力について、企業が不十分な情報しか持たず、求職者本人は多くの情報を持っているような情報量の差がみられる状況を指して、「情報の非対称性」が存在するといわれる。情報の非対称性が存在する採用現場では、学歴というシグナルが個人の生産能力についての判断材料となる。すなわち、企業としては学歴の高い求職者は生産能力も高いはずである、という判断を下すことになる。

（3）人的資本の蓄積

　近年の経済成長理論では、技術進歩を内生的なものとしてとらえ、それが現実の経済成長の大きな源泉となっていると考えられている。多くの先行研究では、経済成長を支える「人的資本」の役割が強調され、人的資本の蓄積がみられる国は経済成長に成功し、そうでない国は持続的な経済成長を達成することができないと指摘されている（黒柳・浜田（1993）、柴田（1993））。

　これに対し、Krugman（1994）は、今日の東アジアの急成長は一時的な現象であり、長期的に現在のような高い成長率を維持し続けるとは考えにくいという否定的な見解を示している。彼の主張の一つの根拠は、今日の東アジアの急成長は生産性の上昇に裏付けられたものであるというよりもむしろ、資本や労働といった物的投入量が急増したことによるものであり、このような急成長はいずれ頭打ちになるというのである。

　飯田（2015）は、教育は個人には私的な利益をもたらすが、広く経済社会を担う人材を育てるという意味で、社会においても利益をもたらすと考えてい

る。教育による便益を、教育を受けた本人に帰属するものと、経済社会に帰属するものとに整理している。

さらに、飯田（2015）によると、経済学において、教育が扱われることが多くなっている。すなわち、教育に対する経済学的視点がいっそう求められるようになっているのである。経済学においては、教育は投資である。教育は個人単位では労働者の将来の賃金に対する投資であり、マクロ経済的には経済全体の労働生産性や、経済成長率を高めるための投資であるとされることを指摘している。

教育は人的資本を蓄積する上で重要な要因であるとされている。具体的には、教育水準が高ければ高いほど、人的資本が大いに蓄積され、経済成長へ正の効果をもたらすこととなる。教育と経済成長の関係についての先行研究は、理論・実証共に数多く行われており、その中でも南・牧野・羅（2008）では、経済発展と教育発展には正の相関があることが示されている。

宋（2002）は、生産関数における人的資本の代理変数として大卒・修士卒の累計数、理系大卒・理系修士卒の累積数を取り、戦後日本と韓国の労働生産性に対する人的資本の弾力性を推計している。両国の人的資本の弾力性はいずれの場合も高い値を示し、特に理系大卒・理系修士卒においては顕著であることが推計結果にあらわれている。これは人的資本が経済成長において大きな役割を果たしていることを示唆している。

一方、中国の高等教育機関定員拡大政策により、高等教育機関の在校生が年々増加している。三浦（2008）によると、量の拡大が質を伴っていないことの背景には、地方分権化と教育の市場化の進展がある。義務教育は、末端の行政単位に「丸投げ」されたことで、地域ごとの貧富の差がそのまま教育の質に反映されるようになった。高等教育は、市場原理の導入により大衆化されたものの、学生数の増加に応じた教員の拡充が図られなかったため、質が低下することとなった。そもそも中国の教育支出は規模が小さく、量と質を両立させることは不可能である。また、教育支出拡大のための資金を財政ではなく家計に求めたことで、「教育不公平問題」に対する関心を一層高めることとなったと指摘している。

2-3 大卒者就職に関する研究

（1）大卒者就職の市場化

この点に関しては、次の研究が興味深い見解を定義している。

丸山（2002）は、中国の労働市場の変化のメカニズムを分析した。中国では、労働の市場化それ自体が改革の目標だけではなく、むしろ、政府が当面の問題に対する短期的な対応策を積み重ねていった結果が市場化であった。大卒者労働市場は、政府により意図的に作られたものではなく、市場経済を導入することにより、社会的環境の変化に対応するためにとられている政策である。丸山はこのように見ている。

溝口（2003）は、中国の大学入試と就職方式の変革に着目し、近年の高等教育改革の現状を分析した。今日の大卒者の職場配置に関しては、国家による統一配分が終わり、基本的に学生と企業等との間の双方選択の方式に移行している。これに対して、入試において大学が関与するようになったとはいえ、選抜にはまだ大きく行政の枠がはめられている。つまり、中国の現在の教育改革は、大学側が主体的に取り組んで進めているのではなく、いわば外的環境の変化によりなし崩し的に進められているのである。溝口は、以上のように、経済（ないし市場）に繋がる大卒者の職場配置の面で制度は大きく変化しつつあるが、市場に繋がらない入試面では制度の変化は小さいと述べている。

（2）大卒者就職に関する研究

日本の高等教育の進学率は戦後一貫して上昇を続け、高学歴化がほぼ定着している。この原因は、「一流の塾へ行き、一流の中学・高校を経て、一流の大学へ入れば、一流の企業に就職して、幸せな人生を送ることができる」というサクセスストーリーが社会の隅々まで浸透したからであると、苅谷剛彦（1995）は指摘している。

大卒就職事情は、バブル経済の崩壊によりどのように変化したのだろうか。この時期に関しては、苅谷剛彦(1995)による知見が重要となる。苅谷は、1993年度（1994年3月卒）の大学卒業者、主に経済系学部卒業者の就職実態を詳細

序章　中国の学歴高度化の現状と大卒者就職難問題

に調べている。そこで苅谷は、バブル経済崩壊後の景気後退をうけて、大卒市場は「超売手市場」から「買手市場」へと変化し、高卒、大卒という「学歴」のみならず、どの大学を出たかという「学校歴」、すなわち就職機会の大学間格差が就職の際に与える影響を分析している。

　そして苅谷は、「大学から職業への移行は、その重要な部分がすでに大学入学時にある程度決まってしまっていることを意味する。大学の出口で行われる就職は、依然として大学の入り口部分の選抜に、依存しているといえるのである。繰り返し指摘され、批判されてきた『学校歴主義』は、今日なお健在である」と結論付けている。

　近代社会においては学問のあるなしが重視され、教育歴＝学歴のある人の社会的地位を決めるようになった。現在の日本では、経済的理由による大学進学機会の格差是正を図ることが必要であるという考え方がある。吉川徹（2006）が「社会的出自による不平等は、民主主義社会では何としても解決されるべき課題である。それだけに、教育を政策から考える立場では、教育の量的拡大つまり高学歴化により、教育機会の不平等が解消されることが想定・期待されてきたのである」と述べているように、たとえば、奨学金政策の充実は、教育の不平等の解消につながるといった立場を支持する取り組みの一つであるといえる。

　しかし、続けて吉川は「現代日本の現実をみると、社会的出自による不平等は、その争点を高校進学機会格差、大学進学機会の二段構えの状態から、大学進学機会格差へとただ集約したにすぎず、不平等の総量は、大きく減ることなく持続している」と指摘している。この指摘はきわめて興味深い。なぜならば、教育の不平等問題は、高学歴化により先送りされてしまう可能性を示唆しているからである。つまり大学全入という現象は、多くの者が大学進学機会を与えられることを正当化する反面、教育の不平等問題が大卒就職機会の時期に先送りされていると考えられるからである。

　大卒者就職に関する研究の代表者である李敏（2011）は、中国の高等教育大衆化を背景とした大卒者の就職活動に関する分析を通じて、中国における大卒者の就職難は次の3つの要因によると指摘している。すなわち、①高等教育の

急速な拡大、②高等教育のアウトプットと労働市場の需要とのギャップ、③労働市場の分断化である。

岳・丁（2003）は、経済発展の水準やスピードおよび産業構造の変化といった観点から、大卒者就職難を分析している。彼らによると、大卒者に対する雇用創出に関しては、経済成長による貢献はそれほど大きくなく、むしろ産業構造を調整することによる貢献のほうが大きいという。また、岳・文・丁（2004）は、産業構造の変化がない限り、現在の高い経済成長率を維持しても、大卒者を吸収する能力に限界があるということを指摘している。

頼（2001）、呉（2004）によると、大卒者が大都市にこだわって内陸部の小都市や未開発地域へ行きたくないと思う原因は、労働市場が戸籍制度等により制限されており、一度内陸部の職に就いてしまうと、大都市に移動しにくくなる。都市部で失業していても、内陸部に就職したくないと考えるのが中国の現状である。そのため、戸籍制度の制限を廃止すべきであることを訴えている。そこで彼らは、戸籍制度を廃止すれば、大卒者は自由に移動でき、内陸部への就職は増えるだろうし、大卒者の就職難も解決に向かうのではないかと指摘している。

『中国就業報告』は、大卒者の就職難を引き起こした原因は、高等教育の専攻の設置と大卒者の素質が、企業の需要に対応できないからであると分析している。また、高等教育システムの市場化改革が、経済の市場改革に遅れていて、需要側のニーズに供給側は応えられない点も指摘している。

鄧・安（2003）、文（2003）では、大卒者の就業意識を中心に分析がなされている。彼らは、大学生が職業を選択する際に、大都市の高賃金、高福利厚生の職のみを希望し、内陸地域や農村地域、中小企業や民営企業への就職を希望しないため、大卒者の就職に「供給過剰と供給不足」という矛盾する現象が同時に引き起こされていることを指摘している。従来のエリート教育から大衆化へと移行するのに伴い、大卒者がそれまでターゲットにしてきた企業、職種以外にも就職しなければならない時代を迎えているにも関わらず、大卒者のエリート意識により、需要と供給の間にミスマッチが発生したという指摘もある。

14

李（2003）、陸（2004）は、多変量解析を通して、中国社会の地域間格差を視野に入れつつ、①父親の職業・学歴および出身階層といった先天的家庭背景要因、②戸籍制度要因、出身地（14歳時居住地）と就職地の都市化水準、本人学歴、ジェンダー、共産党員身分は、個人の職業達成に影響を及ぼしている要因であり、加えて親の学歴や職業などの先天的家庭背景が、本人の学歴と並んで地位達成にあたって重要になりつつあると分析している。

（3）先行研究の問題点

大卒者の需要と供給の間にミスマッチがあることはよく指摘されているが、そのミスマッチは十分検証されているとは言い難い。都市部と内陸部の労働力移動の分析は数多く行われており、高等教育機関定員拡大も指摘されている中、定員拡大と大卒者就職の関連性に関する実証研究はかならずしも十分ではない。

中国の高等教育研究では、高等教育大衆化の進行に伴う大卒者数の急増により、新規大卒者の就職難や大卒者の職業達成の規定要因に関する研究がなされている。学業成績、専攻、ジェンダー等の要因を人的資本として取り上げ、大卒者の職業達成との関係についての研究もなされている。しかし、このような考察は定員拡大前に行われた調査が多いために、調査結果は今日の状況を十分に反映しておらず、現実と乖離している可能性がある。

大卒者の職業達成要因の分析のほか、制度上の要因についての研究も多々なされている。特に戸籍制度の要因に関する研究が多く、自由な労働力移動が抑制される戸籍制度を廃止すべきであるとの指摘はよく目にする。しかし、戸籍制度が廃止されたとしても、地域間の格差、産業発展等の要因で大卒者の就職難問題を解決するのは容易ではない。

現在の中国では、大卒者の就職難という深刻な問題に陥っている。そもそも中国式の新卒採用制度（中途採用・通年採用）そのものに欠点があるか否かについての研究は極めて少ない。経済成長のために人的資本の蓄積が必要であることに関しては、すでに数多く研究結果が残されている。しかし高等教育定員拡大後、労働市場が大卒者を吸収する機能は十分ではない。その原因は多様で

はあるが、中国式新卒採用制度そのものに問題があるという認識が重要になっている。

　また中国には、大卒者就職難が存在する一方で、「民工荒」による労働力不足という矛盾が併存している。2004年初めから中国の製造業を始めとする多くの業界で労働者の確保が厳しくなっている。労働者の不足は内陸部に拡大し、中国全土で人件費が右肩上がりで上昇を続けている。高学歴の大卒者の賃金と単純労働の「農民工」の賃金の差が縮小する傾向もみられるが、両者の関連性に関する研究はいまだ数少ない。

　以上の点から、大卒者の就職問題を考察するにあたっては、地域間格差、産業構造、大卒者個人の職業達成、家庭背景、就職制度・構造などを総合的に分析し、大卒者就職の展望を明らかにする必要がある。

3．本書の枠組

　本書の目的は、中国における学歴高度化の現状を明らかにし、中国の大卒者就職難問題の原因とその行方を解明することにある。

　中国の大卒者就職制度の変遷を詳細に分析したうえで、中国社会における大卒者就職難と「民工荒」という社会的矛盾を考察し、「中国総合社会調査データ」（CGSS 2008）（本書第3章参照）を用いて、高等教育定員拡大前と拡大後の賃金に及ぼす学歴効果を検証する。次に、本研究の一環として、2回にわたり実施したアンケート調査のデータを用いて、大卒者の就業意識と就職機会、就職満足度の関連性を分析し、さらに、家庭環境が大卒者の就職に与える影響を究明する。最後に日中間の新卒採用制度を比較しながら、マーケティング理論を用いて、大卒者の総合的な素質の重要性を指摘する。

　本書は、以下の各章から構成される。

　第1章は、中国の学歴に起因する格差社会の全体像を紹介したうえで、地域間の格差、都市と農村部の格差を分析しながら、学歴社会が生み出した所得格差を指摘する。親と学生の学歴観に基づき、学歴獲得競争社会の考察を試みる。さらに、「勝ち組」になるための様々な社会的契機を明らかにすることに

序章　中国の学歴高度化の現状と大卒者就職難問題

図表 0-1　本論文の分析枠組

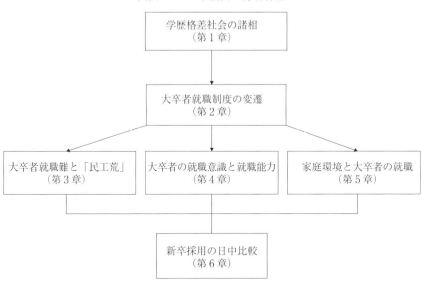

資料：筆者作成。

なる。

　第 2 章は、建国後の計画経済期と市場経済期のもとで、共産党指導部および中央政府が創設した大学の入学制度と就職制度を紹介する。就職制度に関しては計画経済期の「統包統配」制度から「双方向選択」への移行、及び市場経済期の「自主的職業選択」制度の特徴と問題点を考察する。

　第 3 章は、産業構造の変化に伴い、労働集約的産業に就業する労働力が不足となる一方で、大学卒業生が過剰となっている。つまり、大卒者就職難と「民工荒」の構造的な矛盾を指摘する。「民工潮[7]」から「民工荒」に陥った原因を探り、産業構造と大学専攻設置の適合性を分析する。さらに、「中国総合社会調査データ」（CGSS 2008）や、「ミンサー賃金関数」を用いて、高等教育定員拡大前と拡大後の賃金に及ぼす学歴効果を明らかにする。

　第 4 章は、中国の大卒者の「高望み」、「現実離れ」の就職観を指摘したうえで、筆者が行ったアンケート調査から得たデータを分析し、大卒者の就職意識と就職機会、就職満足度の影響を検討する。「レモン市場」原理を用いて、大

17

卒者が求める賃金について考察する。USEM モデルや麦可思研究院の調査データにより、中国の大卒者の就職に際しての総合能力の不足を明らかにする。

第5章は、「文化資本論」、「ウィスコンシン・モデル」、「トラッキング論」を用いて中国の社会階層を解釈する。「家庭資本」のメカニズムを分析したうえで、筆者が行ったアンケート調査のデータを用いて、中国の家庭環境が大卒者就職に寄与する要素を考察する。

第6章は、日本の「新卒一括採用」のメリット、デメリットを詳細に検討する。「新卒一括採用」の内容、就職時期、就職経路と中国式の新卒採用制度とを比較し、中国式新卒採用の問題点を指摘する。さらに、マーケティング理論を用いて、就職難の中国社会で職を求める大卒者にとって、「総合的素質」の重要性を強調する。

参考文献

[日本語]

R・P・ドーア（1976）、松居弘道訳（1978）『学歴社会—新しい文明病』岩波新書。

園田茂人（2008）『不平等国家 中国—自己否定した社会主義のゆくえ』中公新書。

苅谷剛彦（2010）「大卒就職の何が問題なのか」苅谷剛彦・本田由紀『大卒就職の社会学 データからみる変化』東京大学出版会。

苅谷剛彦編（1995）『大学から職業へ—大学生の就職活動と格差形成に関する調査研究—』（高等教育研究叢書31）広島大学大学教育研究センター。

丸山知雄（2002）『労働市場の地殻変動—シリーズ現代中国経済3』名古屋大学出版会。

吉川徹（2006）『学歴と格差・不平等—成熟する日本型学歴社会』東京大学出版会。

吉川徹（2000）「大衆教育社会のなかの階層意識」近藤博之編『日本の階層システム3 戦後日本の教育社会』東京大学出版会。

橘木俊詔（1999）『日本の経済格差』岩波新書。

橘木俊詔（2002）『安心の経済学』岩波書店。

橘木俊詔・松浦司（2009）『学歴格差の経済学』勁草書房。

原純輔・盛山和夫（1999）『社会階層―豊かさの中の不平等』東京大学出版会。

溝口貞彦（2003）「最近中国の教育改革―大学入試と就職方式の改革」『東洋学研究所集刊』第33集、二松学舎大学東洋学研究所。

荒井一博（1995）『教育の経済学』有斐閣。

黒柳雅明・浜田宏一（1993）「内生的成長理論―経済発展、金融仲介と国際資本移動」『フィナンシャル・レビュー』第27号、大蔵省財政金融研究所。

三浦有史（2008）「中国は『人口大国』から『人材強国』へ変われるか―教育政策からみた成長の持続性と社会の安定性」環太平洋ビジネス情報　RIM 2008 Vol. 8 No.28。

柴田章久（1993）「内生的経済成長理論」『季刊理論経済学』44-5　桜井書店。

小塩隆士（2002）『教育の経済分析』日本評論社。

小宮山博仁（1993）『学歴社会と塾』新評論。

宋仁守（2002）「経済発展と人的資本―日韓比較―」、『大阪経大論集』、第53巻、第2号。

太田佳光（1998）「学歴という幻想」南本長穂・太田佳光編『教育現象を読み解く』黎明書房。

藤田英典（1993）「学歴社会」宮島喬・藤田英典編『文化と社会』放送大学教育振興会。

南亮進・牧野文夫・羅歓鎮（2008）『中国の教育と経済発展』東洋経済新報社。

飯田清子（2015）「人的資本蓄積と経済成長」弘前大学大学院地域社会研究科年報（11）。

福沢諭吉（1942）『学問のすゝめ』岩波書店。

平沢和司（1995）「就職内定企業規模の規定メカニズム―大学偏差値と OB 訪問を中心に」苅谷剛彦編（1995）所収。

李敏（2011）『中国高等教育の拡大と大卒者就職難問題―背景の社会学的検討―』広島大学出版会。

和田秀樹（2009）『新学歴社会と日本』中公新書。

［英語］

Becker, G. S.（1964）Human Capital：A Theoretical and Empirical Analysis with

Special Reference to Education, The University of Chicago Press.

Krugman, P. (1994) "The Myth of Asian's Miracle," Foreign Affairs 73 : (邦　訳『中央公論』95年 1 月号、「幻のアジア経済」。

Schultz, T. W. (1961) The Economic Value of Education, The University of Columbia Press.

Schultz, T. W. (1975) "The Value of the Ability to Deal with Disequilibria," Journal of Economic Literature, Vol.13, No. 3 .

Spence, M. (1974) Market Signaling, The University of Harvard Press.

[中国語]

鄧希泉・安国啓 (2003)「試析2003年高校卒業生就業難的形成原因」『青年研究』2003年11期。

丁小浩 (2006)「規模拡大与高等教育入学機会均等化」『北大教育経済評論』第 2 期。

頼徳勝 (2001)「労働力市場分割と大学卒業生失業」『北京師範大学学報』第 4 期。

李春玲 (2003)「社会政治変遷与教育機会不平等―家庭背景及制度因素対教育獲得的影響」『中国社会科学』第 3 期。

陸学芸 (2002)『当代中国社会階層研究報告』社会科学文献出版社。

陸学芸 (2004)『当代中国社会流動』社会科学文献出版社。

文東茅 (2003)「"好工作" 与 "就職難"」『中国大学生就職』2003年 5 月。

呉克明 (2004)「二元労働力市場理論与大学生自願性失業」『江蘇高教』第 2 期。

岳昌君・丁小浩 (2003)「受高等教育者就業的経済学分析」『高等教育研究』第24巻第 6 期。

岳昌君・文東茅・丁小浩 (2004)「従求職和起薪看高校卒業生的就業競争力―基于調査数据的実証分析」『北京大学教育経済研究』第 2 巻第 2 期。

張翼 (2004)「中国社会流動機制研究」陸学芸編『当代中国社会分層』社会科学文献出版。

曽満超 (2000)『教育政策的経済分析』人民教育出版社。

中国労働和社会保障部労働科学研究所編 (2003)『2002年中国就業報告』中国労働社会保障出版社。

第1章　学歴格差社会の諸相

はじめに

　中国共産党第16期中央委員会第5回総会（2005年10月）で採択された第11次
5ヵ年計画（2006—2010年）では、成長の持続性を高めるための政策が盛り込
まれた。この5ヵ年計画では「人口大国」から「人材強国」へという目標が示
された。また2007年10月に開催された中国共産党第17回全国代表大会[8]では、
科学技術の発展に関する新たな要求が提出され、人材強国戦略が推進されるこ
とになった。もう1つ提出されたのは、貧富の格差是正や持続的発展に重点を
置いた政策目標とされている「和諧（調和）社会」の構築である。これ以降
「和諧社会」という新たなキーワードに注目が集まっている。
　中国では、急速な経済発展が実現されたものの、社会的な格差・不平等など
が社会問題化しており、社会的安定と持続的発展の維持に対して世界中の関心
が注がれている。格差・不平等に関する先行研究は、これまで地域間、都市と
農村間、階層間の所得格差として分析されてきたが、本論は、この「所得格
差」を生み出す極めて重要な要因が「学歴」にほかならないと考える。人は生
まれ育って、社会生活を営み、やがて老いていくが、学歴はその初めの段階で
一人一人が手にする「人生の切符」のようなものである。それゆえに、その後
の60年あまりの人生に格差をもたらし続ける要因となっている（吉川 2006）。
今日では、より良い学歴を獲得しないと厳しい競争社会で十分に高い所得や地
位が得られないという確信が広まりつつある。そして、より良い学歴を獲得す

21

るために多くの人たちが必死になっている。

　中国では、1990年代から、高等教育に対する急激な改革が行われた。その改革は、主に学費の徴収による市場化と高等教育機関の定員の急拡大による大衆化である。中国の大学新入生の数は、2008年に599万人を記録し、大学進学率は史上最高の23％に達した。特に修士・博士課程のような高学歴を目指している学生が急増している。教育政策の重点が「量」的拡大に置かれていたため、質が置き去りにされている。近年は、義務教育の「質」および高等教育へのアクセスにおける格差が顕在化しつつあることから、中国でも「教育不公平問題」が重視されるようになっている。しかし、教育投資に対するインセンティブは依然として高い。教育費が高騰し、教育不公平が存在しているにもかかわらず、なぜ教育に対する投資は増えつつあるのだろう。学歴を求めるこのような高い投資意欲と所得格差はどのような関係にあるのだろう。

　2009年12月10日の『人民日報（電子版）』によると、12月7日に閉幕した中央経済工作会議では、中国の所得格差が深刻なことから、国民所得の分配調整を強化するとともに、低所得層の消費力を向上させる必要があるとの指摘がなされた。また、中国財政部の発表によると、中国の収入格差は非常に深刻な状態に置かれており、10％の高所得者が都市住民全体の財産の45％を占有している。一方、収入が最低クラスの層においてはその財産総額の占める割合はわずか1.4％となっている。また新卒学生の就職率をみると、ここ数年、常に60‐70％前後で推移している。卒業時点で無収入の学生が3‐4割もいることになる。仮に就職できたとしても、賃金格差は非常に大きい。2015年に上海市人的資源・社会保障局が発表した新卒の賃金（月収）をみると、学歴順で、修士卒以上平均は7900元、大専以下平均は4000元前後である。このように入り口での賃金上昇もすさまじいが、その後のキャリアの積み方で、10年後の処遇もまったく違ってくるだろう。このように「勝ち組」と「負け組」の差は歴然としている。本章では中国における学歴格差社会の全体像を述べたい。

1．所得格差の実態

　中国経済に驚異的な経済発展をもたらしたものは、いうまでもなく1978年から始められた鄧小平の改革開放政策である。鄧小平が改革当初にあげた「20世紀中に『小康社会』[9]を実現する」という目標はほぼ達成された。江沢民時代は「全面的な小康社会」の実現のためには、沿海部のみでなく内陸部等後発地域の発展が必要であり、それまで軽視されてきた地域格差の是正に取り組むことが必要であると認識された。江沢民の後を受けた胡錦濤政権は、「全面的な小康社会」の実現という目標を与えられた形でスタートしたわけだが、政権発足当初から貧富の格差拡大や党・官僚の腐敗に対して「以人為本」（人民の利益の重視）というキーワードを用いて、特に強い問題意識を示した。また、「和諧（調和）社会」の構築というキーワードを掲げて、従来の経済成長に偏りがちであった政策から、公正・公平や自然との調和を重視した政策に転換するという方向を明確に示した。

　中国は1978年の改革開放から数十年間に、年平均10％近くの経済成長を実現した。こうした急速な成長を続ける一方で、中国では数多くの社会問題が噴出している。所得分配の不平等、それによる所得格差がますます顕在化している。なかでも中国の都市部と農村部の所得格差は非常に大きい。この間、農村には過剰労働力があり、農村から都市への流入人口が増加することで、都市部での限られた雇用機会をめぐる競争は激化し、都市内部の所得格差はさらに拡大した。中国の貧富の格差は深刻な社会問題となり、中国社会の安定と発展に極めて不利な要因となっている。

1－1　所得格差に関する先行研究

　1978年12月の中国共産党第11期3中全会で「改革開放」という政策が実施されてから、中国の経済状況は大きく変化し、高度成長期に突入した。しかし、急速な経済成長に伴い、深刻な社会問題が次第に露呈するようになった。数ある社会問題の中で、今日の中国社会にとって最も深刻、且つ早急に解決しなけ

ればならないことは格差の是正である。所得格差に関する先行研究では、所得
分配の不平等による社会的貧富の格差の絶対的増大、マクロ的な地域間、すな
わち東部・中部・西部の三大地域間、また、都市・農村間の所得格差問題の分
析が多い。これらの先行研究では、所得格差の原因として、例えば、厳善平
（2005）は①分配政策の変化、②市場原理の浸透効果、③差別政策・規制によ
る市場介入、④法整備・市場秩序整備の立ち遅れ、⑤政府能力の弱小化を指摘
した。他方、牛島（2006）は①社会主義的平等を棚上げした経済発展優先政
策、②市場経済の浸透に対応した制度の未整備、③不正な利得の獲得機会の大
規模な発生、④労働力移動を阻害する戸籍とそれに伴う差別などを指摘してい
る。これに対して本論では、所得格差の原因として学歴格差が最も重要である
と考える。

（1）地域間の所得格差

　中国の地域間格差についても数多くの先行研究が蓄積されている。自然条件
や気候がまったく異なる巨大な中国にしてみれば、地域間にある程度の経済格
差があっても不思議ではない。中国は世界第4位の広大な国土を誇り、その地
理的条件は地域により大きく異なる。それ以外にも様々な条件が地域により異
なるために、これらの地域が同様な経済発展を遂げることは考えにくい。たと
えば、北京や上海のような先進国とほとんど変わらない地域もあれば、未開発
の大自然や農村が多く存在する地域もある。しかも、中国の人口の多くがいま
だ農村部に存在する中で、経済発展が都市部地域に集中することになれば、格
差はますます拡大することが予想される。改革開放期には、市場化の進展や分
配政策の調整に伴い、様々な資源の沿海部への傾斜配分が行われてきた。沿海
部と内陸部の所得格差は、沿海部中心の発展政策、いわゆる「先富論」[10]とも
関係している。沿海部では、外資の積極的な導入を通じて急速な工業化を進
め、経済を発展させてきた。内陸部では国有企業が、沿海部と比べて多く残る
こととなり、国有企業の生産性は低いことから、経済成長率は低く抑えられて
いる。その結果、地域間の格差が急速に拡大している（図表1-1）。一国の中
で起きた現象とは考えられないほどの格差である。

第1章　学歴格差社会の諸相

図表1-1　中国の地域間経済格差（1人当たりGDP：2013年）

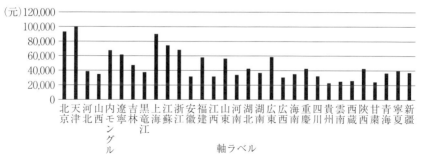

資料：中国国家統計局『中国統計年鑑』2014年版より筆者作成。

（2）都市・農村間の所得格差

　地域間の経済格差が、都市と農村間における所得格差を引き起こしたことは言うまでもない。特に、1980年代の政策転換以降、その格差はより明確な事実として顕在化している。まず、所得の変化状況から見てみよう。経済政策転換直前の1978年の都市住民の可処分所得[11]は343.4元である。この所得額は農村住民の純収入[12]の2.6倍に相当するものである。1980年以降農村改革が着手され、農村住民の個人経営や家庭の請負生産、食糧販売価格の部分的自由化・緩和など、農村住民の所得に直接影響する緩和政策が次々と打ち出された。

　これにより、1985年時点において、都市・農村間の所得格差は1.9倍まで縮小した。ところが1985年以降、都市・農村間の所得格差は再び拡大方向に転じた。この時期の格差の拡大要因は、1985年の都市改革である。都市改革は、都市部門の産業構造や経営主体の企業を対象としたものである。この改革に伴い、都市部企業の賃金制度が大きく変化し、企業労働者の賃金体系における歩合制も導入され、賃金は大幅に上昇した。この時期はボーナスなどの奨励制度の導入も盛んに行われ、都市部の労働者は賃金以外にもボーナスなどの奨励金を獲得する機会が増えた。都市改革により私営企業が誕生し、市場競争の下で急速な成長がみられ、私営企業の従業員の賃金も急上昇したのである。

　また1980年からの農村改革では、請負生産方式が導入され、食糧販売価格の

図表1-2　高所得層の低所得層に対する1人当たり所得の比率の推移

資料：中国国家統計局『中国統計摘要』2014年版より筆者作成。
注：高所得層は家計の一人当たり所得順の上位20％の世帯、低所得層は下位20％の世帯を対象としている。所得は、都市部は一人当たり可処分所得、農村部は一人当たり純収入。

　一部自由化の中で、農民は食糧生産に集中した。その結果、食糧は過剰生産となり、食糧販売価格が急速に下落した。さらに1985年以降、農民の収入を支えてきた郷鎮企業の経営状況が停滞期に入った。市場では郷鎮企業が生産する低・中級位製品に対する需要が減少したため、郷鎮企業の低・中級位製品は、市場飽和の状況に陥った。その結果、郷鎮企業の労働者の賃金も減少し始めた。

　「高所得層」と「低所得層」の間の格差に関しては、まず都市部では、上位20％の世帯の下位20％の世帯に対する1人当たり所得の比率が、2003年の5.30倍から2008年の5.71倍に拡大した後、2013年には、4.93倍に縮小している。次に、農村部においても、上位20％の世帯の下位20％の世帯に対する1人当たり所得の比率は2011年をピークに下がり始めている（図表1-2）。

1-2　学歴社会が生み出した所得格差

　中国では学歴間の賃金格差の拡大を受けて、教育投資へのインセンティブが高まっている。しかし、教育費の家計負担の増加と所得格差の拡大がネックと

なり、投資をしたくてもできない世帯が増えつつある。所得格差が教育格差を
生み、それが再び所得格差に転嫁されるという悪循環、つまり教育を通じた所
得階層の固定化が始まっている可能性がある。所得格差の拡大について、中国
における研究には2つの異なる議論がある。1つは、今日の中国における所得
格差は過大であり、それは非常に危険であるという認識に立つ議論である。こ
の立場に基づき、格差は縮小すべきであるという提案がなされてきた（曾国
安・羅光伍 2002、馮招容 2002、張忻・龔徳恩 2002）。もう1つは、現在の中
国における所得格差には、合理的格差（学歴から生み出された格差など）と非
合理的格差という異質な2種の現象があり、あながち所得格差の拡大を問題と
すべきでないという立場である。この立場によれば、非合理的格差は克服すべ
きであるが、合理的格差はむしろ経済改革の成果として、容認すべきであると
いうことになる（李実・趙人偉 1998）。中国における所得格差についての研究
では、非合理性の立場での研究が多く、合理性的アプローチで研究されること
は極めて少なかった。そこで本論は、中国における学歴社会と所得格差の関連
性について分析する。

　「人的資本理論」によると、高学歴と低学歴の賃金格差は、大学教育が、そ
れを受けた者の知識や技能を増大させ、それにより彼らの生産能力が上昇した
ために発生したと考えられる。教育により人間の中に蓄積された知識や技能は
「人的資本」と呼ばれ、教育は「人的資本投資」とみなされる。たとえば、大
学教育に対する投資の収益は、教育を受けることにより追加的に生み出される
利益と定義される。また、高学歴労働者は低学歴労働者よりも好ましい労働条
件の下で働いており、これは大学教育の非金銭的な利益の一種となる。「人的
資本理論」によると、高学歴者は多大な金銭費用や時間的費用を負担して、知
識や技能を修得してきた。そのため彼らの能力は高く、生産労働に従事したと
きの生産性も高い。生産性の高い人が高い賃金を得るのは当然であると考え
る。

　しかし、高賃金を得るためには、際限なく学校教育に投資するのがよいので
あろうか。そうではなく、教育投資量を多くするに従って、投資一単位あたり
の収益は逓減すると「人的資本理論」は考える。つまり教育投資の能力増大効

果は、やがて逓減していく。そのため教育投資量には、過剰でも過少でもない最適量が存在することになる。経済学的には、長期間にわたる教育投資の費用と収益から、最適投資量を決定する理論を構築することが可能である。しかし、経験に基づくと、このような「人的資本理論」の考え方に賛成できない人も多い。明らかに自分より能力の劣る人が、多少学歴が良いために高い地位に就いていることを多くの人々が知っている。そもそも学歴が高くないと、挑戦の機会さえ与えられないのが普通である（荒井 2007）。

　中国でも、「高学歴＝良い将来（良い職、良い所得、良い地位)」の意識が強まっている。教育投資費用は家計支出のかなりの割合を占めている。また、政府の高等教育人材育成政策の実施に伴い、大学生の募集数が拡大し、大学卒、さらに高学歴を目指す学生が年々増加している。大学院に進学することや海外留学は今日ではごく一般的となっている。このような状況の下で、大学卒就職難に直面し、就職できない学生が多数存在している。就職ができても、出身校や学歴により賃金が異なるという現実もある。

2．教育制度の変遷と中国人の学歴観

　中国の高等教育進学率は、1999年の9.8％から、2003年の17％、2005年の21％へとわずか6年間の間に進学率は倍増を達成した。このような急速な高等教育の拡大は、一方では社会・経済の急速な発展に寄与するものであるが、他方では、さまざまな社会問題を引き起こしている。高等教育の大衆化をもたらした政治的・社会的・経済的基盤は何だろうか。莫大な高等教育機会の供給は、主にどのような高等教育機関に担われたのだろうか。そしてそれはどのような帰結をもたらしたのだろうか。ここでは、中国教育制度の変遷から高等教育の大衆化がもたらした問題点を分析する。

2-1　教育制度の変遷

（1）中華人民共和国建国以前（～1949年まで）

　古来より中国では教育が重視されてきた。かつての教育は主に「四書」「五

経」[13)]に代表される古典文献の講読が中心であり、受験生は官僚、知識人および富裕層の子弟であった。学問を通して良い成績を挙げれば高位高官に就けるわけであり、知識人たちは「科挙」[14)]を受けて「秀才」、「挙人」、「進士」の3等級に合格することに出世への望みをかけた。このようなエリート教育は徳川・日本の藩校教育に似た存在であった（南・牧野・羅 2008）。1905年に清朝政府は「科挙」制度の廃止に踏み切った。唐・宋時代以来1300年以上続いた科挙による官僚登用制度に終止符を打ち、近代的な教育制度の確立に向けての第一歩が踏み出された。

　この時期の民主的革命家、教育家であり、北京大学校長でもあった蔡元培氏は、封建制度を打破し、西洋文化を学び、教育文化面から社会改革の実現を目指して、民主的思想解放運動を推進した。また、「五四運動」[15)]を中核として、北京大学は、封建主義反対、新思想の普及を目指して、全国の思想文化に大きな影響を与え、後年共産革命の原動力となる幾多の人材を輩出した。中華民国政府も教育の近代化を推進し、1915年には複線型教育システムの原型が整備された。同年には「義務教育施行程序」が公布され、1925年までに全国規模で4年制義務教育を実施することが定められた。これは中国の歴史上初めてのことであるが、実現には至らなかった。

（2）建国初期（1949年～1966年）

　中華人民共和国建国後、政府は国家建設の必要に応じて教育システムを整備した。この時期の中国の高等教育は全面的にソ連型教育を導入し、すべての学校を国立に切り替え、労働者、農民にも門戸を開き、マルクス・レーニン主義の課程を教科書に取り入れ、ソ連の学制をモデルとして全面的に改革・再編した。1952年には初等教育・中等教育・高等教育のような教育制度を導入した（南・牧野・羅 2008）。当時、毛沢東の指示に従い、「教育を受けるものを、徳育、知育、体育の各方面で全面的に発達させ、社会主義的自覚を持った教養のある勤労者を養成する」、「身体、学習、仕事の各方面で優れた生徒を育成する」[16)]といった教育方針が打ち出された。教育は新しいシステムの下で迅速な発展を遂げ、特に成人教育は大きな成果を収めた。1959年までに8,853人の留

学生がソ連をはじめとする東ヨーロッパ諸国に派遣された、そのうち3分の2は理工科系であった。建国以来中央政府の政治家、官僚の多数がこのグループの中から輩出された。大躍進期[17]の1958〜60年は「教育の大実験」の年であった。肉体労働と科学の授業が並行して行われ、学内に工場、農場が設けられた。「15年内に大学教育を全国普及する」[18]という中国の実情に合わない目標が掲げられ、各地に無数の大学が設立された。1957年の時点で全国229校の全日制大学が、1960年には1,289校に増え、在学生は44万人から96万人に膨れ上がった。その後、大学数は1961年の調整を経て、1963年に407校に、学生数は75万人に減少した。

（3）文化大革命期（1966〜1976年）

　文化大革命は国家と民族に多大な災禍をもたらした政治運動であり、この間、中国の教育は正常な発展を妨げられ、教育部門の秩序は崩壊した。1968年以降、青少年たちは農村から学ぶ必要があるとして大規模な徴農と地方移送が開始された（「上山下郷」[19]運動、一般的には「下放」と呼ばれる）。この時期には、文革以前の教授・教員・知識人の80％以上が職場から追放された。大学進学には中学・高校卒業後2〜3年の労働体験が必要とされ、学力テストに代わって毛沢東の著作の習熟度により人間の価値が決められた。文革期の教育が「知識」不在、「文化」不在といわれるのはこのためである。ABCはおろか、一次方程式も解けない大学生、魯迅も杜甫も知らない青少年が多数存在した。紅衛兵運動から「下放」収束までの間、中国の高等教育は機能を停止し、この世代は教育面でも多大な被害を受けた。これらの青少年が国家を牽引していく年齢になった今日、文革は中国に大きな負の影響を及ぼしている。

（4）改革開放期（1978年〜）の教育制度

　改革開放後、中国は「四つの近代化」（農業・工業・国防・科学技術）を国家目標に掲げた。教育改革推進のための政策規範として、憲法をはじめとする法律条が構築されるようになった。現行の中国の学校制度は、初等教育、中等教育、高等教育に分類されている（図表1-3）。

図表1-3　中国の学校系統図

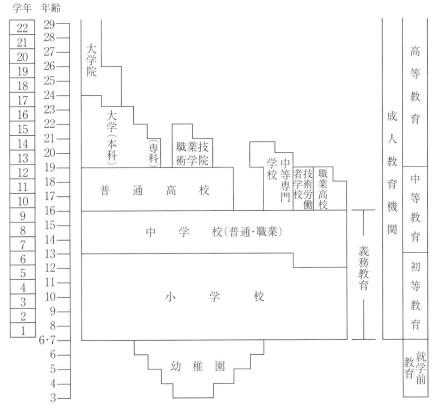

資料：文部科学省生涯学習政策局企画課（2006）p.182
　　　南亮進（2008）p.12より筆者作成。

　1980年代以降の中国の高等教育は、次のような特徴がみられる。
　第1に、大学の合併・再編と「大学園区」（大学集中地区）の設立である。1992年以降、計画経済体制から社会主義市場体制へ転換することに伴い、高等教育の従来の管理体制は運営効率が低く、市場経済体制に適応できず、とくに社会のニーズにこたえられないなどの弊害が露呈し始めた。これに対して1992年から政府は、中央官庁が設置した大学を教育部所管の大学に合併・再編し、または地方に移管することにした。同じ地域に重複設置された小規模の大学や

学院に対しても合併・再編が行われた。また、大学の合併・再編に伴い、大規模な大学園区（「大学城」[20]）が建設された。

　第2に、高等教育の大衆化である。教育部が1999年1月13日付で示した「21世紀に向けての教育振興行動計画」によれば、「現代化を目指し、世界と未来を目指す教育」という戦略的指導方針のもとで、1999年当時9.8%であった普通高等教育進学率を第10次5ヵ年計画期（2000〜05年）中に15%にまで引き上げることが目標として設定された。この結果、普通高等教育進学率は2000年に11.5%となり、2003年には、大学教育の大衆化段階の目安とされる17%に到達し、その後2005年には21%と上昇を続けている。

　第3に、世界的な一流大学の育成のための重点校政策である。重点校政策として1995年に「211工程」と1998年5月4日に「985工程」が実施された。「211工程」と「985工程」を経て、2009年に全国で100以上の重点校が誕生した。

　211工程（英文：Project 211）は中国教育部が1995年に定めたもので、21世紀に向けて中国の100の大学に重点的に投資していくとしたものである[21]。これらの大学は「211工程重点大学」あるいは「211重点大学」と呼ばれ、それまでの「国家重点大学」という言葉に取って替わった。2009年現在、普通大学が109校、軍学校が3校、合計112校がある。

　985工程（英文：Project 985）は中国教育部が1998年5月に定めたもので、中国の大学での研究活動の質を国際レベルに上げるために、限られた大学に重点的に投資していくとしたものである[22]。江沢民国家主席が北京大学の創立100周年に際して、初めて言及した。2007年現在、普通大学が38校、軍学校が1校、合計39校がある。

　第4に、民営大学、独立学院、民営成人大学の発展である。民営普通大学は主に専科であり、高等教育職業教育を行う。この学歴証書は、国公立の普通大学と同様に政府により認められている。1996年から2007年に、民営普通大学数は21校から276校に上昇した。また独立学院は、普通大学と社会諸勢力が協力して設置運営し、財源を授業料収入に依存し、市場メカニズムにより運営されている新たな民営高等教育機関である。90年代半ば頃から登場し、2007年までに318校に達した。独立学院の規模は普通民営大学に匹敵するようになり、民

営大学の規模を超える傾向にある。そのほか、民営成人大学、中外合作弁学、独学試験なども急速に発展している。

中国では高度成長に加え、科学技術予算の急増、R&D支出の増加に伴い、高級人材に対するニーズが増加し、博士教育に対する需要が急増した。2006年に誕生した博士は、米国の51,000人に対し、中国大陸部では49,000人に達した。中国における2007年の博士号取得者は5万人を上回り、博士号の授与数で、中国は米国を抜き世界トップに立った。2007年時点で、中国の博士号取得者は累計24万人、修士号取得者は累計180万人に達した。中国における博士教育のスタートは実際、欧米諸国に比べるとかなり遅かった。1982年6月に6人が博士号を取得したが、この6人が1981年1月1日に始める新学位制度の博士第1号であった。南開大学党委員会書記の薛進文教授は中国の大学教育は、米国の約100年に及ぶ教育の道を20年あまりで突っ走ったと指摘している。この30数年は博士教育の「バブル時代」と言ってもよいだろう。学歴教育の「最高峰」にある博士の教育レベルは、国家の最高教育レベルや科学研究レベルを反映するだけではなく、国家の知識創造能力や学術レベルにも影響を及ぼす。現状では、高学歴者の質を保証することは困難であり、高学歴者の就職難問題に発展し、「高学歴者・低就業率」という現象が懸念されている。

2-2　中国社会の学歴観

「望子成龍」―息子の出世を願う。自分は物乞いをしてでも子供を上級の学校に行かせたい。これは中国庶民に深く根付いた意識であろう。一人っ子政策[23]の実施以後、中国では子供たちの教育に注ぐ情熱は高まる一方である。多くの親はわが子を有名校に入学させるために一切を惜しまない。教育支出の増大の背景には、条件的にはその支出を可能とする中国人家庭の経済能力の向上がある。しかし、経済能力はあくまでも教育支出を含めた家計支出全体の総量を決定づけるものであり、教育への支出の直接的な動機ではない。教育への支出の動機、それは教育投資の意識にほかならず、中国人家庭全体の教育に対する期待でもある。教育に対する期待は、現実的には（わが子の）知識能力の実際の収益率の上昇を可能とする学歴社会の成熟度に規定される。こうした学歴

主義意識成熟の原因は、第1に、現在の中国社会において市場経済化に伴う産業高度化が求める人材市場が形成されている点にある。従来は商品ではないと考えられていた「人材」が商品化され、「高級な物質と精神が結合された特殊な商品」として流通するリクルート市場が整った。特に高学歴の専門職・管理職及びその予備軍としての高等教育機関新卒者は、より価値ある人材と評価され、商品価値が高まった。第2に、都市住民を中心に「小康水準」社会への移行により、教育投資能力の向上とそれを吸収する学校市場の拡大がある。

(1) 親世代の学歴意識

　中国では、80年代から始まった改革開放に伴い、社会階層構造に急速な変化が起きている。新たな階層形成過程の中では、文化的な価値に対する評価が高まっており、学歴を重視する傾向が見られるようになった。その結果として、学校教育は社会的地位の達成、社会移動の重要なチャンネルとなっており、高学歴の獲得が社会的地位の上昇移動の最も有効な手段とされている。高学歴志向が再び台頭し、いわゆる「学歴ブーム」を迎えている。このような高学歴志向は、特に親世代の子供に対する大学進学への期待に反映されている。全体的にみると、家庭状況が異なっているにも関わらず、ほとんどの親たちは子供の大学進学を期待する傾向がみられる。

　今日の中国では、教育熱がきわめて高くなっている。その背景には、「一人っ子政策」により子供にかける親の期待が大きいこと、改革開放の下で英才教育を売り物にする「貴族学校」と呼ばれる私立学校などが登場したこと、生徒・学生の親が文革世代で、子供には自分たちのような苦しい思いをさせたくないという気持ちが強いことなどがある。中国人の親世代の学歴社会に関する認知構造は、「就職の学歴決定論」と「昇進の学校歴決定論」の2つの側面から捉えることができる。有名校に入って、高学歴を身につければ、よい就職ができ、高い社会的地位を得られるという認識が極めて強いことが指摘できる。

(2) 学生の学歴意識

　学生の学歴意識は、歴史文化と社会的現実の両面から理解する必要がある。

第1章　学歴格差社会の諸相

中国数千年の「科挙」文化はごく自然に勉強して官僚になるという一種の特有の考え方を作りあげた。「書籍の中に黄金の家がある」、「書籍の中に美女がいる」と言われるのは、よく勉強し、官僚の地位を手に入れれば、おのずから円満な家庭や裕福な生活といったすべてが獲得できるということを示している。「科挙」の時代には、1人が試験に合格して「挙人」となれば、家族全員が裕福になれるというのは確かに事実であった。今日も、教育は家庭全体の経済状況を変える主要な手段なのである。この歴史文化的考え方は今日でも依然として根強く残っており、中国社会の一人一人に影響を与えていると言わざるを得ない。

　また学生の学歴意識が、やはり現在の中国が依然として「学歴社会」であるという現状に合致している。今日、就職へのプレッシャーがますます厳しさを増しており、雇用側は出身学校や最終学歴をことさら重視し、かつ学歴を人材選抜の基本条件とするようになっている。大都市の大企業や政府機関は、基本的な採用基準を大学院修了以上としており、中小企業あるいは機関であっても四年制大学卒業の学歴を要求している。このような状況が学生に高学歴の追求を学習目的とするという意識を持たせているのは、致し方ない現実である。学生にとって、勉学に励むことにより良い成績を収め、希望するさらに上級学校に入学できれば、それこそが親の期待・願望にさらに近づけることになる。したがって、ほとんどの学生は高学歴＝高い社会的地位や高所得を期待している。

3．学歴獲得競争と学歴による所得格差

　一定の教育を受けた人が、その後、教育程度が低い人よりも安定した仕事と社会保障、高い所得を得ていることは、普段見られる通りである。計画経済期には、従業員の勤続年数の計算は、職業専門学校や大学の在学年数から算定されていた。このように安定した仕事、高い所得は、学校教育の結果とみなされ、より高い学歴を獲得しようとする行動に繋がる。一方、学校側としても、試験の合否により学校の評価が左右される度合いが非常に大きいという現実の

35

中で、すぐに成果が上がるような教え方をするようになり、生徒が試験に合格することが求められる（李渝華 2005）。ドーア（1976）によると、教育そのものを目的とした就学は、経済成長に寄与するが、学歴を目的とした就学は、恐らくそれほど寄与しないであろう。世界では前者よりも後者に属する学校教育が拡大してきているが、その傾向は発展途上国において特に顕著である。学歴を通じて職業を獲得し、社会的地位を上げようとする傾向が強まることにより学歴競争が引き起こされているのである。

3-1　高騰する進学費用と受験競争の深刻化

中国では、子女の大学入学後、高額な学費負担に耐えきれず、その親が自殺に至るという事件がしばしば起きている。中国教育部のデータによると、全国の大学学費の平均は、1989年の年間約190元（当時の都市部住民の平均所得1,376元の14％に相当）から2012年は5,000～7,000元（芸術等の専攻では10,000元余り、国立大学は4,000元前後）にまで高騰している[24]。これは、中国の農村家庭及び都市部低所得家庭にとっては余りにも大きな負担となっている。一方、政府、教育関係者は、大学の運営や教育には高い経費がかかっており、決して学費は高すぎることはないと述べている。しかし、大学の財務状況に関しては透明性が低く、大学生1人当たりの教育コストや学費にかかるデータは予想の域を超えて、これが合理的なものであるか否かに関しては疑いの目が向けられている。中国では、所得格差が広がり、貧富の差があまりにも大きい。従って大学の学費は、中間層の一般家庭にとって耐えられる金額であれば、合理的であると言えるだろう。また、地域により経済事情が異なるため、学費の多寡を全国の平均所得により一律に処理することも適切ではない。改革開放期の30数年間で、中国における大学の授業料は大きな変化を遂げた。その変化は、①大学教育無償期（1977年～88年）、②大学授業料制度改革試行期（1989年～93年）、③大学授業料制度形成期（1994年～97年）、④大学授業料上昇期（1998年～現在）の四つの時期に区分できる。特に最近の20年間は上昇の一途を辿っており、進学費用は高く、受験競争は厳しく、大学進学熱は深刻な社会問題を引き起こしている。

第1章　学歴格差社会の諸相

（1）「勝ち組」志向

　6月になると爽やかな初夏を迎えるが、中国の受験生にとっては正念場の厳しい季節であり、「黒色の6月」とも呼ばれている。大学入試は全国一斉に実施され、国を挙げての一大事である。試験場の入口には、父母だけではなく、祖父母の姿も見られる。何をすることもなく、試験が終わるまで子供たちをひたすら待ち続けている。さらに警察官も会場周辺に配置され、付近の道路は通行止めになっている。会場近くで行われている工事も試験中は全面ストップされ、騒音はすべて排除され、静かな環境の中で試験が行われる。こうした物々しさは、中国の大卒者が将来の出世と高所得が約束されたエリートであり、それだけ社会全体が大学入試を重視していることを物語っている。我が子の進学について父母の期待は高まるばかりである。有名大学に子供が入学できれば、一家の誇りでもあるし、将来は家計を潤してくれることになる。「一人っ子政策」の下で誕生した子供たちを学習塾や芸術教室に通わせたり、家庭教師を雇ったりして学力、教養を身に付けさせようとする親たちが増えている。有名大学に入ることが人生の「勝ち組」への近道であるという考え方は、親子に共通して見られる。

（2）「高考移民」

　「高考」は中国語で大学入試のことである。中国では、大学入試は人生の一大事である。中国の大学入試は全国統一試験で決まり、受験生は全国統一試験受験後、自己採点の結果を受けて、志望大学に応募することになる。大学側は、応募してきた学生を点数の高い順に採用することになるが、地域的な偏りを防ぐために、地元以外の地区の受験生は一定の割合で選ぶことになる。たとえば、北京の大学であれば、北京出身の受験生を一番多く採用し、それ以外は、それぞれの省から一定の割合で採用することになる。地域により教育レベル（学校・教師・施設）が異なるために、レベルの低い地域は合格点数が多少低くなったり、レベルの高い地域は合格点数が多少高くなったりする。同じ点数でもレベルの低い地域の受験生は合格しやすく、レベルの高い地域の受験生は合格しにくくなっている。これをうまく利用して（不正行為）、レベルの高

37

い地域から、わざわざレベルの低い地域に引っ越す受験生がおり、このような受験生は「高考移民」と言われている。

（3）不正行為の増加

「高考」と呼ばれる大学入試は、中国では生涯を左右する重大な「試練」である。教養あるエリート生活を送るか、一生凡庸な市民で終わるかは、この試験結果で決まるとされる。学歴を重視する中国社会では、受験生は「人生の一大事」とばかりに必死である。時にその必死さは不正行為に転化することがある。一回の試験で人生が決まるという認識がまだ社会の中に根付いているため、受験戦争は激化し、不正行為が横行する。不正行為に関しては、科学技術の進歩に伴い、その手法も高度化している。カンニングペーパーや受験生がすり替わる「替え玉受験」などの古典的なやり方に加えて、一時期は携帯電話やポケットベルを使って正解を文字で送りつけるカンニングが流行した。また、耳の穴の中にすっぽり入る超小型の無線イヤホンを使って正解を伝える手口も登場した。これに対して、当局側は携帯電話の持ち込みを禁止したり、金属探知機や受信妨害装置を設置したりして監視を強化したが、事前に試験監督者に賄賂を渡してカンニングを見逃してもらう受験生も現れるなど、カンニングをする側が取り締り側の一歩先を行く「いたちごっこ」が続いている。

（4）海外留学受験生の増加

現在中国では「高考（大学入学統一試験）」受験を放棄し、海外の大学を目指す高校生が増加している。また海外の高校への留学を申請する高校生の数も明らかに増加している。中国から海外に出掛ける留学生の数は年々増加しており、さらなる高学歴を追求する姿勢が強まっている。中国教育部の統計によると、2008年に海外留学生は約18万人に達し、史上最多を更新した。公費留学生の割合が毎年減少していることが特徴であり、出国した留学生のうち、9割以上が私費留学であるという。統計数字には表れていないが、都市部の富裕層の間では最近、子供を小・中学校から欧米諸国の学校に入れ、語学を習得させることが流行しており、「小留学生」と呼ばれる。その数は、少なくとも数万人

第1章　学歴格差社会の諸相

と言われている。貧しい農村部を中心に、経済上の理由で「大学への夢」をあきらめざるを得ない若者が確実に増えている一方、「小留学生」が増加しているという事実は、中国の貧富の差がますます拡大し、不平等な社会の歪みが教育面でも浮き彫りにされていると言えよう。

（5）大学院入試の拡大

　2008年には中国の大学院生（修士・博士課程）、大学生の数がいずれも大きく伸びた。2013年には、大学院生の募集人数が61.1万人、在学生数が179.4万人に達した。2006年に中国の大学院在学生数がはじめて100万人を突破したが、2013年には79.4万人増加し、179.4万人との史上最高を記録した[25]。大学院生が急増した背景には、①修士以上の学歴を求人条件とする行政部門が増えたこと、②大学生の急増に伴い、大学を卒業しただけではよい就職口がないことに加えて、③修士号取得者の初任給が大学新卒者の2倍に相当する、つまり、教育の収益率が投資を大きく上回っていることも人気が集まっている理由である。

3−2　学歴による所得格差の拡大

　教育を受けるために高い「資本」を投じた以上、高学歴者が投資に相応しい高所得を得るのは当然視されている。中国経済が発展してより裕福になり、大学卒業者人口が増えていくと、雇用側も、大学卒業者を歓迎する傾向が強くなっていく。大卒がかつてエリート（中国では「天之驕子」、「天の寵児（ちょうじ）」と呼ばれる）であったという背景からしても、すなわち大卒は価値を伴うものである（李渝華 2005）。大卒に相応しい大学出の職業という地位を得た職業は、その地位を得ていない職業よりも、社会的に優位にあり、それだけ高い報酬が得られることになる。現在は計画経済期のように大学卒業者の就業保証はなされていないが、計画経済期のエリート意識はまだ大学卒業者に影響を与えている。学生本人も、社会も、まだ彼らはエリートになる人間だというイメージを共有している。中国の大学教育の収益率は、1990年代以降さらに上昇傾向にある。収益率が高いほど、教育機会を求める熱意も高まる。厳善平

39

（2005）によると、教育を受けた年数の長さと年収の高さとは正の相関関係にある。学歴競争に勝ち抜いた人々は、それに見合った職業を得ようとする。「危険、きつい、汚い」といった仕事を敬遠するだけではなく、学歴を得るために支払った努力、投資に見合うだけの報酬を望んでいる。

（1）学歴による賃金格差

　経済学では、教育を人間に対する「投資」としてとらえる。教育は企業の投資、すなわち、新しい工場の建設や機械の購入と同様に、生産能力を拡大し、将来得られる利益の増加が期待される。大学進学は学生の自分に対する投資である。大学の進学により知識や能力は高まり、高卒で就職するよりも高い所得が見込まれる。日本には、国立大学、公立大学、私立大学という三種類の大学があり、明治時代の日本では、どの大学の教育を受けたかにより、同じ新卒者であっても、初任給が異なっていた。当時の日本企業はまだ成長期にあり、就職先として官庁より人気が劣る一般企業は、同じレベルの教育を受けた新卒者に対して、国立、公立、私立の順に初任給に差をつけていた。大正6年当時の三菱系大企業、日本郵船の新卒社員の初任給をみると、東京帝国大学（現東京大学）卒業者の月給が40-50円で最も高く、東京高等商業学校（現一橋大学）が35-40円、慶應義塾大学と早稲田大学及びその他の地方の官立高商が30円、それ以外の私立専門学校は23-25円という相場だった（天野 1982）。このような給与の差はその後の日本のエリート校への進学志向に大きな影響を与えた。

　また、平成19年版の「賃金構造基本統計調査」を使って計算すると、大企業の大卒男子の生涯所得の平均が3億1,200万円であるのに対して、高卒男子の生涯所得は2億5,600万円であり、大学進学により高卒男子よりも生涯所得が5,600万円ほど増えることになる[26]。

　中国でもこのような状況がみられ、「麦可思（MyCOS）（教育データ情報会社）―2009年薪資調査」によると、2009年大学生卒業半年後の平均月収は清華大学が5,339元でトップになっている。続いて、上海交通大学は4,808元、復旦大学4,726元で3位となっている。トップ10位はほぼ4,000元を超えている[27]。また、大枠月収トップ10位の大学は大学総合ランキングの上位10位の大学と同

第1章　学歴格差社会の諸相

図表1-4　学歴による新卒初任給の比較（2008）

(単位：元)

	新卒給与水準	大専	学士	修士	博士
金融業	営業		3,300	4,500	5,500
	証券投資		4,000	5,600	7,500
自動車製造業	営業	1,300	2,200	3,200	
	商品開発	1,650	2,500	4,200	
小売業	営業	1,600	2,500	4,000	
	生産製造	1,600	2,500	4,500	
IT	生産製造	1,800	2,500	3,700	
	研究開発	2,300	3,500	5,500	6,800

（資料）：大和顧問コンサルティング株式会社。

じである。有名校卒なら就職しやすく、賃金も高い。知名度が低い大学卒なら就職難に直面し、職に就いても賃金は低い。大学進学という投資を行うにも、将来得られる収益は相当異なる。

　計画経済期の大卒者は職業選択の自由が殆どなく、国有企業または地方が設立した集体企業に就職するしかなかった。いわゆる「配分」である。80年代半ばからは外国資本と華僑資本が流入し、高い賃金を提示して、高学歴者を募集するようになった。これに伴い、多くの国有企業の人材が奪われることになり、国有企業人材の流出は大きな社会的関心を呼んだ。一定の職業キャリアを有する人材の流失は国有企業にとって大きな損失であるが、それに歯止めを掛ける有効な手段は殆どなかった。またこの時期には「配分」に従わない大卒者に高等教育の費用を返納させる措置が採られ、新規大卒者の外資系企業への流入を制限する動きがあった。大卒者就職の市場化が進むにつれて、高等教育費用の一部が家計の負担となり、1990年代半ば以降、新規大卒者に対する職業選択の制限や学費の返納は取り消された。外資系企業、華僑資本企業、合弁企業は大卒者が最も好む選択肢となった。外資系企業の賃金は「外国企業投資管理条例」が定めるように、国有企業の賃金よりも少なくとも2割以上高く設定し

なければならない。経済の多元化は大卒者に多くの職業選択の機会を与えたが、同時に学歴による賃金格差の拡大が懸念された。図表1－4からは、修士、博士修了の初任給は大専（日本の短大レベル）と大卒よりも高いことが分かる。社会的に高学歴志向が強まりつつあり、学歴による賃金格差は拡大している。また最近、中国の大学は相次いでビジネススクール大学院を設立しており、国産MBAが増加している。WTO加盟後はMBA取得者の需要も拡大する傾向があった。中国にMBAコースを開設した大学が54校あるが、各大学のMBAコースに対する市場評価には大きな格差がある。清華大学、北京大学、復旦大学などの有名校のMBAは比較的人気がある。中国社会科学院によれば、中国のMBA取得者の年収水準は平均88,655元であり、彼らがMBA学位を取得する前の平均年収は37,227元であった。多国籍企業、大手国有企業やIT企業に採用されるケースが多く、その賃金水準はさらに上昇するものと見込まれる。

（2）学歴による階層間格差

　中国の労働市場は、主に学歴によって、人材市場（大卒労働市場）と一般労働市場に二分化される。つまり、中国の労働市場はこの2つの市場によって分断構造（図表1－5）が形成されている。人材市場と一般労働市場の分断は、中国に特有な制度の産物である。中国の人的資本管理では長年にわたり、統一管理制度が行われてきた。中国の人材市場は、大学教育費の国家負担のもと、大卒に対する国家統一配分に基づき形成されたものである。人材市場における労働力は、国有部門の上部層、専門技術を持つ労働者、管理職（通常大卒以上）などからなる。人材市場と一般労働市場の区別は、労働者に対する管理機構の相違だけではない。政府の「職業紹介センター」が実施する職業紹介においても、その身分の違い（学歴）により、賃金と就職機会の相違がみられる。さらに、中国の労働市場は完全競争労働市場と不完全競争労働市場に分けられる。完全競争労働市場は、市場の需給関係（「戸籍制度」を考慮しない場合）により形成されると同時に、賃金の弾力性も非常に高い。しかし不完全競争労働市場の場合には、労働力の市場参加における阻害要因が存在するのみなら

第1章　学歴格差社会の諸相

図表1-5　中国労働市場分断構造

	第一類市場 人材市場	第二類市場 一般労働市場	第三類市場 労務市場	第四類市場 非正規労働市場
労働力資源	高学歴・高スキルを持っている労働者	高卒・中卒者や一般労働者、「レイオフ」者など	農村剰余労働力、半熟労働者、長期失業者など	私営業者、在宅勤務労働者など
流動特徴	産業間・企業間流動	流動性が弱い、企業内部流動	流動性が強い	流動性が弱い
賃金水準	高い	高い・一般	低い	高い・低い両方
就業企業	国有企業・外資企業・集団企業・私営企業	国営企業・集団企業・民営企業	非国有企業	個人・私営
雇用形態	契約	固定・契約	臨時・日雇い・季節	多様形態
労働法保護	法律上ある	法律上ある	基本的にない	基本的にない
社会福祉・保障	福祉制度あり	福祉制度あり	福祉制度なし	福祉制度なし

資料：李輝（2007）。

注：一部の国有企業を除く、すべての企業は契約を結ぶことである。

ず、賃金の弾力性も非常に低い。

　中国の所得配分の現実は、学歴による階層間の格差がきわめて大きい。社会階層が分化する中、社会政策がまだそれ相応の調節的機能を果たしていない。シニア幹部層（「権精英」パワーエリート）とエリート予備軍たる高学歴者（「知精英」インテレクチュアルエリート）、さらに経済的成功者として私営企業家「富裕層」（「銭精英」マネーエリート）は「勝者」グループになり、低学歴、低所得の労働者は「敗者」グループに分類される。生産活動全体の不均等発展が維持され続ければ、教育面での不均等発展により、将来的には階層の固定化をもたらす懸念がある。

43

おわりに

　中国は日本よりも厳格な学歴社会である。発展途上国であるとはいえ、すでに先進国並みの学歴社会となっており、さらに高学歴社会となる傾向が強まっている。中国の大学入試を受験し、大学に入学し卒業しない限り、まともな企業に勤めることはできない。そして、近年、政策により大学の定員が大幅に拡大されたために、受験戦争を勝ち抜いた者でも、就職さえ危ういのが実情である。受験競争が過熱しており、高学歴失業者の問題が早くも表面化している。中国の親世代は日本以上に教育熱心であり、受験は、文化大革命を経験した親が子供に高等教育を受けさせようとする理由もあり、子供が高所得と高い地位を手にするための手段と考えている。こうした「学歴インフレ」のために、本来人間の知識・技能・人格の発達のために行われるはずの教育が、単に学歴という「証明書」取得の手段になりさがっている。さらに、より高い学歴を求める人々が増え、さらに高学歴化が進むと、単に高学歴であるだけでは就職もできなくなる。ある水準以上の学歴を有することが就職機会を狭めないための最低要件となり、人々の学歴志向はさらに強まる。

　また、中国では、市場経済の進展に伴い、学歴による所得格差が着実に拡大しつつある。所得自体の不公平に関心を払うよりも、学歴による所得格差が不公平だとする意識は相対的に低い。それどころか、「どの条件を満たす人が高所得を得ているか（現実）」、また「どの条件を満たす人が高所得に値するか（理論）」を問うてみると、高学歴者は、現状よりもさらに高い所得を得るべきであると考えている。改革開放以降、特に1990年代に入ってから、海外直接投資をはじめとする経済のグローバル化、IT 技術の急激な進歩により高学歴労働者に対する需要が拡大する一方で、低学歴労働者の労働が減少したため、失業や賃金格差が拡大している。こうした状況の中で都市部では優秀な労働力が数多く求められており、農村の子弟でも、良い学校に行って学問を修めれば、都市の給与の高い良い仕事を得て豊かな生活が送れると考えている。しかし、良い学校に行くには高い学費が必要である。良い教育を受けられるか、受けら

れないかは、大部分親の学歴、階層、職業、所得により決まる。親の階層が高ければ、教育に資金を投じることができ、そうでなければ貧しい教育で我慢するしかない。こうした農村の子弟の多くは、貧しい教育を受けて、低所得労働者にとどまっており、低所得者の次世代も高学歴を得られる可能性は低い。現在の中国では、このような学歴格差と階層の固定化の悪循環が起こっている。

　大学生の就職難は決して突然現れた問題ではない。21世紀に入り、大卒者が急増しており、就職浪人は毎年のように「大量生産」されている。大学院進学の道を広げることは、大学院生を一層増加させ、大学院生の就職氷河期をより早く到来させる。大卒、大学院修了者の急増は、ホワイトカラー志望者の急増をもたらしているが、その主たる受け入れ先である企業のホワイトカラーに対するニーズは、急激に増加する卒業者の数に追いついていない。これが大卒、大学院修了者の就職難の主な原因となっている。また、企業側としては即戦力採用の意向が強く、新卒者の定期採用が制度として定着していない中国の採用慣行も、このようなミスマッチを加速化させている。そのため、今後は、いたずらに量的な拡大を図るだけではなく、高等教育機関で学ぶ学生が企業や実社会で役立つ知識・技能をいかに身につけることができるのか。そのニーズをしっかり把握し、それに対応するための抜本的な教育システムの改革を行う必要があろう。

　中国の所得格差の拡大は「勝者」（勝ち組）と「敗者」（負け組）の二極化政策にも関わらず、「敗者」救済のための所得の再分配機能が脆弱であり、学歴、学校歴格差による低賃金労働者が数多く存在することが大きな原因となっている。中国はセーフティネットが充実していないため、一旦、低賃金労働者に転落してしまうと再起が困難な社会となっている。政府の再チャレンジ支援策も、成功しているとは言い難い。そのような状況の中で、「中国版ニート」は増加しており、格差拡大論が表面化している。高学歴者が急速に増える中国では、高等教育機関の出口である大卒者の雇用問題が喫緊の課題となっている。

参考文献

［日本語］

Ｒ・Ｐ・ドーア（1976）、松居弘道訳（1978）『学歴社会―新しい文明病』岩波新書。

阿古智子（2001）「中国における出稼ぎ労働者子弟の教育問題」『東亜』第411号。

園田茂人（2001）『現代中国の階層変動』中央大学出版部。

園田茂人（2008）『不平等国家　中国―自己否定した社会主義のゆくえ』中公新書。

丸川知雄（2002）『シリーズ現代中国経済3　労働市場の地殻変動』名古屋大学出版会。

吉川徹（2006）『学歴と格差・不平等―成熟する日本型学歴社会』東京大学出版会。

吉川徹（2008）『学歴分断社会』ちくま新書。

橘木俊詔・松浦司（2009）『学歴格差の経済学』勁草書房。

牛島俊一郎（2006）「中国における所得格差の拡大―中国の高度成長の持続性との関連で」『東京経済大学会誌』（経済学）第249号。

厳善平（2005）「中国の所得分配と貧困問題」『東亜』2005年5月号。

荒井一博（2007）『学歴社会の法則―教育を経済学から見直す』光文社新書。

佐々木洋成（2000）「教育達成と属性要因―学校歴による再生産の計量分析―」『社会学評論』。

佐藤宏（2003）『シリーズ現代中国経済7　所得格差と貧困』名古屋大学出版会。

山田昌弘（2007）『希望格差社会』ちくま文庫。

柴田弘捷（2007）「都市の富裕層」労働調査連載「かいがい発」第124回。

石橋一紀（2007）「中国の国家新戦略と高等教育改革」『法政理論』第39巻第4号。

大塚豊（1996）『現代中国高等教育の成立』玉川大学出版部。

陳瑞娟（2003）「計画経済体制時中国の大学卒業生の就職制度」『広島大学大学院教育学研究科紀要』第三部、第52号、2003年。

天野郁夫（1982）『教育と選抜』第一法規。

南亮進・牧野文夫・羅歓鎮（2008）『中国の教育と経済発展』東洋経済新報社。

福沢諭吉（1942）『学問のすゝめ』（岩波文庫版）岩波書店。

楊雲（2006）「中国高等教育の量的拡大と民営大学の発展」『現代社会文化研究』No. 37。

李輝（2007）「中国における地域別労働市場の形成」立命館大学経済学会、立命館大学人文科学研究所。

李渝華（2005）「中国ホワイトカラー従業員の教育的背景と職業観の形成」『立命館経営学』第44巻第3号。

和田秀樹（2009）『新学歴社会と日本』中央公論新社。

［中国語］

崔玉晶（2006）「杜絶義務教育段階変相挙弁重点学校的思考」『基礎教育研究』2006年第4期。

陳義・馬晶（1996）「関於高校卒業生就職体制的思考」『教育研究』1996年第1期。

馮招容（2002）「収入差距的制度分析」『国民経済管理』2002（11期）。

胡鞍鋼（2002）『拡大就業与挑戦就業―中国就業政策評估』中国労働社会保障出版社。

胡鞍鋼（2004）『就業与発展』中国労働社会保障出版社。

金在喜（1998）『当代中国居民収入分配研究』東北師範大学出版社。

劉寧（2002）『分享利益論』復旦大学出版社。

李玲（2003）『人力資本運動与経済増長』中国計划出版社。

李実・佐藤宏（2004）『経済転型的代价―中国城市事業、貧困、収入差距的経験分析』中国財政経済出版社。

李実・趙人偉（1998）『中国居民収入分配再研究』中国財政経済出版社。

李実・趙人偉・張平（1998）「中国経済転型与収入分配変動」『経済研究』1998年第4期。

許欣欣（2000）『当代中国社会結構変遷与流動』社会科学文献出版社。

楊宜勇他（2000）『中国就業体制』中国水利水電出版社。

張忻・龔徳恩（2002）「中国城鎮居民規模収入分配格局研究」『国民経済管理』2002（12期）。

曾国安・羅光伍（2002）「関与居民収入差距的幾個問題的思考」『国民経済管理』2002（9期）。

第2章　大卒者就職制度の変遷

はじめに

　2012年11月26日、中国教育部は、2013年度の大学卒業予定者の就職情勢とその対策に関する通知を発表した。そこでは、「中国の大学卒業者は2012年度より19万人増の699万人に達し、卒業後の就職は一層複雑で厳しい状況になる見込みである」[28]と指摘されている。

　高度成長に伴い、中国の大学は近年大幅に募集の定員数を増加させており、より多くの若者が大学教育を受けられることになった。社会の持続的発展ということからみれば、素質ある人材を大量に育成することは中国の発展戦略に見合っている。増加し続けた大学卒業者が大量に求職市場に流れ込み、就職難がさらに厳しくなっている。

　2003年以降、大学生の就職難が続いている。中国では大卒者の就職率はおよそ70％と公表されている[29]。2013年の大卒者は699万人、これに前年度に就職できなかった大卒者を加えて800万人となる。大卒者の就職問題は深刻であり、多くの大卒者が卒業と同時に失業という事態に直面しつつある。

　建国以来、中国経済は計画経済から市場経済に移行し、異なる経済体制の下で、共産党指導部および中央政府が構築した大学の入学制度と就職制度もそれぞれ異なる。就職制度に関しては、計画経済期の「統包統配」制度と市場経済期の「自主的職業選択」制度があった。前者の下で、高等教育機関の卒業生は国家により労働の場に配属され、企業は国から配分された労働力を受け入れて

49

いた。労働者の自由意志に基づく職場配属制度ではなかった。後者の下では、労働者による職業選択の自由が認められるようになった。「統包統配」と「自主的職業選択」制度の過渡期には「双方向選択」という制度が一時期存在した。「双方向選択」時代には、「統包統配」制度のほかに、少数の私費学生（委託培養と自費生）がおり、これらの学生は卒業後「自主的職業選択」制度が適用された。

　1999年に高等教育機関の募集拡大政策が実施されてから、労働市場では大学生の供給と社会の需要バランスが不均衡となり、大卒者の就職難はますます深刻になった。大卒者は国家の人材資源であり、合理的に配分することは国家にとっても、重要性は高い。経済成長と社会発展のポイントの一つである。1985年5月、「教育体制に関する決定」[30]の公布を契機として、大卒者の就職制度は「統包統配」から「自主的職業選択」制度に移行した。ここでは、各時期に実施された就職制度の特徴を分析したうえで、各政策が策定された当時の社会的、経済的背景に注目し、「自主的職業選択」制度の問題点を指摘する。

1．先行研究

　大卒者就職制度の変遷に関する先行研究は数多くは見られない。李（2011）は「戸籍制度」[31]と「人事档案制度」[32]に焦点を絞り、このような中国独特の制度と大卒者就職制度がいかに大卒者の就職を左右するかについて検討した。「統包統配」の段階で、社会的上昇移動だけではなく、地域間の自由移動を厳格に制限する「戸籍制度」が存在する中、若者が大学進学を通して地域間の移動、とりわけ大都市への移動を図っていたことを指摘した。

　高（2014）は「統包統配」制度により、個人や企業の意思と関係なく計画的に各職場へ配置されていたことを述べた。さらにこの時期、大学の専攻設置が極めて細分化していたために、大学生活は専門的教育を通して、直接職業と結びついていた。その背景があったために、大学生の就職問題はほとんど取り上げられなかったという考えを示した。

　「自主的職業選択」に切り替わったことにも関わらず、細分化した専門教育

は依然として大学教育の中軸でありつづけた。そのために、大学生の就職は、大学での専攻と強く結びつけられていたと指摘される（池本 2007）。しかし一方で、大学生は専攻以外に資格の取得や社会活動などに取り組むようになり、大学教育と就職との関連は市場経済システムが浸透するにつれて弱体化する傾向にあった。このように、大学による教育また就職指導は専門性重視の「初期段階」にとどまり、旧計画体制から完全に脱却していない、つまり大卒者の就職市場メカニズムに任せていると指摘されている（馬 1998）。

2．「統包統配」の就業制度（1949年～1984年）

2-1　「包下来」制度

　建国前には、中国は基本的に農業社会であり、都市部の就業者数も限定的であった。1949年の全国都市部における就業者数は1,533万人、全国の就業者数のわずか8.5％を占めるにすぎず、圧倒的に大部分の就業者は農民であった。建国後は経済が徐々に回復し、特に工業化が進展した。都市部における失業者数も減少し、農村部の大量の労働者が都市部に引き寄せられた。

　建国初期、全国都市部の失業者は474.2万人、1949年の失業率は時に23.6％に達した（図表2-1）。都市部の失業問題を迅速に改善するために、政府は積極的に経済発展を促すとともに、雇用機会を創出して、失業者を減らす措置を行った。

　まず、旧政府の公務員と官僚資本主義企業の従業員に対して「包下来」[33]政策を実施し、私営の商工業に対しては「公私兼顧、労資両利」[34]政策を実施し、新たに失業者を防止した。次に、失業者に対しては「以工代賑」[35]、「生産自救」[36]といった措置を実施した。3つ目には、一部の失業者に対して専門訓練を受けさせ、求人募集を実施し、就業と個人経営企業を紹介して、相互に協力させるなど多種多様な就業拡大政策を行った。

　3年の期間を経て都市部の就業者数は急速に増加し、失業者も大幅に減少した。旧政府時代から引き継いだ失業者数も好転の兆しをみせた。1952年、都市

図表 2-1 失業統計 (1949～57年)

年度	失業者数(万人)	都市部失業率(%)
1949	474.2	23.6
1950	437.6	―
1951	400.6	―
1952	376.6	13.2
1953	332.7	10.8
1954	320.8	10.5
1955	315.4	10.1
1956	212.9	6.6
1957	200.4	5.9

資料:『中国統計年鑑』1981年版より筆者作成。

部の就業者数は1949年の1,533万人から2,486万人に増加し、失業者数は474.2万人から376.6万人に減少した。失業率は23.6%から13.2%まで減少した。第1期5ヶ年計画の実施に伴い、就業状況は好転に向けての第一歩を踏み出し、同計画が終了する1957年に失業率は6%以下に改善された。

2-2 「統包統配」の就業制度

建国後、中国には社会主義計画経済体制が建設された。計画経済体制は、国家が「国家統一計画」を手段とする経済体制である。計画経済体制の下に、「統包統配」という就業制度が誕生した。具体的には、学生は政府により包括的に募集され、学費と生活費は政府が提供し、卒業後政府により就職先に配属されるという制度である。その後の30余年間、様々な就職制度の調整が行われたものの、その基本方針は変わらなかった（陳 2003）。

「統包統配」の就業制度の特徴は、まず、雇用制度上は終身雇用制であり、全人民所有制[37]と集体所有制[38]単位（職場）の従業員は固定賃金制であった。次に、賃金配分は実質上平均主義（悪平等）の低賃金制である。第3に、福利

52

厚生面（年金・医療保険・住宅手当など）は単位から支給された。

1978年の中国共産党第11期3中全会が、改革開放への転換を内外に宣言した。この会議では、計画経済から市場経済への転換を図った。教育が市場経済期に向けて移行し始めたのは1985年の「教育体制改革に関する決定」以降である。したがって大卒者の就職制度から言えば、計画経済期の特徴を帯びた「統包統配」時代は、1949年から1985年までとなる。1986年からは「自主的職業選択」時代に移行した。そして、「統包統配」時代は、計画の達成義務の有無により、さらに「指令性計画」時代（1949年～1978年）と「指導性計画」時代（1978年～1985年）の2つの時期に細分できる。「指令性計画」とは行政命令に基づき、計画通りに達成する義務が「法令化」される計画のことである。それに対して、「指導性計画」とは行政命令を強制的に施行させるかわりに、市場メカニズムを活用して国家目標を達成できるように、間接的に誘導するガイドライン的な計画のことである（李　2009）。

（1）1950年から文化大革命前の大卒者就業制度

「統包統配」の就業制度を維持するために、様々な法令が公布された。政府が大卒者の就職先を統一配分し、大卒者は自由選択できず、政府の配置に従わなければならなかった。1950年6月22日、政務院（国務院の前身）が「全国公私立高等学校今年暑期卒業生を計画的・合理的に配分するための工作の通令」を公布し、卒業生が相対的に多い華東・華南・西南などの地域は、一部東北重点工業建設を支援することとした。

1951年10月1日、政務院が「学制改革に関する規定」を公布し、大学卒業生は政府が「配分」することを明確に規定した。その後は、政務院総理自らが大卒者の就職配分工作を担当した。

1952年7月19日、政務院は「1952年暑期全国高校卒業生の統一配分工作に関する指示」で再度政府が大卒者の就職先を統一配分することを強調した。一部の部門と学校が規定に従わずに自主的に選抜行為を行っており、これらの混乱現象が国家幹部養成・使用計画に影響を与えていると強く批判した。また、大卒者は原則的に卒業後再配置を行うこと、教育部門と大学は管理を強め、上述

の混乱現象の再発生を防止すべきであると規定した。1955年8月9日に、国務院が卒業生の統一職場配置に関して提出した「指示」では、いかなる部門及び高等教育機関も、緊急需要により卒業生を選抜する場合は、事前に高等教育部の許可を得ること、その選抜者は高等教育部が国務院に報告して許可を得ることと規定した[39]。

　また、1961年2月28日の「中央官庁、省、市、自治区所属高等教育機関の在校生の管理を強化する」[40]では、今後、高等教育機関在校生は必ず学制の規定によって、すべて教育課程の履修を終えてから、卒業後職場再配置を受け、いかなる雇用機関も卒業していない学生を配置しないことと指示した。

　1963年5月10日の「1963年高等教育機関卒業生の配置計画に関する報告」[41]では、高等教育機関卒業生の中で、特別優秀な学生は、特徴に基づいて配置すること、また、継続的に養成及び鍛練することに注意し、彼らは将来的に科学・技術人材として重要な役割を果たせるべきであるとした。その後、1963年7月23日に、教育部は「特別優秀卒業生選抜に関する通知」[42]を公布した。1965年に選抜は停止となった。

　1963年8月17日に、国務院は「1963年高等教育機関卒業生の労働実習に関する通知」[43]を公布し、高等教育機関卒業生の1年間の研修制度を、1年間の労働実習後の1年間研修に改め、1963年には工学部・農学部の卒業生から先に執行することを決定した。政府はより多くの卒業生を農村に配置し、労働実習に参加させることを強く高等教育機関に求めた。

（2）文化大革命時の大卒者就業制度

　1968年夏には、例年通りの大学入試や雇用は行われず、多くの青少年が都市において無職のまま紅衛兵運動に没頭した。北京の清華大学では、1967年以降、学生の派閥の分裂や衝突が起こり、相互の論戦から100日続く武力闘争へと発展し、1968年7月28日には事態収束のため毛沢東が人民大会堂で学生リーダーたちを説得しなければならない状態となった。こうしたことから紅衛兵運動は停止され、1968年12月22日には『人民日報』が「若者たちは貧しい農民から再教育を受ける必要がある」として、都市に住む中・高校生などは農村に

行って働かなければならないという毛沢東の指示を報じた。

この「上山下郷運動」による「下放」は、その後、1968年からおよそ10年間にわたって続けられた。都市と農村の格差撤廃という共産主義的スローガンに基づき、また都市部の就職難を改善させる目的から、半強制的かつ永住を強要する措置として行われ、10年間に1,600万人を超える青年が「下放」させられた。その行き先は雲南省、貴州省、湖南省、内モンゴル自治区、黒竜江省など、中国の中でも辺境に位置し、都市部とは大きな格差のある地方であった。ただし一部の党幹部の子女の中には、軍に入ったり、都市郊外の農村に移住したりして、比較的恵まれた暮らしができた者もあった。

多くの青少年は「毛主席に奉仕するため」として熱狂的に「下放」に応じた。「広闊な天地にはなすべきことがたくさんある」などのスローガンのもとに、辺境の農村に住み込んだり、生産建設兵団で開墾作業に従事したりした若者たちは、やがて、地方と都市との著しい格差や農作業の厳しさに苦しむようになった。農業の専門家でもないのに農法や政治思想について農民たちにあれこれ指示しようとした学生たちは、識字率も低く旧来の意識や因習を残す農村の人々の反発を受け、現地に馴染むことができなかった。農村には都市のような娯楽も高等教育もなく、家族や都市を懐かしんでも帰ることは許されなかった。

文化大革命の10年間のうち、4年間は大学募集が停止され、大卒者就職問題は存在しなかった。学者や知識などの多くが批判された。就業体制は硬直化し、「文化大革命」がもたらした経済停滞の影響も重なり、都市部の就業問題は日増しに悪化し、1970年代末にはかなり深刻な状況となった。特に文化大革命の期間に農村に「下放」された若者が都市部に回帰してからは、都市部の就業状況はさらに大きな圧力を受けた。

（3）文化大革命後の大卒者就業制度──1984年

1977年と1978年の2年間で都市部に回帰した若者は650万人以上にのぼった。1979年には都市部では累計1,500万人の失業者があふれ、労働部門に登録した失業者は568万人、失業率は5.4％に達した[44]。この深刻な就業問題に対し

て、1980年8月に政府は全国労働職業会議を召集し、「三結合」就業方針を打ち出し全国に展開した。「三結合」とは、「国家の統一計画と指導の下で、政府労働部門による職業紹介、自由意志による集団就職、および個人の自発的な求職活動」からなる。この政策の実施により、国営企業は政府が定めた労働計画の範囲内で自由に労働者を募集・採用することができ、労働者個人も一定範囲内で職業選択することができるようになった（朴 2003）。1981年10月、中央政府は「窓口の拡大、経済活性化、都市部の就業問題の解決」を掲げ、様々な切り口になる就業問題政策を進めた。「三結合」の基本方針、実質的には党の「11期3中全会」で提出された多種多様な経済が共生する経済政策の具体案が、就業理念と就業政策の重大な突破口となり、就業管理体制改革の牽引車となった。

　1978～80年代中期、計画経済体制の影響から、農村の青年は多くの農民と同様に、自由な移動が許されなかった。都市の青年の間では、高等教育が依然として高度に集中された計画管理モデルとして存在し、就職に関しては「統一管理」が実施され、政府が包括的に仕事を配分した。この期間の青年の職業選択観は受動的かつ単一的であった。

　職業選択に関しては、比較的受動的であった農村の青年は、ごく少数の大学試験に合格し運命を切り拓いたケースを除けば、その大半が父の職業を引き継ぎ、集団で土地を耕作する、あるいは田畑を世帯に配分する「家庭共同生産請負責任制」を担った。いずれも農耕が主体である。都市部では、大学生でない青年の間でも父の仕事の「後継ぎ」が多数を占めた。中・高等教育を受けたインテリ青年に関しては、就業制度、招聘制度が硬直的で柔軟性に欠けていたために、すべて社会の要請に従い、国による配属に従うことが強調された。

　職業選択の基準は政治に偏っていた。農村の青年は農業に従事することが基本であったことから、職業選択の余地はなかった。都市の青年は職業を選択するに当たり、異なる職業を評価する基準として、政治的地位と社会的地位を第一とした。1984年の「中国青年の就職問題」に関する調査によると、当時の青年が職業を評価する際には、社会的地位、社会的意義、個人の才能の発揮と報酬を重視していることが分かる[45]。

政治と工業が重視され、農業と商業が軽視されていた当時、青年が就職するに際し、最も重視したのが政治的地位と社会的地位である。当時流行した「傷痕文学」(「苦しさの訴え」)は、「上山下郷」状況を具体的に示すものであり、それは拭い去ることのできない「傷痕」となった。大学統一試験が再開されてからの数年間は、「上山下郷」した青年の都市回帰により人口移動は壮観さを呈した。都市部では、ビジネスは依然として軽視されており、大学生の大半は理系に興味を示し、追い求める理想の職業は「科学者」や「エンジニア」であった。待業中の普通の青年は就職を第一に考えていた。実際に活路が見いだせなければ、「個人営業」や商業、サービス業などの第3次産業に従事しなければならなかった。

しかし、社会の発展に伴い、新たな人材が求められるようになったことで、多くの青年の就職に対する考え方や方法は急速に変化した。

2-3 「統包統配」の就業制度に対する評価

国家主導で実行される統一的職場配置の方法及び大卒者に対する強制性は「統招」、「統包」、「統配」[46]である。このような大卒者人材配置制度は、当時においてはそれなりの必然性と合理性があったと評価できる。まず、限られた人材の中で、国家計画による配置を通して、重要建設プロジェクトや、後発地域の発展のための人材が確保できる。次に1949年前後、大卒者の「卒業＝失業」という就職難の局面を打開し、社会安定に寄与した(李 2009)。

高等教育機関において実施されてきた「統包統配」制度では、計画経済体制の下で、国が主体となり、企業に労働力を配分し、労働力の採用及びその管理が行われた。就職活動は本来ならば、労働者と企業が主体となるべきだが、企業と労働者はそれぞれ主体的に採用及び職業を選択する権利を剥奪されていたといえよう。

「統包統配」制度のデメリットは、以下のように指摘できる(図表2-2)。

① 新卒者と採用企業の不適合性。適切な新卒者の採用が不可能であり、また新卒者の専攻分野と配属先の業務内容も適合しないケースが多い。「学以致用」と「統包統配」では、つまり大学で勉強した内容や専攻分野と仕事

図表2-2 「統包統配」制度のデメリット

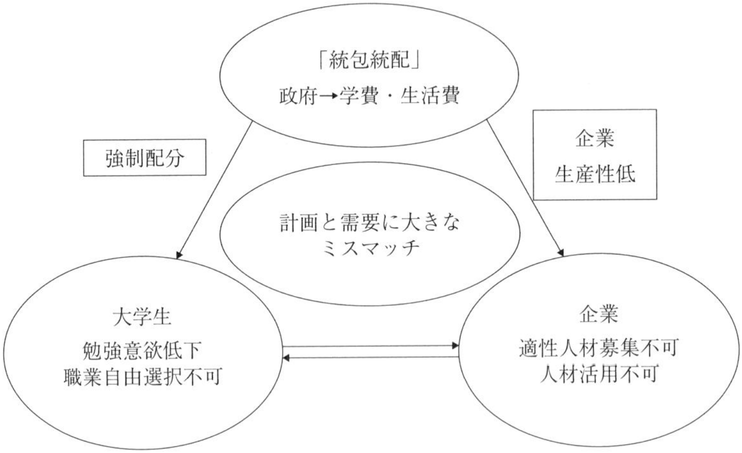

「統包統配」
政府→学費・生活費

強制配分

企業
生産性低

計画と需要に大きな
ミスマッチ

大学生
勉強意欲低下
職業自由選択不可

企業
適性人材募集不可
人材活用不可

資料：筆者作成。

内容を一致させるという考え方があるが、卒業生の最適配置は不可能である。

② 計画と需要の間には大きなミスマッチが生まれ、高等教育機関が自主的な経営努力を怠ることになる。大学が経済や社会発展の変化や需要に適応すべく主体性を持って、学部・専攻の構成など全体方針を調整する必要がなくなる。

③ 学生の積極性の喪失。勉学への意欲や向上心を伸ばすことは困難となる。「統包統配」的な職場配置方式の影響により、大学生が自分の専攻以外の知識に対して、勉学意欲を失うという結果を招いた。

④ 企業側の採用管理への悪影響。新卒者の適切な採用・選抜・人材活用を考慮する必要がなくなる。また固定工制や平均主義の低賃金制の影響により、企業の生産効率は悪化し、生産性の低下をもたらす。配属された従業員の勤労意欲が低下することになる。

⑤ 国の配分と個人の意志との間の深刻な対立、地域間の移動を厳格に制限する戸籍制度が存在するため、配分された地域と企業以外への移動は許されない。

3. 「双方向選択」の就業制度（1985年～1992年）

3-1　「双方向選択」の就業制度

　中国の政治経済体制改革の進展に伴い、教育・技術・文化等の分野の改革も求められた。計画経済体制の下で国が主導し、全人民所有制単位のための「統包統配」の就業制度は、改革開放・市場経済化に適応できなくなった。「統包統配」の就業制度を改革し、新たな大卒者就職制度の構築が求められるようになった。

　1985年には、統一的「高考」[47]の受験生として、少数の国家計画外の自費生（私費生）が認められることになった。かつて国家「統包」の大学生募集制度は、国家計画募集（学費国家負担）と国家計画外募集（大学生個人負担）であった（「双軌制」とも呼ばれる）。1989年、国務院は「高等学校卒業生分配制度方案」（中期改革方案）[48]を公布し、以下の点を明確にした。①高等教育機関の大学生募集は、国家計画と社会調節を結合し、後者は前者の補充または委培生・自費生とする。②国家計画募集の大学生、師範・農林・体育・民族等専攻以外の学生は雑費個人負担（学費は国家負担）とし、委培生・自費生は通常の学生より費用が高くなる。③大学生は卒業後、国家政策・方針の指導の下に、関連規定を守り、一定範囲内の職業選択自由を認める（図表2-3）。

　大学生は在学中、人民助学金制度にかわって人民奨学金制度が導入された。それまで学校側の方針として、従来は経済的に困難な学生に対する援助が中心であったが、人民奨学金制度では勉学に優れた学生が対象となった。また経済的に困難な学生には貸付奨学金が提供されることになった。当時は一部自費生以外、学費は国家負担であるため、大学生の学費は家庭の負担にはならなかった。

　「1985年全国高等学校卒業生配分問題に関する報告」によると、国家計画配分の卒業生に関しては、まず一部卒業生（約20％）に「配分」方案が提示され、本人を含む意見が求められた。残り（約80％）の卒業生には、学校側と雇

図表2-3 「双方向選択」の就業制度

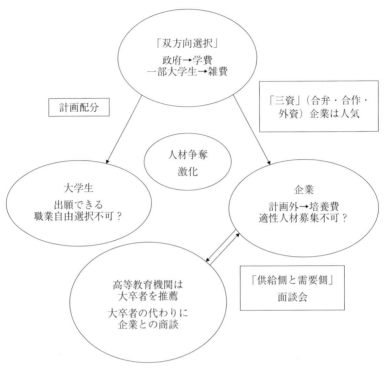

資料：筆者作成。

用側とが交渉し、「供需見面」（求人・求職双方の顔合わせ会）で就職先が決まる。国家教育委員会は「配分」バランスを考慮し、国務院に報告する。

　国家計画募集範囲内の卒業生は、国家の計画に基づいたうえで、卒業生自らが就職先を希望することができ、学校推薦を得て、雇用側は優秀な卒業生を選択して採用することになる。大卒者の就職は「計画為主・市場為補」（計画を主として、市場を補とする）の卒業生配分・就業体制となった。「双方向選択」の就業制度は、雇用側と卒業生の間の「双方向選択」ではない。学校側は卒業生の代わりにまず雇用側と交渉し（面談会）、その後、雇用側は国家計画が定めた専攻や人数を確認し、最後に計画範囲内で選択をする。国家が定めた専攻外の卒業生を雇用する場合には、雇用側は一定の「培養費」を学校側に

払ったうえで、採用することが可能である。これは当時「有償配分」とも呼ばれた。こうして大卒者を受け入れる各行政機関と企業による人材の争奪戦が始まった。

3-2　都市知識青年の双方向選択

　農村青年の就職観は次第に開放的になり、「家庭共同生産請負責任制」がもたらした大量の農村余剰労働力の発生と同時に、都市部の労働力、とくに企業や建築業界の農村労働力に対する大量需要により、戸籍制度、穀物・油供給制度、就職管理制度も漸次緩和された。その後、政府は再び一連の政策と措置を策定し、農村労働力の地域的交流、都市部と農村部の交流、貧困地区の労働力輸出が許可・奨励されるようになった。その結果、大量の農村労働力の地域を越えた移動、「出稼ぎブーム」が沸き起こり、農村青年の就職観はさらに開放されていった。

　都市部における就職の変化は、主に、知識青年の間に見られた。大学卒業生の就職制度は1985年から段階別、階層別に徐々に改革が進められた。1989年に提起された改革目標は、国の就職方針・政策の指導を受けながら、卒業生の職業の自主的選択と、雇用側の選択・採用という「双方向選択」制度を徐々に実施することであった。この改革は競争メカニズムを大学に導入し、卒業生の就職を徐々に市場化させるというものである。青年の就職で最大の変化は、「経済的地位」が職業選択時に最も優先的に考慮される要因となり、従来の「社会的地位」と「政治的地位」を超えたことである。第一の選択基準となった「経済的地位」は、具体的に以下の点にみられる。

　第1に、経済特区や沿海部における「三資」（合弁・合作・100％外資）企業での仕事を希望するようになった。北京の1,000人の学生を対象にした調査では、職業選択にあたり、卒業後、経済特区や沿海部の開放地区での仕事を希望すると答えた学生が40％近くを占め、外資系企業を第1に考えていることが明らかになった[49]。

　第2に、高学歴は求めず、高所得のみを求めるようになった。1980年代後期には大学院受験生が急減し、1987～89年に中途退学した院生は全国で約700人

にのぼった。この時期に、理工系に興味を示す大学生は5割以下まで減少し、「知識の大逃亡」と呼ばれた。「貧しさは、まるで教授並み、愚かさは、まるで博士並み」といった戯言は、当時の雰囲気を反映している。

　第3に、第2の職業（転職）や職業の流動性が広がった。1980年代中・後期にかけて青年たちは転職傾向を強め、職業の流動化が顕在化した。多くの青年が「最初の仕事で求めるのは安定、第2の仕事で求めるのは豊かになること」と述べ、卒業したばかりの大学生の間では「まずは安定」、次に「より良い仕事を見つける」傾向が強まり、人材の流動化は次第に活発化した。「国営―集団―合弁―現地法人」と、国営から三段跳びの職業選択も出現した。こうして1990年代には、「国有企業」の労働者は急減し、「集団企業」の従業員も相次いで流出し、「三資」企業が人材の宝庫となった。とくに鄧小平の南方視察後1993〜94年になると、大学生が沿海部の開放地区に集中する傾向が際立った。

　第4に、経済面が職業選択の第1の基準となった。当時の青年の職業選択基準は第1に所得と福利厚生であった。最も好まれた業種は、金融保険業、工業関連企業、国家機関、サービス業、科学研究機関であった。

3-3　「固定工」（鉄飯碗）の解体

　経済の市場化に対応するために、また労働の市場化を目指して、労働制度改革、とりわけ就業システムの改革が系統的に実施された。1986年には国務院が雇用制度に関する四つの法律、すなわち、（1）「国営企業職員労働者募集に関する暫定規定」、（2）「国営企業労働契約制実施に関する暫定規定」、（3）「国営企業規律違反職員労働者の解雇に関する暫定規定」、（4）「国営企業待業保険に関する暫定規定」）を公布し、労働契約制度の導入に踏み切った。

　1980年代初期は新規採用者の労働契約制度および企業による公開募集・選別採用が導入された。これ以降、労働者の募集・採用・解雇に関する企業の権利も広がり、失業者の存在も認められるようになった。こうして雇用慣行の核心に位置した終身雇用制度にメスが入れられ、労働力の流動化の道が開かれた。契約制の導入は新規採用者に限定されており、これは既存労働者の抵抗を考慮してのことである。

第2章　大卒者就職制度の変遷

　1980年代後半には、「固定工」と呼ばれる既存の常用労働者に対する労働契約制の導入が始まった。こうして「鉄飯碗」[50]と呼ばれた終身雇用制度は崩壊し始めた。

　合理的な定員に基づいて職場を再編し、余剰人員を職場から排除し（労働組織の最適化）、同時に、彼らの企業内「待業」化（企業内別置会社や関連会社への再配置、能力向上のための技能訓練、転職訓練等）も進められた。失業保険制度と養老年金制度の整備に伴い、余剰人員の適度な整理も許容されるようになった（社会的失業の認知）。1980年代半ばから労働力流動化を促進するために育成されてきた「労務市場」が各地で整備され、次第に広域労働市場も誕生するようになった。

　就業制度改革と関連して、住宅、医療、子弟教育、社会保障を企業内で引き受ける「企業小社会」システムの改革も着手され、住宅、医療、教育、社会保障は行政サービスと商品の供給により担われるようになった。これらは終身雇用の解体過程、また労働力の自由な移動を前提とする労働市場形成過程の一側面と見ることができる。

4．「自主的職業選択」の就業制度（1993年〜現在）

4-1　「自主的職業選択」の就業制度とは

　1993年2月に中国共産党中央委員会と国務院が「中国教育改革と発展綱要」を発表し、「大学生の教育経費をすべて国が負担する現行制度を変え、授業料徴収制度を漸次に実行する」と、大学授業料の自己負担の方針が明確化された[51]。

　高等教育の「有償制度」への転換に伴い、これまでの「公費生」・「自費生」という枠別の意義も薄まり、大卒者募集制度は「二本立て制度」（「双軌制」）から「一本化制度」（「併軌制」）に切り替わった。1996年から中国の高等教育は大学生募集の「一本化」を試行した。それは1997年に全面的に実行されることとなり、学費は年々増加した。2000年には、国家が学費等を負担してきた師

63

範専攻（教員養成）でも学費が徴収されるようになった。

　この時期から大学入学時には、学費・雑費のほかに教材費・寮費などの費用が徴収されるようになり、奨学金制度や貸付助学金制度は存在するものの、家庭の経済的な負担はかなり重くなった。特に農村や後発地域からの大学生にとっては、負担はさらに大きかった。

　就職制度面では、その改革目標は大卒者の「統包統配」と「包当幹部」（幹部の身分保障）の改革にあると、「中国教育改革と発展綱要」は明記している。一部の卒業生は国家が引き続き「配分」するものの、大部分の卒業生は「自主的職業選択」が適応されることになった。卒業生は自ら雇用側と直接面談し、自分に合った企業を選択して、契約することができるようになった。

　具体的な実施法案の、「人材市場と就職相談機関、職業仲介事業所を設立する」という記述は、就業の市場化へさらに一歩踏み出したことを示すものとして評価できる。このように、「有償化」と「自主的職業選択」が、1993年以降の中国の教育改革の主たる成果である。

　その後発表された「1995年普通高等教育機関学生募集と卒業生就職制度に関する改革意見」は、「一本化制度」実施後に入学した大卒者に対して、基本的には従来通り、各省庁、地方政府が各自管轄下にある大学の卒業の就業を管理するが、機が熟したら、卒業生が自由に職業を選択する方法（自主的職業選択）に移行すると明記されている。この「意見」には、2000年までに大卒者の自主的職業選択制度の改革を完成させるという具体的な目標が提示されていた。しかし実際には、その目標は1998年に前倒してほぼ達成された。

　しかし、1999年に大学生募集が大幅に拡大された後（図表2－4）、大学生の就職は困難を増しつつある。さらに先進地域や沿海の大都市では、意欲のある大卒者を吸収するために、様々な優遇政策が打ち出された。

4-2　大学生募集の拡大

　1997年にはアジア金融危機が発生し、内需不足と高失業率は中国経済に深刻な影響を与えた。同年の高校卒業生は262.9万人（中国統計局 2010）であったが、彼らの多くが高校卒業後、労働市場に参入したために、失業率はさらに上

第 2 章　大卒者就職制度の変遷

図表 2-4　大学進学者数と進学率（1990〜2008年）

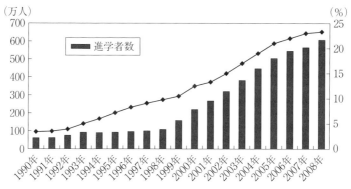

資料：『中国統計年鑑』2009年版より筆者作成。

昇した。このような状況に対して、湯敏を代表とする中国の経済学者たちは「大学生募集拡大」という政策を中央政府に提案した[52]。高校生の一部が大学に進学することにより、労働市場への参入を遅らせる。同時に、大学生の募集拡大は内需拡大に有効である。このような「一石二鳥」の緩和策を経済学者たちは提案した。

　このような提案もあり、1999年5月に、中央政府は「大学生募集拡大」政策を決定した。高等教育機関の募集人数は1997年の100万から2000年の220万人に拡大され、大卒者の人数も1997年の82.9万人から、2003年の187.7万人に増加した（図表 2-5）。

　しかしながら、このような政策が、就職難問題を根本的に解決することはできなかった。1999年に労働市場に参入する高校卒業生の就業を3〜4年遅らせた結果、2002年に「大学生募集拡大」政策実施後初めての卒業生が労働市場に参入した。しかし、当時の未就業者数は26.7万人に上り、2001年の10.4万人に比べると、1.5倍に急増した（図表 2-6）。2003年の未就業者数はさらに56.3万人と急増した。このような厳しい結果となった背景には、まず国営改革が本格化し、「下崗」（一時帰休）や、農村からの出稼ぎ者が急増したことが指摘できる。高等教育機関の卒業生数は、経済成長とバランスがとれたものではなく、大卒者の就業状況はかつての全就業から高就業へ、さらに就業低迷へと悪

65

図表2-5　経済発展と高等教育の発展（1997～2011年）

年	GDP成長率 （％）	本専科募集人数 （万人）	高等学校卒業生 （万人）	卒業生増加率 （％）
1997	8.8	100.0	82.9	―
1998	7.8	108.4	83.0	0.1
1999	7.1	159.7	84.8	2.1
2000	8.0	220.6	95.0	12.1
2001	7.3	268.3	103.6	9.1
2002	8.0	320.5	133.7	29.0
2003	9.1	382.2	187.7	40.4
2004	9.5	447.3	239.1	27.4
2005	9.9	504.5	306.8	28.3
2006	10.7	546.1	413.0	34.6
2007	11.4	565.9	495.0	19.9
2008	9.0	607.7	559.0	12.9
2009	9.2	639.5	611.0	9.3
2010	9.2	―	630.0	3.1
2011	―	―	660.0	4.8

資料：『中国統計年鑑』、『全国教育事業発展統計公報』より筆者作成。

図表2-6　大卒者就職状況（1996～2010年）

年	1996	1997	1998	1999	2000	2001	2002	2003
卒業生（万人）	83.9	82.9	83.0	84.8	95.0	103.6	133.7	187.7
就業率（％）	93.7	97.1	76.8	79.3	82.0	90.0	80.0	70.0
未就業者（万人）	5.3	2.4	19.3	17.6	17.1	10.4	26.7	56.3

年	2004	2005	2006	2007	2008	2009	2010
卒業生（万人）	239.1	306.8	413.0	495.0	559.0	611.0	630.0
就業率（％）	73.0	72.6	70.0	70.9	70.0	68.0	72.2
未就業者（万人）	64.6	84.1	123.9	144.0	167.7	195.5	175.0

資料：『中国統計年鑑』、『全国教育事業発展統計公報』により筆者作成。

化している。

4-3 「自主的職業選択」の時代

　農村の青年が非農業部門で就職するようになったのは1990年代中期以降である。農村の土地に縛られることがなくなり、自由に都市部に出入りできるようになり、多くの青年が都市で働き、生活し、定住するようになった。「衣食」のための職業を選択するというよりも、立身出世を優先するようになり、都市での「過客」に甘んじるより、都市の一員になることを願った。

　この間、都市の青年も「自主的職業選択」、あるいは「起業」の道を歩むようになった。改革開放が一段と進むに伴い、とくに世界貿易機関（WTO）加盟後は、社会状況が一変した。大学の募集枠が拡大され、大学卒業者数が年々増加する一方で、政府機関や国有企業はリストラと効率改善に努めた結果、従業員削減と一時帰休者の再就職問題が突出する状況に陥った。

　大学生を中心とする知識青年の職業観は大きく変わった。第1に、選択基準の面では、将来性や能力を発揮するチャンス、給与や福利厚生などの労働環境を重視するようになった。第2に、職業意識の面では、機関や非営利事業団体、企業事業体と国有、集団、個人事業者との間の等級観念が次第に姿を消し、「就職の代わりに起業」という考え方が広く受け入れられた。第3に、職業選択意識の面では、「工業重視・商業軽視」から「工業・商業共に重視」へと変化し、従来軽視されてきたサービス業が人気を集めるようになった。第4に、職業評価の面では、政治色が一段と薄れ、自らの関心に合致した職業への憧れが強まり、物質・精神的なもの双方を同時に求めるようになった。第5に、就職場所と両親の居住地の面では、両親や他人への依存心が弱まった。「資格取得ブーム」や「外国語ブーム」、「出国ブーム」などはまさに自主性が強まったことを物語っている。第6に、起業の面では、受動的就職から自主的起業への変化がみられるようになった。2002年に中国共産党青年団は「中国青年就職・起業ネット」を立ち上げた[53]。その後、各地方の青年団組織も同様の「ネット」を相次いで設立し、青年の就職と起業を支援する措置を打ち出した。

4-4 「自主的職業選択」制度に対する評価

「自主的職業選択」制度は一定の成果を収めたと評価できる。まず、大卒者の「自主的職業選択」制度の変革は、大学行政、教育、カリキュラム、人事などの改革を引き起こした。また、求人・求職者は直接「顔合わせ」することにより、計画経済期のような需給ミスマッチをある程度改善することができた。さらに、大卒＝社会的地位の高い就職先や「幹部」という身分の保障がなくなり、大学生は強い危機感を覚えるようになり、従来のように大学入学後に学業を疎かにする学生の減少にもつながった（李 2009）。

しかし、深刻な就職難は続いており、温家宝前首相が「中国の大学教育は現実にマッチしていない」[54]と批判するほど事態は深刻であった（図表2-7）。2008年にはリーマン・ショックにも直撃されて、中国の就職市場は「超氷河期」を迎え、精肉業の作業員募集に大学院修士卒が採用されたとのニュースも流れた[55]。

就職の「ミスマッチ」の理由としては、次のような点が指摘できよう。

第1は、大卒学生数の短期間での急増である。中国政府が大学生拡大政策を始めたのは1996年であり、その年に入学した学生が卒業する2000年あたりから新卒者数が急増し始めた。中国政府の狙いは、経済の高付加価値化、サービス化、ソフト化、国際化の時代を見据え、ハイレベルな人材を大量に養成することであった。2011年の中国の高等教育機関（4年制大学、短大、高等専門学校など）の新卒学生は、日本の10倍近い660万人にのぼる。1998年の新卒は83万人であり、13年間で8倍近く増えた計算となる。学校数も1998年の約1,000校から2008年には1,800校に増えており、大学進学率は25％に達している。

第2は、大学生の「粗製濫造」である。政府の方針のもとで大学教育の「自由化」が進められた結果、入学定員を大幅に拡大し、授業料収入増が図られ、質の低い学生が大量に生み出された。

第3は、最大の理由として、大卒学生の雇用吸収機会として期待のかかる「第三次産業」の「未成熟」である。高度成長期における中国（2005年）と日本（1970年）を比較してみると、GDPに占める第三次産業（運輸・通信業、

図表2-7 大卒者就職難の持続化

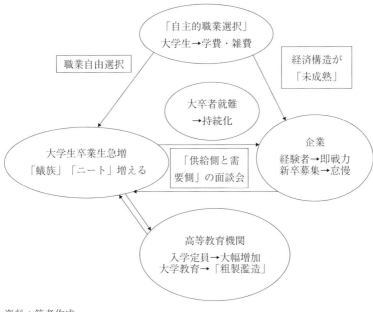

資料：筆者作成。

卸・小売業、金融・保険業、不動産業、サービス業、公務）の比率は、中国37.8％、日本48.9％であり、日本が11.1ポイント上回っている。

中国の第三次産業の比率が極端に低い理由は、経済構造が「未成熟」であることを示している。つまり、中国はいまだ「世界の下請け工場」であり、本社機能が弱いために、独自の知識集約的サービスが十分に育っていない。そのために法律、会計、保険、金融等の業務に関する需要が限定されているのである。

中国の大卒就職難は、第三次産業が「未成熟」であることにより、さらに困難を増している。「大学を出たけれど」という悲話は、中国では「蟻族」の出現に象徴されている。「蟻族」とは、大卒でありながら良い給料の職に就けない若年者が、蟻のような「集団生活」を送りながら「就活」している状態を示しており、彼らは地方からの出稼ぎ労働者である農民工と職を奪い合っている

のが実情である。政府が発行に関わった『中国人材発展報告（2010）』によれば、その結果、全国で100万人以上が「ニート」生活を送っている。

おわりに

　高等教育システムの改革の結果、「統包統配」制度から「自主的職業選択」制度への転換に伴い、大卒者数が一気に増加したのは事実である。しかし、定員拡大に相当する就職先がなく、大卒者労働市場は極端な買い手市場となっている。一方、中国の一般企業は、有名大学の卒業者を除けば、総じて即戦力重視であり、新卒よりも経験者を積極的に採用する傾向がある。さらに、中国の大学生は競争社会を生き抜く強さを持つものの、社会全体として大学進学そのものを高く評価する見方が根強く、大学生であることの優位性が過大評価され、結果として、仕事内容が厳しいポストや社会的に地位が低いと見られるポストに就く意欲を持ち合わせていない。

　大学定員の増員傾向が今後とも続くとすれば、教育システムの更なる改革により、即戦力としての知識・技能を身に付けさせるような高等教育の充実を期待したい。現在、一部の大学生の間では、「北上広」（北京・上海・広州）や沿岸部の都市よりも、他の省都や内陸部にキャリアを求める動きが見られる。このように、大学生自身も意識を変えて、自分なりのキャリアプランをより冷静に考える必要がある。

　大学生の就職難の背景には、学生数急増に加えて、第三次産業の「未成熟」という中国の産業構造に基づく根本的な問題が存在する。中国の全就業者数に占める第三次産業就業者数の比率は、1978年の12.2％から2010年の34.1％へと大幅に上昇している。しかし欧米先進国や日本は70％を超える水準にある。第三次産業が「未成熟」であるだけに、社会的に必要とされる大卒者の数にも限度があると言わざるをえない。

　上海近郊の開発区にある日系製造業を訪ねても、その機能の中心は生産であり、会社といっても事実上は工場である。数千人いる大企業の従業員のうち、大学卒は生産技術や貿易・総務・人事スタッフなどを中心に200〜300人程度が

一般的である。広東省などに多い組立・加工型企業では、大卒が1人もいない会社も少なくない。もちろん都市部には研究開発や設計、コンサルティング、ソフト開発など、大卒中心の企業も存在するが、その比率は必ずしも高くない。全国レベルの大学進学率25％という数字は、中国の経済構造から見れば高すぎると言わざるを得ない。もちろん大卒の人材でも、現場でゼロから経験を積み上げ、企業の中核人材として育っていけば問題はないのだが、残念ながら、中国社会では「大卒＝ホワイトカラー＝オフィスワーク」という意識が根強く、現場で汗をかくような仕事を敬遠する傾向が強い。大卒就職難を解決するには、経済構造調整と就職構造改善を協調的に進めて就職機会を拡大することが必要である。

参考文献

［日本語］

王智新（2004）『現代中国の教育』明石書店。

王渝（2010）「建国期中国における就業政策の転換点—1956年「農業発展綱要草案」の位置づけを中心に—」関東学院大学『経済系』第243集。

黄福涛（2005）『1990年以降の中国高等教育の改革と課題』広島大学高等教育研究開発センター。

大塚豊（1996）『現代中国高等教育の成立』玉川大学出版部。

池本淳一（2007）「大卒青年の就業問題とアスプレーション」『日中社会学研究』第15号。

沈瑛（2006）「中国の労働市場と企業の雇用管理」『政治学研究論集』第24号。

日野みどり（2004）『現代中国の「人材市場」』創土社。

馬志遠（1998）「現代中国の人卒者就職過程に関する実証的研究」『東京大学大学院教育研究科紀要』第38巻。

朴文傑（2003）「中国における雇用政策の変容—積極的雇用政策に関する検討—」『現代社会文化研究』No.28。

李敏（2009）「中国の大卒者就職政策の変遷—1980年代以降を中心に—」お茶の水女

子大学『公募研究成果論文集』2007年度第二集。

李敏（2011）『中国高等教育の拡大と大卒者就職難問題―背景の社会学的検討』広島
　大学出版会。

［中国語］

『中国労働人事年鑑』労働人民出版社。

『中国統計年鑑』中国国家統計局。

『中国労働年鑑』中国労働出版社。

『中国的就業状況和政策白皮書』中国国務院新聞弁公室。

『中国大学生就業報告』社会科学文献出版社。

魏新・李文利・陳定芳（1997）「当前我国高校卒業生就職分配機制探析」『新華文
　摘』1997年第4期。

楊偉国（2007）『転型中的中国就業政策』中国労働社会出版社。

岳経綸（2011）『転型期的中国労働問題与労働政策』東方出版中心。

張車偉（2008）『大学生就業：基与労働力市場結構矛盾的分析』高等教育出版社。

周建民・陳令霞（2005）「浅析我国大学生就業政策的歴史演変」『遼寧工学院学報』
　第1巻第1期。

曾湘泉（2004）『変革中的就業環境与中国大学生就業』中国人民大学出版社。

第3章　大卒者就職難と「民工荒」

はじめに

　近年の産業構造改革の変化に伴い、知識集約型、資本集約型産業が中国経済の主導産業になりつつある。同時に、廉価な労働力による労働集約型産業も引き続き中国の主導産業である。中国の雇用情勢には、1つの矛盾がみられる。大卒者が過剰である一方で、労働集約型産業が労働力不足に直面するという、大卒者就職難と「民工荒」の構造的な矛盾である。

　ここ数年、中国では、「民工荒」が深刻な問題となっている。「民工荒」は2004年に珠江デルタで出現した。リーマン・ショックを経て、中国の沿岸部では「求人難」がさらに深刻となり、2010年春節（旧正月）までに、この現象は内陸部を含む多くの地域に広がった。2013年2月に発表された労働社会保障部の調査によると、調査対象となった企業のうち、70％が2013年の求人に関して、「難しい」あるいは「やや難しい」と答えている[56]。

　一方、1999年に高等教育機関の定員拡大策が実施され、2003年には定員拡大策実施後初の卒業生が誕生した。大卒者就職難は社会問題となり、就業市場の根本的な変化に伴い、就業情勢はさらに深刻となった。大卒者数は2009年の611万人から、2013年にはほぼ700万人に達し、それまでに就職できなかった未就職者数は、2013年に1000万人を超えた。大学を卒業しても就職しない、就職できない大卒者、「啃老族」（成人しても年老いた親に経済的に依存している子を意味する）や「蟻族」が話題となり、大卒者就職難と「民工荒」の併存構造

73

は、深刻な社会問題となっている。

　高等教育機関の定員拡大策に伴い、2013年の大学進学率（短大を含む）は29.69％（同年の日本は61.45％）[57]に達した。他の先進国と比較するとまだ低いにもかかわらず、すでに深刻な大卒者就職難に陥っている。本章はこの問題を究明することを目的としている。

　多くの先行研究がこの問題の原因と解決方法を分析し、さまざまな成果が残されている。しかし、その多くは理論分析であり、定量分析はきわめて限定的である。本章では、先行研究を概観し、農民工に関する考察を加えたのち、中国総合社会調査データ（CGSS 2008）[58]を用いて、定員拡大策に関する実証分析を行う。

1．先行研究

　大学卒業者就職難と「民工荒」についての先行研究は、理論的研究に着目し、労働力就業構造理論の系統分析を行っている。大卒者就職難と「民工荒」の研究は主に以下の分析である。

　柯（2000）が、中国における労働力が不足しているという判断は間違っていると批判した。また、最大の社会不安定要因は「農民工」問題であり、中国は産業構造の高度化が求められていると指摘した。丸川（2014）は中国四川省農村調査の結果から、中国経済が真の転換点へ向かうのを妨げている土地改革・戸籍制度を改革することを指摘した。厳（2009）は、「中国では、制度的差別による格差社会の構図を大胆に変えていかなければ、行き場がなくなった多くの大卒者も中高卒の農民工も社会への不満を高め、いつか造反する危険性も考えられよう。危機を機会に捉え、教育や雇用に対する構造改革をさらに進めていく時期を中国が迎えつつある」と分析した。

　農民工の就業問題についても、主に三つに分けられている。①農村労働力就業現状の研究：農村余剰労働力と農民工の就業問題の研究（韓俊 2010）。②農村労働力就業難の原因と対策研究：農村と城鎮の完全競争労働市場間の賃金格差が縮小しつつあり、戸籍制度等は農民工の地域間移動に大きな壁となり、こ

れは「民工荒」の根本的な原因である（孫業亮・朱礼華 2013）。③農民工の偏見または公平問題の研究：農民工就業に与える偏見や不平等は農民工が都市部に移動する人口の減少の1つの原因である（高娜 2012）。

　大学生就職難の原因は：大卒者は期待賃金が高いことである（Blaug 1969）。企業が最大の利潤を追求するためには大卒者雇用を減らすことである（Carnoy 1977）。大学側が設置した専攻は市場需要には適正ではないことである（Gray and Chapman 1999）。高等教育の発展により、大卒者の供給は市場の需要を超えている（Paul and Murdoch 2000）。

　大卒者就職難の原因に関しては、主に3つに分けられている：①教育：教育構造と産業構造が矛盾しており、地域発展の不均衡などが大卒者就職難の主要原因である（王遠博 2005）。高等教育機関の教育はテストのためであり、大卒者の応用能力が欠けている（丁元竹 2003）。②労働市場の供給と需要の関係：李愛亜（2006）氏は賃金競争と職位競争が大卒者就職難に与える影響を分析した。また、李豫黔（2009、2010）は二元労働市場分割理論を使って、中国の文系大卒者就職難現象を分析した。③人的資本論：大卒者就職率低下の原因は人的資本投資のリスクが高いためである（黄敬宝 2006）。

　今日までの研究は理論研究が比較的多く、実証分析や定量分析が少ないのである。

2．「民工荒」の現状

　中国政府は就業優先戦略を設定し、積極的に就業政策を実施している。しかし、経済発展により、産業構造改革が実施され、企業自主創新[59]能力がアップし、就業の構造的な矛盾が顕在化している。大卒者就職難と「民工荒」併存の現象も経常化し、トレンドは沿海地区から内陸に蔓延していく傾向がある。

　2012年現在、中国全土には2.63億の農民工がいると推測されている。主に製造業、建築業、採鉱業、第三次産業などの労働力密集型産業に従事しており、中国沿海地方の生産型企業は基本的に農民工の労働力に依存している。

　低い賃金、劣悪な労働環境の農民工であったが、近年では農民工による労働

組合もでき雇用条件も改善されつつある。しかし、未だに多くの農民工が差別、経済的な問題を抱え、非常に厳しい生活を強いられている。それを改善するべく中国政府は、戸籍制度の改革を視野に入れ、根本的な問題解決に乗り出し始めた。

　海外企業の中国への大規模な産業移転や中国経済の高度成長に伴い、2004年頃から労働力不足問題が生じ、その後は、全国的な「民工荒」（出稼ぎ労働者不足）が顕在化し、労働争議が多発し、賃金も急ピッチで上昇した。度を越した労働不足に関して、中国社会科学院などのシンクタンクが、中国の労働力供給は限界に達し、労働力の絶対量の供給不足の時代、いわゆるルイス転換点[60]に差し掛かった可能性が高いと結論づけた。

　ところが、2008年9月に米国に端を発した金融危機は、中国の輸出産業にも多大な打撃を与えた。2009年1月の春節では、「外出農民工」1.4億人のうち約2,500万人がリストラされ、「民工慌」（就職難）が吹き荒れた[61]。金融危機により深刻な影響を受けた地域は輸出産業の多い沿岸部であり、なかでも製造業と建築業でリストラが多く見られた。

　しかし景気の急速な回復に伴い、「民工慌」はたちまち「民工荒」に戻った。上海の受け皿である蘇州地区でさえ、「用工荒」現象と高コスト問題により、他地域へのシフトを進める企業が増えている。労働力不足は沿海地区の製造業に重大な影響を及ぼしつつある。

　労働力の供給環境の変化による内陸投資の拡大と内陸への産業移転は、労働力を分散させ、沿海地区の労働力不足をさらに深刻にしている。労働力のコストは引き続き上昇しており、長年かけて形成された沿海地区に傾斜した産業配置や産業構造の変化は不可避となっている。

2-1　「民工潮」から「民工荒」へ

　1980年代初頭に郷鎮企業が雨後の筍（たけのこ）のように誕生し、1億余りの余剰労働力を吸収した。90年代に入り、その吸収力は大幅に低下し、農村の余剰労働力は都市部に流入し、都市部で自営業を営む者も増えた。このような農村・都市間の大規模な労働力移動は「民工潮」と呼ばれた。

第3章　大卒者就職難と「民工荒」

　農民工は持続的に増加した。1990年の2,135万人から、2003年には9,000万人に達した[62]。農民工が都市部に進出することは、都市部の労働力供給と需要に抑制されながら、各差別制度にも制約される。都市労働市場は3つの問題を抱えている。第1に、都市就業人口は毎年数百万人増えている。第2に、「下崗」[63]、失業により再就職の就業人口は1,400万人にのぼる。第3に、都市に流入する農村余剰労働力は1億くらいあり、さらに毎年500万人の増加が見込まれる。近年、経済成長に対する就業の弾力性は低下する傾向にあり、毎年800万人前後の吸収にとどまり、需要と供給との間には大きなギャップが存在した。

　1990年代半ばから、国有企業改革が本格化し、企業側はコスト削減の人員削減対策をとった。人員削減の一環として、大量の「下崗」人員が誕生した。また、都市部の政府は地元従業員を保護するために、農民工などを排除する差別的な政策を採った。たとえば、北京市は1995年に農民工が北京市で実施する就業活動を厳格に制限した。農民工が就業活動できる分野は13に絞られ、職種は206に制限された。制限された職種の多くは地元労働者が就業を回避するような職種である。このような制限制度は2005年に廃止された。しかしその後、北京市は農民工に一定の学歴を要求するようになり、低学歴の農民工の就業は困難となった[64]。

　ところが、2000年代の半ば以降、農民工に対する需給関係が逆転し、また制度上の壁が存在するころから、深刻な「民工荒」現象が中国全土でみられるようになった。労働社会保障部の調査によると、主に「民工荒」がみられるのは、珠江デルタ、長江デルタ、福建省、浙江省などの加工製造業が集中している地域である。最も人手不足に陥っているのは珠江デルタである。福建省の泉州、蒲田、浙江省の温州等も深刻な求人難に陥っている。アパレル、電子部品、玩具、家具製造などの労働集約型製造業は特に深刻な「民工荒」に直面しており、労働環境や賃金などの劣悪な雇用条件も求人難に拍車を掛けている。

2-2　「民工潮」と「民工荒」の原因

　「民工潮」は中国の社会経済発展の必然的現象であり、工業化、市場化、農

業近代化などと緊密な関連がある。まず、工業化は農村部から都市部への人口移動の根本的な原因である。次に、市場化は労働力移動の重要な生産要素である。労働力低生産性の農業部門から、高生産性の非農業部門に移動する。最後に、技術革新や制度改革により、農業は新たな発展が実現できる。労働生産性の上昇により、大量の余剰労働力が発生し、工業化部門に大量の労働力を提供することが可能となる。

　「民工潮」は中国の経済移行期に特有な現象であり、経済体制転換、経済発展戦略、経済構造の転換の結果である。なかでも計画経済から市場経済への移行が主な原因である。計画経済期には、人民公社などの制度により、農民の生産経営の積極性が抑制され、農業生産の発展は大きく阻害された。また都市部では戸籍制度や「統包統配」の就業制度が農民の流動と就業を制約していた。市場化志向の改革以後、農業生産は迅速に発展し、大量の余剰労働力が発生した。戸籍制度や都市部の就業制度の改革は、農民の都市部流入を促す有利な要素になった。

　改革開放前は、重工業化優先の発展戦略と粗放型[65)]の経済成長がとられていた。農業生産は後回しにされ、農業生産技術は進歩せず、生産性も低かった。改革開放以後、経済発展戦略が調整され、農業が重視されるに伴い、農業労働生産性は上昇した。その結果、大量の余剰労働力が発生し、都市と非農業部門への労働移動の条件が整った。

　改革開放前の中国経済は典型的な二元経済であった。経済発展は計画経済や、戸籍制度等の影響を受けた。奇形的な産業構造、重工業重視、軽工業軽視の下で、資本集約型の重工業が発展し、労働集約型の軽工業やサービス業は発展の機会を失っていた。改革開放以降、構造改革が実施され、農業が重視される一方で、軽工業が発展し、労働力の需要が急速に拡大した。しかし、都市部の就業制度、戸籍制度、社会保障制度等の改革が遅れたために、農民工は農村に家を残したまま、都市部への移動を余儀なくされた。こうして「民工潮」が発生した。

　「民工潮」が続く一方で、やがて沿海地区の一部では「民工荒」が発生した。その原因はまず、農民工の低賃金に起因する。改革開放期に多くの都市部

第3章　大卒者就職難と「民工荒」

がインフレに見舞われた。しかし、たとえば、珠江デルタ地域の農民工の賃金は10年間にわたりほぼ変化がなかった。労働集約型加工企業は、最低賃金額を従業員の基本給としている場合が多く、残業代を支払わない企業も少なくない。一方、21世紀に入ると、西部大開発の影響もあり、中西部地区の賃金と農業の収益が向上し、沿海部の出稼ぎ先との賃金格差が縮小した。沿海部では、賃金を引き上げ、労働条件を改善しない限り、農民工が出稼ぎ労働に従事する可能性は極めて低くなった。

　雇用関係が標準化されていないこと、また労働者が権益を主張するようになったことも、「民工荒」の一因となっている。2003年末に深圳市は、「企業賃金支払い状況についての大規模調査」を実施した[66]。この調査結果によると、賃金不払い企業は633社と、調査対象企業の40％以上を占めた。賃金不払いを受けた従業員は累計10万人以上、不払い賃金総額は1億元以上にのぼる。また一部企業は、労働環境は劣悪で、残業時間も長く、社会保険に加入しないばかりか、労働契約も取り交わしてもいなかった。結果として、離職率も非常に高くなっている。

　企業の労働者に対するニーズが急速に拡大したことも、労働力不足に拍車を掛けている。労働集約型企業が急速に成長し、たとえば、深圳市の労働力需要は2003年からの3年間、毎年10％増加した。同時に、経済発展が全国的に進み、農村労働者の出稼ぎの選択肢が増え、目的地が分散するようになった。珠江デルタの労働者は長江デルタへ大量に移動したが、これは長江デルタの経済発展が好調で、労働者の需要が高まり、より高い賃金やより良い労働条件が設定されているからである。また、中西部地区の経済発展に伴い、新たに企業が設立され、農村労働者に地元での就業機会を提供している。江西省、安徽省など内陸にある省には、多くの工場が設立され、大量の出稼ぎ労働者は地元に近い地区での就業を可能にしている。

　沿海部ではいま、従来の成長モデルが転換期を迎えている。技術レベルの低い労働集約型産業に依存し、低コスト生産の競争優位により高度成長を実現してきた。しかし、今日では低賃金を維持することはもはや困難となっている。一方で、企業の収益率も逓減し、賃金アップが無理な状況にもある。企業は労

79

働者不足を深刻な問題と受け止め、従業員の待遇改善に努めているが、現実には、賃金上昇が加工費限度額に達している企業も少なくなく、沿海部での企業経営のあり方そのものが再考されつつある。

3. 大卒者就職難と「民工荒」併存の原因

中国の都市部の労働市場は第一類市場と第二類市場に分かれている（第1章の図表1-5参照）。第一類市場と第二類市場を比べると、第一類市場は仕事環境が良く、安定しており、所得は相対的に高く、また昇格の機会も多い。第一類市場と第二類市場間の移動は比較的に少ないため、両者はほぼ固定化している。

大卒者は労働条件や賃金の希望が高いため、第一類市場で職を求めている。農民工はもともと消費水準がそれほど高くないため、賃金等に対する期待感はさほど高くなく、主に第二類市場で職を求めている。このように二つの労働市場では、大卒者就職難と「民工荒」という構造的な矛盾が生じている。本論は労働市場における需給関係から大卒者就職難と「民工荒」併存の原因を分析する。

（ア）大卒者労働市場

中国の大卒者就職制度は、1984年以前は「統包統配」制度、1985年から92年までは「双方向選択」制度、93年以降は「自主的職業選択」制度へと変化した。それぞれの時期を図表3-1で説明すると、まず1992年以前の規制の時代（「統包統配」制度と「双方向選択」制度）は、大卒者が比較的少なかった。このことを労働供給曲線 S_1 で表し、これに対して大卒者労働需要曲線を D_1 とすると、大卒者の賃金は S_1 と D_1 の交点から、W_1 の水準となる。つまり、大卒者は「エリート職」として高賃金が保証されていた。しかし、1993年の「自主的職業選択」制度の実施後は、大卒者の労働供給は増大することになった。これを供給曲線の S_1 から S_2 へのシフトとして表すと、大卒者の賃金水準は W_1 から W^* に低下した。

さらに1999年の大学生定員拡大後、2003年には拡大後初の卒業者が労働市場

第3章 大卒者就職難と「民工荒」

図表3-1 大卒者労働市場の需要・供給曲線

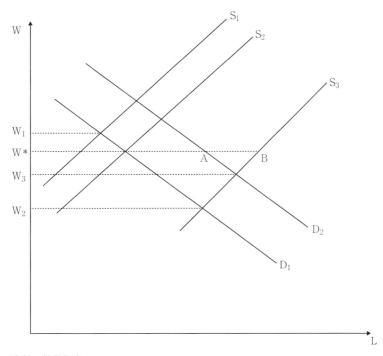

資料：筆者作成。

に参入した。その後も大卒者が年々増加し、大卒者の労働供給曲線はS_2からS_3にシフトし、この結果、大卒者賃金はさらにW_2に低下することになる。

このように労働力需要曲線Dがシフトしない限り、大卒者の賃金は低下する。実際には2000年以降の急速な経済成長に伴い、大卒者の労働需要曲線はD_1にシフトし、大卒者の賃金は定員拡大期以前の賃金W^*よりも低いとしても、W_3の水準が実現されている。しかし、大卒者は定員拡大以前の賃金W^*を「エリート職」として期待する。この結果、図表3-1の点線ABの部分が大卒者にとって超過供給の状態となり、このことが大卒者の就職難として意識されることになる。

図表3-2　農民工労働市場の供給と需要の変化曲線

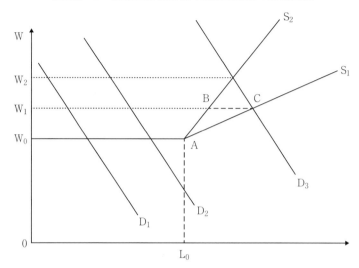

資料：筆者作成。

(イ) 農民工労働市場

中国では、都市部と農村部の所得格差が大きい。高い所得を得るために大量の農民工が都市部に流入し、職を求める状態は、無制限の労働力供給とみなされる。図表3-2のように、無限労働供給 OL_0 の段階では、労働需要は D_1 から D_2 に増大しても、賃金水準は W_0 にとどまる。

これに対して、ルイス転換点Aを通過すると（中国でみられる「民工荒」現象を目にして、多くの研究者は中国の農村労働市場はルイス転換点を通過したとみている[67]）、農民工の労働供給は右上りの曲線になる。この時、労働需要が D_2 から D_3 に増大すると、賃金は W_1 に上昇する。

さらに、政府は「三農」（農村、農業、農民）改革を実施し、さまざまな政策が実施された[68]。これに伴い、農民の所得も上昇し、一部の農民は都市部に進出するよりも農村に留まることを選択した。この結果農民工の労働供給は減少し、これを労働供給曲線の S_1 から S_2 へのシフトとして表すと、農民工の賃金は W_2 に上昇する。

しかし、農民工を需要とする都市部の労働集約産業では、W_2の賃金水準では価格競争力を失うことになる。そこでW_1の賃金を求めるのであるが、この水準では BC で表される量だけ農民工が不足する。これが「民工荒」として意識されることになる。

以上の分析のように、農民工労働市場は特殊な状況にあり、農民工は教育水準、専業技術水準、労働環境、賃金水準などの面で、第一類労働市場と相当異なる。農民工の学歴は比較的低く、ほとんどが中卒以下の学歴である。知識や技術も少ないために、肉体労働や長時間労働で報酬を得ている。農民工を必要とする企業は、小型の民営企業や自営業が多く、賃金は低く、労働環境もあまりよくない。しかし農民工の受け入れ企業にとっては、農民工を雇うことにより、人件費削減が可能となる。

一方、大卒者労働市場の主体である大卒者は、人力資本投資のコストが高く、職場環境や賃金等の条件について高い希望を有する。また多くの大卒者は、沿海地区、上海、北京、広州等の大都市での就職を希望視している。このような就職意識の下で、上海、北京、広州等の大都市の労働市場では激しい競争がみられる。

大学生募集拡大後、大学教育の質が低下している。大学生らは卒業証書を得るために、専業性を欠いているにもかかわらず、大学卒業後、待遇や職場環境の良い職しか求めようとしない。一方、企業側は高いレベルの大卒者を求めており、大卒者労働市場の需給関係も構造的な矛盾に陥っている。

（ウ）産業構造からの解釈

大卒者就職難と「民工荒」併存に加えて、中国は不合理な産業構造を抱えている。図表 3 - 3 のスマイルカーブが示しているように、川上部門（商品開発など）と川下部門（アフターサービス）は付加価値が高く、そこで要求される労働力需要は総じてレベルが高い。一方、川上部門と川下部門の間では、求められる労働力のレベルはさほど高くない。

中国の高度成長の牽引車は、安価な労働力に支えられた輸出産業である。1990年代後半より、日本をはじめ欧米各国の企業が、生産コスト削減の為に、労働賃金の低い中国に生産拠点を移転させてきた。中国は「世界の工場」と呼ば

図表3-3　スマイルカーブの概念図

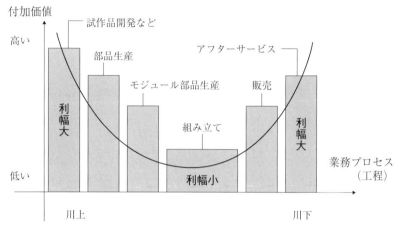

資料：　NECコンサルティング事業部が作成。

れ、世界中で「made in China」の製品が販売されている。

　大学生募集拡大により、高学歴・高レベル人材に対する、企業側の需要はあっても、提示される賃金が高くないために、大卒者の就業意識は高まることがない。逆に、高い賃金を提供できる企業があるとしても、大卒者雇用吸収力には限度がある。

　今日の中国経済には、次の2つの状態が併存している。1つは、製造・生産規模が発展していて、一定の労働力吸収力があるものの、製造・生産段階の付加価値が低いために、賃金水準が低く、大卒者を吸収する能力が限られている。もう1つは、サービス段階の賃金水準は製造・生産段階より高く、大卒者を吸収するのに重要な役割を果たしているが、現段階では販売・サービス業の発展が遅いために、その重要な役割が十分に発揮されていない。

　今日の中国は急速な規模拡張と低付加価値生産の二重構造の中で、製造業が悪循環に陥っている。産業が低付加価値であるために賃金が低く、高レベルの労働力を吸収できない。都市化に伴い、低賃金労働力は高い賃金を求めるようになっており、「民工荒」はまだしばらく続くものとみられる。

第3章 大卒者就職難と「民工荒」

（エ）「民工荒」と賃金引上げ

「ニワトリより早く起き、ネコより遅く寝る。ロバより重労働をさせられ、食べ物はブタより粗末」。中国社会科学院の調査によると、過酷な生活を強いられてきた中国の農民工は、改革開放30年の GDP の21％を創出し、農民も合わせると、中国が世界に誇る GDP 急成長の６割は彼らの手によるものである[69]。世界第２位の経済力の下に隠された立役者である、農民工の実態はどのようになっているだろうか。

社会科学研究者である劉植栄によると、中国の最低賃金額は世界平均の15％にも達しておらず、調査対象183カ国の中で159位に相当し、貧困問題を抱えるアフリカの32カ国よりも低い。さらに、この最低賃金は１人当たり GDP の25％を占めるにすぎず、世界平均の58％水準にとどまる。

最廉価の労働力と見なされる出稼ぎ労働者が従事する仕事は、極端に「きつい」、「汚い」、「危険」な３K業種である。さらに、農民工が勤める工事現場、重工業の工場、炭鉱などは基本的な安全措置が講じられておらず、劣悪な労働条件のもとで人身事故が多発している。毎年１億人以上の農民工が都市部に移動し、世界最大の移民群を成している[70]。しかし、彼らは中国の戸籍制度に阻まれ、長く都市に住んでいても、都市の住民になることはできない。子供の教育、医療保険、年金などすべての社会保障制度から除外されている彼らは、窮屈で不安定な生活を余儀なくされている。

いま、都市部では大学生の就職難などが続いているが、新世代の大学生と比べて、農民工たちの学歴や教育レベルは確かに低い。彼らの就職先は主に体力仕事や、労働集約型の産業に集中している。中国の一部沿海都市では、「民工荒」が現れているが、これを契機に、農民工たちの待遇改善も求められている。図表３-４のように、各地で最低賃金の引き上げが行われている。

国家統計局の2012年の都市部私営・非私営企業平均賃金（年額）によると、私営企業従業員の平均賃金は前年比17.1％増の２万8,752元、非私営企業は同11.9％増の４万6,769元となった。名目の伸び率は前年よりも、それぞれ1.2ポイント、2.5ポイント減少したものの、物価要因を除いた実質ベースでは、それぞれ14％増、９％増といずれも2011年を上回った。一方、農民工の賃金の伸

図表 3 - 4　各地域の最低賃金引き上げ状況（2012年）

地域	最低賃金額 （2012年） （元／月）	最低賃金額 変更後 （元／月）	上昇率 （％）	引き上げ実施日	平均賃金 （2012年） （元／月）	割合 （％）
上海	1,450	1,620	12%	2013年4月1日	4,692	34.5%
広東	1,300	1,550	19%	2013年5月1日	5,215	29.7%
新疆	1,340	1,520	13%	2013年6月1日	3,588	42.4%
天津	1,160	1,500	29%	2013年4月1日	3,872	38.7%
江蘇	1,320	1,480	10%	2013年7月1日	3,832	38.6%
浙江	1,310	1,470	12%	2013年1月1日	3,340	44.0%
北京	1,260	1,400	11%	2013年1月1日	5,223	26.8%
山東	1,240	1,380	11%	2013年3月1日	3,455	39.9%
遼寧	1,100	1,300	18%	2013年7月1日	3,488	37.2%
寧夏	1,100	1,300	12%	2013年5月1日	3,295	33.4%
山西	1,125	1,290	15%	2013年4月1日	3,833	36.1%
安徽	1,010	1,260	25%	2013年7月1日	3,716	27.2%
雲南	1,100	1,265	15%	2013年5月1日	3,242	39.0%
河南	1,080	1,240	15%	2013年1月1日	3,295	37.6%
江西	870	1,230	41%	2013年4月1日	3,304	37.2%
広西	1,000	1,200	20%	2013年2月7日	3,081	38.9%
甘粛	980	1,200	22%	2013年4月1日	3,203	37.5%
四川	1,050	1,200	14%	2013年7月1日	3,593	33.4%
陝西	1,000	1,150	15%	2013年4月1日	3,694	31.1%
貴州	930	1,030	11%	2013年4月1日	3,644	28.3%

資料：各省（自治区・直轄市）社会保障局（2012）により筆者作成。
　　注1：河南省・遼寧省・浙江省・広東省・貴州省は2012年に最低賃金の引き上げ
　　　　を行っていないために、2011年のデータを掲載。
　　注2：山西省は省公表の2012年平均賃金のデータがないために民間のデータを使用。
　　注3：割合（％）＝最低賃金額（2013年）／平均賃金（2012年）
　　注4：最低賃金に社会保険料・住宅積立金を含むか否かは地域により異なる。

びは鈍化が顕著である。2012年の農民工1人当たり平均月収は前年比11.8%増2,290元となったが、伸び率は9.4ポイント減の大幅減少となった。

新規雇用工員に対する待遇改善の動きが、既存の工員たちの待遇改善要求を誘発し、2010年5月1日の「労働節（メーデー）」連休が終わった頃から、中国全土で賃上げを主体とする待遇改善を求める工員たちのストライキやデモ行進が頻発し、経営者側が大幅な賃上げ要求を呑まされる形で決着した。

こうした流れを受けて、各地方政府は次々と最低賃金基準の引き上げを行い、2010年を通じて全国に31ある1級行政区（省・自治区・直轄市）のうちの30行政区が最低賃金基準の見直しを行い、基準額は平均で22.8%引き上げられた。

2011年も年初から全国各地で最低賃金基準の改定が行われており、同年3月末時点での全国最高水準は、3月に改定された広東省の18.2%増の1,300元、4月に改定された深圳市の20%増の1,320元である。同じく4月に上海市も最低賃金基準を14.3%アップして1,280元としている。

上海市社会保障局によれば、上海市の最低賃金基準には勤労者個人が納める社会保険料と住宅積立金が含まれておらず、上海市では企業側がこれらを別途支払うことになっているので、個人が納める最低額の社会保険料と住宅積立金を含めると、実質的には約1,600元（約2万円）となり、最低賃金基準は依然として上海市が最高額であるとのことである（図表3-5）。

4．産業構造と大学専攻設置の適合性

4-1　産業構造と就業構造

廉価な労働力による労働集約型産業は中国の主要産業となってきた。政府の産業構造調整に伴い、知識集約型、資本集約型産業の比重が徐々に上昇しており、今後は労働集約型産業に代わり中国経済の主役になるものとみられる。産業構造の転換と同時に、中国経済は大卒者の不足、農民の無制限供給から、大卒者就職難と「民工荒」が併存する時期を迎えている。

図表 3-5　上海市の最低賃金と平均賃金引上げ状況（1993～2012年）

年度	最低賃金（元）	上昇率（%）	平均賃金（元）	上昇率（%）
1993	210	—	471	—
1994	220	4.8	617	31.0
1995	270	22.7	773	25.3
1996	300	11.1	889	15.0
1997	315	5.0	952	7.1
1998	325	3.2	1,005	5.6
1999	370	16.9	1,179	17.3
2000	445	20.3	1,285	9.0
2001	490	10.1	1,480	15.2
2002	535	9.2	1,623	9.7
2003	570	6.5	1,847	13.8
2004	635	11.4	2,033	10.1
2005	690	8.7	2,235	9.9
2006	750	8.7	2,464	10.2
2007	840	12.0	2,892	17.4
2008	960	14.3	3,292	13.8
2009	960	0.0	3,566	8.3
2010	1,120	16.7	3,896	9.3
2011	1,280	14.3	4,331	11.2
2012	1,450	13.3		

資料：上海市社会保障局「上海市の最低賃金と平均賃金引上げ状況」により筆者作成。

　工業化発展の過程からみると、工業化は初期、中期、後期の三つの段階に分けられる。工業化の初期は、主に労働集約型産業であり、農業と繊維業が主役である。第一次産業が主導産業であり、第三次産業の比率は極めて低く、廉価な労働力でコスト削減することになる。工業化の中期は、軽工業から重工業へ

第3章 大卒者就職難と「民工荒」

図表3-6 産業構造（付加価値）の変化（2000～2012年）

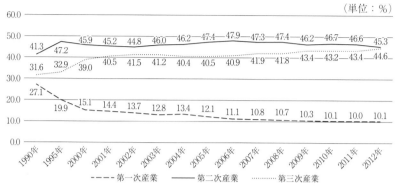

資料：『中国統計年鑑』2013年版により筆者作成。

移行も進み、産業構造は重工業、電力、鉄鋼業、機械製造業など資本集約型産業が主役となり、第三次産業も迅速に発展する。工業化の後期には、自動車と電化製品、また電子技術、通信技術、新エネルギー産業などのハイレベル産業が迅速に発展し、第三次産業が主役になる。

中国の三つの産業分類は、第一次産業：農業（農業・林業・漁業）、第二次産業：工業（製造業・電力・ガス・水などの生産と供給）と建築業、第三次産業：第一と第二以外の産業である。また第三次産業は流通部門とサービス部門の二つの部門に分けられる。

就業構造は社会的な労働力分配構造であり、国民経済各部門、各業界、各領域の分布と構成、国民経済の各部門の労働力量、比率及びその関連性を表している。また就業構造は経済の発展水準、技術進歩と制度変化等に関連する。

図表3-6のように、付加価値で見た第一次産業の比率は年々低下し、第二次産業は近年低下傾向をみせつつも、高い比率を保持している。第三次産業の比率は徐々に上昇しており、中国の産業構造の調整が進んでいることを示している。

図表3-7は、中国の各産業別就業構造を示している。第一次産業の就業比率は持続的に低下している。これに対して、第二次産業と第三次産業の就業比

図表3-7 就業構造の変化（2000〜2012年）

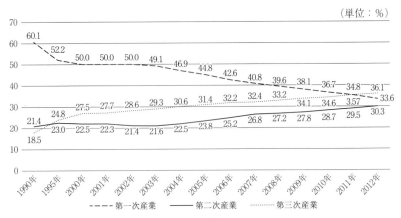

資料：『中国統計年鑑』2013年版により筆者作成。

率は上昇しており、2011年には第三次産業が第一次産業を上回り、第三次産業の労働力吸収が拡大している。

中国の労働市場にみられる大卒者就職難と「民工荒」併存の矛盾は、労働力供給の変化によるものではなく、中国の産業構造の調整が労働力の需給構造と一致していないことによる。

4-2 産業構造と大学専攻設置の適合性

「国家中長期教育改革と発展プラン綱要（2010〜2020）」では、高等教育の構造を最適化し、国家と地域経済・社会発展の需要と適合させることが明記されている[71]。経済と高等教育は相互依存の関係にあり、産業構造と高等教育の人材育成、専攻構造にも同様に関係がある。

中国の経済発展により、教育の発展は不可欠である。産業発展に要する大量の人材には学校教育が不可欠である。

ここでは、中国の産業構造と高等教育機関の専攻構造の協調性を分析する。

まず、GDP付加価値構造からみると、第一次産業の比率は年々低下し、第二次産業は2006年に47.9％まで上昇し、その後低下に転じた。第三次産業は2012年に44.6％まで上昇した。

第3章　大卒者就職難と「民工荒」

図表3-8　製造業の生産額と関連専攻の比率（2000～2012年）

（単位：％）

年	労働集約型	労働集約型の関連専攻	資本集約型	資本集約型の関連専攻	知識集約型	知識集約型の関連専攻
2000	34.0	15.1	52.2	45.9	13.8	39.0
2001	33.7	14.4	51.9	45.1	14.4	40.5
2002	32.3	13.7	52.3	44.8	15.5	41.5
2003	31.3	12.8	52.5	46.0	16.2	41.2
2004	29.6	13.4	53.8	46.2	16.6	40.4
2005	32.7	12.1	52.5	47.4	14.8	40.5
2006	29.6	11.1	55.1	48.0	15.3	40.9
2007	29.7	10.8	56.0	47.3	14.3	41.9
2008	30.2	10.7	56.8	47.5	13.0	41.8
2009	31.4	10.3	56.1	46.3	12.2	43.4
2010	30.8	10.1	57.0	46.8	12.2	43.1
2011	30.5	9.8	57.6	46.5	11.9	43.7
2012	31.1	9.5	57.1	46.6	11.8	43.9

資料：『中国統計年鑑』2001～2013年版、『中国教育統計年鑑』2001～2013年版より筆者作成。

　次に製造業の構造変化をみてみたい。製造業は労働集約型、資本集約型、知識集約型に分けられる。労働集約型には食品加工業、繊維産業、家具製造業、印刷産業等が、資本集約型には飲料製造業、タバコ加工業、交通運輸設備製造業、電気機器及び機材製造業等が、そして知識集約型には製薬産業、通信設備産業等が含まれる。

　このような分類に基づき、『中国統計年鑑』2013年版から、各製造業の生産額を図表3-8のようにまとめてみた[72]。

　図表3-8から見ると、資本集約型産業の比率は依然として高く、知識集約型産業の比率が最も低い。労働集約型産業の比率は低下傾向、資木集約型産業の比率は増加傾向になる。知識集約型産業は労働集約型産業と同様に、低下傾向にある。

　中国の国務院学位委員会は2011年に「学位授与と人材育成学科目次」（学位2011年11号）を発表した。中国の大学の学科は13分野、具体的には、哲学、経

図表 3 - 9　各産業構造（付加価値）と関連専攻の比率（2000～2012年）

（単位：％）

年	第一次産業	第一次産業の関連専攻	第二次産業	第二次産業の関連専攻	第三次産業	第三次産業の関連専攻
2000	15.1	3.0	45.9	40.3	39.0	56.7
2001	14.4	2.8	45.1	41.0	40.5	56.1
2002	13.7	2.7	44.8	41.6	41.5	55.7
2003	12.8	2.7	46.0	41.8	41.2	55.5
2004	13.4	2.5	46.2	42.4	40.4	55.1
2005	12.1	2.3	47.4	43.8	40.5	53.9
2006	11.1	2.2	48.0	44.4	40.9	53.4
2007	10.8	2.0	47.3	45.0	41.9	52.9
2008	10.7	1.9	47.5	45.5	41.8	52.5
2009	10.3	1.8	46.3	46.0	43.4	52.2
2010	10.1	1.7	46.8	46.4	43.1	51.9
2011	10.0	1.7	46.6	46.8	43.4	51.5
2012	10.1	1.6	45.3	46.9	44.6	51.5

資料：『中国統計年鑑』2001～2013年版、『中国教育統計年鑑』2001～2013年版より筆者作成。

済学、法学、教育学、文学、歴史学、理学、工学、農学、医学、軍事学、管理学、芸術学に分類される。こちらのうち、農学は主に第一次産業、工学と管理学の一部は主に第二次産業、その他の学科は第三次産業に属することになる[73]。

　このような分類に従って、産業に提供する人材の専攻も第一次産業から、第三次産業まで関連専攻に分類することができる。

　『中国教育統計年鑑』には各専攻の卒業者数が掲載されており、三次産業分類に基づき、図表 3 - 9 のような各産業の関連専攻の比率が判明した[74]。

　図表 3 - 9 のように、中国の大学は第三次産業の関連専攻の比率が最も高く、第二産業の関連専攻がこれに次ぎ、第一次産業の関連専攻はかなり少ない。トレンドとしては、第一産業の関連専攻の比率は低下し、第二次産業の関連専攻の比率は上昇、第三次産業の関連専攻の比率は低下傾向にある。

　図表 3 - 9 の三次産業分類とその関連専攻を比較してみると、第二次産業の

第3章　大卒者就職難と「民工荒」

比率と第二次産業の関連専攻の比率は比較的に近いのに対して、第一、第三次産業とその関連専攻の比率はかなりの開きがある。また第一次産業とその関連専攻の減少傾向は一致している。第二次産業の変動はあまり見られていないに対し、その関連専攻は増加傾向にある。第三次産業とその関連専攻の変動は逆であり、前者は増加傾向にあるものの、後者は減少傾向にある。

また製造業は、主に工学専攻の卒業者数で算出している。工学専攻も労働集約型、資本集約型、知識集約型に分類ができ、たとえば、軽工業、繊維、食品専攻は労働集約型、機械、交通運輸専攻は資本集約型、機器、電子通信、情報専攻は技術型に属する。『中国教育統計年鑑』の工学各学科の卒業生数を工学専攻のサブカテゴリーで算出すると、図表3-8のようになる。

資本集約型産業の関連専攻の比率は最も大きく、以下、知識集約型、労働集約型産業の関連専攻の順となる。労働集約型産業の関連専攻の比率が低下傾向にあるのに対して、資本集約型産業と知識集約型産業の関連専攻は増加傾向にある。

図表3-8の通り、知識集約型産業の比率とその関連専攻の差が最も大きく、また資本集約型産業の比率とその関連専攻の差は小さい。さらに労働・資本集約型産業とそれぞれの関連専攻の変動傾向が一致しているのに対して、知識集約型産業とその関連専攻の変動傾向は一致していない。

4-3　実証分析

これまで産業構造とその関連専攻のデータを分析しながら、直観的に産業構造とその関連専攻の変動を比較した。ここでは、両者の適合性を定量分析してみたい。

系統適合性を分析するのに、様々なモデルがあるが、ここはユークリッド距離[75]モデルを用いて、産業構造とその関連専攻の適合性を分析する。産業構造とその関連専攻の適合性の分析は、この二つ系統間の差異の分析であり、差異が小さいほど適合性が高いことになる。ユークリッド距離モデルは、系統と系統間の差異分析に適用されており、ここではこのモデルを使うこととする。

二つの系統 X_1、X_2、この二つの系統の指標は：$X_1 = (x_{11}, x_{12}, \cdots, x_{1i})$

93

図表 3-10　中国産業構造とその関連専攻の適合度（2000～2012年）

年	産業構造と関連専攻の適合度	製造業構造と関連専攻の適合度
2000	0.778	0.679
2001	0.801	0.668
2002	0.818	0.672
2003	0.820	0.682
2004	0.813	0.702
2005	0.830	0.667
2006	0.842	0.661
2007	0.857	0.654
2008	0.860	0.640
2009	0.878	0.613
2010	0.878	0.614
2011	0.884	0.605
2012	0.889	0.599

資料：筆者作成。

と $X_2 = (x_{21}, x_{22}, \cdots, x_{2i})$、ここで i = 1，2，3，……，n。
ユークリッド距離の公式は：

$$D = \left[\sum_{i=1}^{n} (x_{1i} - x_{2i})2 \right]^{\frac{1}{2}} \tag{1}$$

（1）から適合度のモデルは： $C = \left[1 - D \right]^{\frac{k}{2}}$　　　　　　　　　　（2）

適合度 $C \in [0，1]$、その値が大きければ大きいほど適合性がよいことになる。なお、K は調整係数であり、k ≧ 2 である。

　図表 3-8 の製造業構造とその関連専攻のデータと図表 3-9 の産業構造と関連専攻のデータを使用し、k = 2 の時の結果は図表 3-10 の通りである。

　図表 3-10 の通り、産業構造とその関連専攻の適合度は年々上昇している。その反面、製造業構造とその関連専攻の適合度は年々低下している。いずれの場合も、産業構造とその関連専攻の適合度は製造業構造とその関連専攻の適合度より高い。その差は2000年の0.101から2012年の0.290に拡大している。中国

第3章 大卒者就職難と「民工荒」

の産業構造の変化と高等教育機関の専攻設置方向はより接近しつつある。しかし、製造業と専攻設置方向はやや問題があり、それはますます深刻化しつつある。

第一次産業の比率とその関連専攻の差は減少傾向にあり、これは産業構造とその関連専攻との適合性が改善される原因の1つとなっている。しかし、第一次産業の比率は常にその関連専攻の比率よりはるかに高く、第一次産業の持続的に対して人材不足の問題が懸念される。

第一次産業の関連専攻の人材は、供給よりも需要が多いにも関わらず、就職難が深刻化している。その原因は、まず、農林水産業の賃金や待遇、労働条件があまりよくないために、大卒者はこの分野への就職を望んでいない。また、高等専門学校の農業の関連専攻は農学が中心であり、農業発展に必ずしも合致していない。

第二次産業の比重とその関連専攻の比重は、バランスがとれている。これは産業構造とその関連専攻の適合性が改善されている主な原因と考えられる。「2013年中国大学生就業報告」で賃金がよく、就職率が高い専攻として報告されている、地質、海洋、採鉱、加工、道路橋工程、自動化技術などは、第二次産業の関連専攻である[76]。

第三次産業の比重は上昇する一方で、第三次産業の関連専攻の比率は年々低下している。『中国教育統計年鑑』2013年版によると、2000-2012年に、中国高等教育機関の各専攻の中で卒業者数年平均増加率が10%以上の専攻は6専攻ある。そのうち、管理学は年平均増加率20.1%、以下、医学17.1%、文学16.7%、工学15.8%、理学12.3%、経済学12.8%である。第三次産業の関連専攻の比率が低下しているにも関わらず、卒業者数は年々増加傾向にあり、第三次産業の関連専攻の卒業者は就職難に直面していることになる。

また、労働集約型産業とその関連専攻の比率は低下する一方であるが、労働集約型産業はいまだ30%以上を占めている。しかし2012年までに、その関連専攻の比率は10%以下にまで低下した。このような状況の中、労働集約型産業の人材は需要より供給が少ないため、この専攻の卒業生は就業しやすいはずである。しかし、労働集約型産業に必要な人材は、肉体労働力と経験豊富な技能労

働力であり、頭脳労働力の需要は極めて限定的である。労働集約型産業の発展は、その関連専攻の卒業生を吸収できぬまま、「民工荒」と「技工荒」（技能工不足）の現象が顕在化している。また、サービス業の発展に伴い、同分野でも肉体労働力と技能労働力の需要が急増しており、「民工荒」と「技工荒」の解消は困難となっている。

　資本集約型産業とその関連専攻の比率は同時に上昇傾向にある。しかし、資本集約型産業は卒業者の吸収に限界があり、それ以上大幅に吸収することは困難である。21世紀に入り、製造業の構造転換とその産出規模の拡張に伴い、ある程度の卒業者を吸収することはできた。しかし、中国の高等教育機関の卒業者数は年々増加しており、大卒者就職難問題はさらに悪化する見通しである。

　知識集約型産業とその関連専攻の比率の不均衡は顕著である。知識集約型産業の比率は年々低下する、一方で、高等教育機関は知識集約型産業の関連専攻の人材を大量に育成しているために、その関連専攻の卒業者数は需要を大幅に上回っている。近年は、たとえば、生物技術、電子学、環境科学等の新興産業に関連する専攻が大量に設置されているが、その卒業者の就職は困難となっている。現段階の知識集約型産業は、主に加工・組立産業であり、産業に必要な人材は技能型である。現在の高等教育の人材育成がその需要と合致しないために、卒業者は就職難と直面せざるをえない状況にある。

5．定員拡大と賃金への影響

5-1　定員拡大と経済成長

　1999年に中国政府は高等教育大衆化に向けて、定員拡大政策を打ち出した。1998年の中国の大学進学率は僅か6.2％であり、同年のアメリカの大学進学率は77％、日本は43.9％に達していた。2007年に中国の大学進学率は22.9％となり、高等教育機関の定員拡大政策は一定の効果を果たした。しかし、この時期の先進国の大学進学率の平均は67.2％であり、中国の高等教育大衆化とはまだかなりの差がある。それにも関わらず、中国の高等教育大衆化には、教育の質

の低下、高等教育機関の専攻設置と産業構造の不適合性、大卒者就職難等の問題が存在する。

人的資本への投資は経済成長の源泉である。資本とは投資によりその価値を増大させることができる財貨を意味するが、この考え方を投資対象として人間に適用したものが人的資本の概念である。人間の経済的価値は投資により高めることができるという考え方である。経済のグローバル化の進展とともに国際的なヒトの移動も活発化しており、優秀な人的資本をめぐる「人材競争」が国際的に激化してきている。

人間が作り上げたり、蓄積したりするもので、長期間にわたって便益を生み出すものを経済学では「資本」と呼び、その中でも教育により蓄積された知識や技能は「人的資本」と呼ばれる。また、教育は人的資本の量を増大させる活動なので、「人的資本投資」活動とみなすこともできる。教育に力を入れている国ほど経済成長のペースは速く、人々の生活水準も高くなるという考え方である。

つまり、工場や機械装置といった、物的資本が設備投資により貯蓄されるのと同様に、人的資本は教育という投資により貯蓄され、財やサービスの生産に貢献することになる。教育あるいは人的資本の経済成長に及ぼす影響は、経済学でも経済成長論の分野でも盛んに議論されてきたテーマである。

個人や国がこのように拡大しつつある知識、経済の恩恵を受けられるかどうかは、主に教育、技能、才能、能力といった人的資本にかかっている。したがって、各国政府は人的資本のレベルアップにこれまで以上に力を入れている。そのための最も重要な施策の1つが教育と訓練であり、教育と訓練は今日では経済成長を促す要因としてますます重要性を増している。

経済や雇用の観点から見ると、人間の生涯学習の可能性はいよいよその重要性を増している。従来の職種は安価な労働力が入手可能な国・地域に移る一方で、急速な技術革新を背景に最近までほとんど存在しなかった職種が生まれたり、そのために必要とされる知識が一変したりしている。その結果、今日では誰しも労働人生を通して、技能や能力を磨き続ける必要がある。

中国の経済発展は粗放型から集約型に転換しつつある。特に知識・知識集約

型産業の発展は顕著である。高いレベルの技術者の労働生産性は低レベルの技術者より高く、さらに新興技術を身につける能力が高く、技術開発能力も高い。本来、高等教育は産業構造の転換に相応しい高レベルの人材を育成し、提供すべきである。

高等教育の成果を評価するには、高等教育機関の進学率はもちろんのこと、最も重視すべきは卒業者の質である。一国の人口増加に伴い、高等教育機関の進学率の持続的上昇は可能である。しかし、高等教育機関の教員の質、教育経費の投入なども同時にレベルアップしない限り、高等教育機関の卒業生の質も改善されず、大卒者の優位性は喪失し、大卒者就職難に陥ることになる。

1999年に定員拡大策が打ち出されてから、高等教育機関の定員数、在学人数は大幅に増加した。2006年までは定員数と在学人数の年平均増加率は毎年25％であった。2006年以降は定員数と在学人数の伸びは少し緩和された。しかし定員増加に伴い、高等教育機関の卒業者も年々増加し、大卒者の大規模な増加は2002年以後、年平均増加率は27％に達し、高等教育機関数も持続的に増加した。

高等教育の需要面から見ると、1999年から2008年に大学の受験者数は年平均16％増で288万人から1045万人へと３倍に増加した。高等教育の需要は年々増加しており、中国の高等教育の発展には巨大な潜在力がある。

高等教育の基本的な指標は卒業者の就職率である。定員拡大政策後の第一期の大学生が卒業して以来、大卒者の就職率は2001年の90％から、2010年は70％前後になった（中国教育部の統計と民間の統計はかなり異なる）。このような就職状況の中で、多くの卒業生は求職のレベルを下げ、賃金とは関係なく、まず職に就くことを目標としている。

5-2　ミンサー型賃金関数による推定

大卒者の賃金・待遇は高等教育機関卒業生の就業状況を反映している。では定員拡大前と定員拡大後において大卒者の賃金の学歴効果どのように変化したのか、また他の教育レベルの卒業者と比べると、大卒者彼の賃金はどれほどの優位性はあるのだろうか。

本章では中国総合社会調査2008年のデータ（CGSS 2008）を用いて、これを実証分析する。このデータには、青海、寧夏、チベットを除く、全国の各省・自治区が含まれている。今回は賃金、教育レベル、経験年数、政治状況等が含まれた990の個票データを用いる。最終学歴取得時期は2003年以前が定員拡大の個票になり、2003年以降が定員拡大後の個票となる。定員拡大以前の個票は450、拡大以降の個票は540であった。

ここでは、ミンサー型賃金関数モデルを用いて、大卒賃金の学歴効果を検証し、さらに大学定員拡大により学歴効果の低下が生まれたのかを検証する。ミンサー型賃金関数は、職業訓練を含めた教育の投資効果や勤続経験が人的資本の蓄積を通して賃金を向上させるとする人的資本理論に基づき導出された賃金関数である。

ミンサー賃金関数モデル：
$$\ln W = A + B_1 S + B_2 Exp + B_3 Exp^2 + e \tag{1}$$

このモデルでは、W は労働力賃金水準の対数値、S は教育レベル、Exp は労働力の勤務経験、e は誤差である。これを基に、高等教育機関の卒業者とその他の学歴の労働者の賃金比較のために、労働者の学歴レベルで労働力の教育差異を表す。また教育、職歴等の人的資本要素以外にも、賃金水準は他の要素からも影響を受ける。たとえば、賃金は性別と民族間でも大きな差異があり、これらも賃金水準に影響する要因である（張・元 2010）。就業企業による賃金決定要因もあり、国有企業、集団企業、私営企業によりも、賃金決定要因はそれぞれ異なる。さらに、政治状況（共産党員であるか否か）、婚姻状況も賃金決定を左右する（李・丁 2003）。そこで学歴以外の要因をコントロール変数として、モデル（2）を想定した。

$$\ln W = A + B_1 S + C_1 Exp + C_2 Exp^2 + DZ + e \tag{2}$$

モデル（2）では、S は教育レベル（普通高等教育、成人高等教育、中専、

図表 3-11　変数のスコア

変数	変数のスコア
時間賃金	2008年の収入／年労働時間
学歴	大卒・大学院卒／成人教育／中専／高校／中学校／小学校について大卒・大学院卒1とするダミー変数
経験年数	年齢－教育受ける年数－6
ジェンダー・ダミー	男性＝1、女性＝0
民族ダミー	漢民族＝1、少数民族＝0
政治ダミー	共産党員＝1、その他＝0
企業ダミー（国有）	国有企業＝1、その他＝0
企業ダミー（集団）	集団企業＝1、その他＝0
企業ダミー（私営）	私営企業＝1、その他－0

高校、中学校、小学校及び小学校以下）に関するダミー変数、Zはコントロール変数（性別、民族、政治状況、企業種類（国有企業、集団企業、私営企業））に関するダミー変数である。個票を選別する際に、失業者、退職者、私営企業主を除く、年齢18歳から60歳までを対象とした。以上の変数の統計結果が図表 3-12、図表 3-13、図表 3-14に示されている。

　普通高等教育、成人高等教育は大卒以上のデータを用いる。成人高等教育とは、「規定された入学水準に合致している在職あるいは非在職の成人を対象として実施される高等教育レベルの教育」と定義づけられている。この成人高等教育と伝統的な普通高等教育との二つの柱が、お互いに補完しながら高等教育体系を構成しているところに中国の特徴がある。中国の成人高等教育の特長は、学習形態や教育プログラム、設置形態などが多種多様で柔軟な点にある。学習形態には、職場から離れてフルタイムで学習する「全脱産」、仕事をしながらパートタイムで学ぶ「半脱産」、仕事の余暇や夜間を利用して学ぶ「業余」がある。成人教育は大学成人教育と高校成人教育があり、ここでは大学成人教育を学歴変数とした。

　「中専卒」に属する学校は、①職業高級中学（職高）、②中等専業学校（中専）、③技工学校（技校）であり、この3つの学校の生徒は「三校生」とも呼ばれる。「中専卒」は、高級中学（高校に相当）の卒業学歴と同等レベルとみ

第 3 章　大卒者就職難と「民工荒」

図表 3-12　変数統計結果

	平均値		
	全期間	定員拡大前	定員拡大後
普通高等教育	0.40	0.25	0.52
成人高等教育	0.27	0.27	0.27
中専	0.11	0.17	0.05
高校	0.16	0.24	0.09
中学校	0.05	0.05	0.04
小学校及び以下	0.03	0.03	0.02
経験年数	8.10	11.72	5.08
性別（男性）	0.56	0.60	0.52
民族（漢民族）	0.89	0.90	0.88
共産党員	0.28	0.26	0.31
国有企業	0.36	0.42	0.31
集団企業	0.33	0.37	0.29
私営企業	0.31	0.21	0.39

図表 3-13　各学歴の構成比率

	共産党員比率	定員拡大前			定員拡大後		
		国有	集団	私営	国有	集団	私営
大学	48.1	60.7	24.1	15.2	25.0	25.7	49.3
成人教育	26.7	38.7	44.5	16.8	41.1	32.9	26.0
中専	3.8	15.6	63.6	20.8	46.2	30.8	23.1
高校	10.9	56.6	29.3	14.2	36.0	36.0	28.0
中学	0.0	17.4	17.4	65.2	40.9	40.9	18.2
小学	0.0	0.0	8.3	91.7	0.0	30.8	69.2

なされ、「中専」の学歴を取得すれば、大学進学の資格を得ることができる。中専は卒業後の就職を前提にしており、就職に必要な能力を育成するカリキュラムが組まれている。「中専」に属する学校は、日本の商業高校や工業高校と呼ばれる専門高等学校、大学入試資格を卒業すると取得できる専門学校（高等専修学校）をイメージすると分かりやすい。日本の 5 年制高等専門学校（高

図表 3 -14　推定結果

賃金に及ぼす学歴効果		
説明変数	（1）	（2）
大卒	0. 475 ***	0. 506 ***
	(51. 98)	(47. 45)
成人教育	0. 355 ***	0. 375 ***
	(38. 62)	(37. 08)
中専	0. 134 ***	0. 138 ***
	(12. 96)	(13. 56)
高卒	0. 177 ***	0. 182 ***
	(18. 26)	(19. 08)
大卒（拡大以降）		− 0. 0537 ***
		(− 5. 75)
成人教育（拡大期以降）		− 0. 0344 ***
		(− 3. 97)
経験年数	0. 0349 ***	0. 0262 ***
	(14. 13)	(9. 43)
経験年数 2 乗	− 0. 000811 ***	− 0. 000513 ***
	(− 7. 33)	(− 4. 33)
ジェンダー・ダミー（男性 = 1 ）	0. 0345 ***	0. 0324 ***
	(7. 50)	(7. 16)
民族ダミー（漢民族 = 1 ）	0. 0117	0. 00822
	(1. 63)	(1. 15)
政治ダミー（共産党員 = 1 ）	0. 0724 ***	0. 0708 ***
	(13. 45)	(13. 39)
企業ダミー（国営 = 1 ）	0. 00805	0. 00363
	(1. 42)	(0. 65)
企業ダミー（集団 = 1 ）	0. 00275	− 0. 00139
	(0. 49)	(− 0. 25)
定数	1. 537 ***	1. 591 ***
	(106. 48)	(96. 21)
観測数	990	990
R 2	0. 8628	0. 8685

カッコ内は t 値、*10%, ** 5 %, *** 1 %の有意水準。

専）も中国の「中専」に相当する。

①職業高級中学（職高）は、教育部（文部科学省に相当）が主管し、職業技術学校とも呼ばれる。就学期間は高級中学と同じ3年間が多いが、5年制コースもある。「職高」は普通の高級中学で学ぶ基礎学習に加えて、機械、電気、旅行、英語、商業、会計などの専攻がある。

②中等専業学校（中専）は、「職高」と同じく教育部が主管しており、普通中等専業学校と成人中等専業学校の2種類がある。普通中等専業学校は9年間の義務教育修了者、成人中等専業学校は中学校を卒業した在職者を対象としている。「中専」の卒業証書は、省（自治区、直轄市）の教育庁が発行し、全国で認められている。「中専」のカリキュラムは、卒業後の就職を目的としているために、商業、コンピュータ、会計などが多い。就学期間は、学校や専攻により違いがあるものの、3年制が中心である。「職高」と「中専」は学習内容にあまり違いがない。

③技工学校（技校）は、教育部ではなく人力資源和社会保障部（厚生労働省に相当）が主管している。技工学校のカリキュラムは、機械、電気、コンピュータ、交通（運転、自動車修理など）、調理師、美容師など、技術的な内容となっており、就学期間は1年から5年と学校や専攻により異なる。

　図表3-12を見ると、定員拡大前の個票では、普通高等教育卒者は25％であり、定員拡大後は52％と約2倍となった。成人教育の比率は同じであり、中専、高校から大学進学が急速に増大したことがわかる。また図表3-13からは、定員拡大後、大卒者の私営企業就職者の比率が顕著に増大したことが示される。これは近年の国有企業改革の結果であると考えられる。推定結果が図表3-14に示されている。

　推定は、中卒・小卒の労働者をベースとして、対数変換した時間賃金に対する学歴効果を回帰分析で見るものとした。推定（2）では定員拡大以降の大卒・大学院卒、成人教育をそれぞれ説明変数に加えた。

　推定（1）から、学歴以外の変数をコントロールしたうえで、中専と高卒の学歴効果はほぼ同等か高卒の方が幾分高いこと、他方、高卒と比べて成人教育

の効果が顕著に大きいこと、その上で、大卒の学歴効果が最も大きいことが確認できる。各変数の係数の値を見ると、中卒者に対して高卒、中専の学歴効果はそれぞれ17.7％、13.4％の増大であるのに対して、成人教育では35.5％、大卒では47.5％増大する。その上で、推定（2）から、定員拡大以降の大卒の学歴効果はそれ以前と比べて低下することが確認できる。その効果は5.4％の引き下げであるが、大卒者の増大により成人教育の効果も低下することが観察できる。

その他の変数に関しては、まず経験年数は、2乗項の係数がマイナスであることから、ある一定水準を超えると経験効果は低下することがわかる。また男性の有利、そして共産党員の有利も確認できる。これに対して民営企業と比べた国有および集団企業の効果は確認されない。同じく民族ダミーも有意でない。

以上の推定から、大卒の学歴効果は明確に確認できるとしても、定員拡大以降はその効果が低下していること、同じく成人教育の効果も予想外に大きいとしても、大卒の定員拡大にともない低下することが確認された。ただし、ここでは景気の要因や労働上の要因など、経済状況の影響はまったく考慮されていない。この制約を認めたうえで、本章の推定の結果は、定員拡大策の高等教育卒業者に対する影響は長期的に考える必要があることを示唆している。定員拡大後、大卒者は大卒学歴以下の卒業者と比べて賃金の優位性は存在するものの、その優位性は低下傾向にある。またその影響は同じ高等教育の成人教育にも及ぶ。定員拡大策により、大卒者は短期的には就職率が低下し、長期的には賃金の優位性が縮小しつつある。高等教育に投資しても、卒業生の収益性は逓減しつつある。

おわりに

農民工と大卒者は中国の人的資源の主力であり、重要な人力資本と知力資本を提供している。しかし、2002年頃から大卒者の就職難問題が出現し、2004年頃からは中国の東部沿海部都市で「民工荒」が顕在化している。

第3章　大卒者就職難と「民工荒」

　中国は地域ごとに資源賦存が極めて不均衡であり、都市部と農村部、東部地域と西部地域、中心都市と一般都市ではかなり異なる。前者は後者よりも収入が高く、社会保障や教育面でも優位性がある。また、地元住民の利益を保護するために、排他的な制度により、他地域からのヒトの流入は制限されている。戸籍制度は都市と農村の間に高い壁のように存在している。都市部と農村部の貧富の格差は、「民工荒」という現象に間接的に反映されているともいえる。

　本来、労働力の流動化は工業化と都市化の必然的な結果である。しかし、農民工の流動化に対応しうる制度はいまだ不完全であり、都市部に流入した農民工は高い賃金や良い待遇を求めている。

　また、労働力の需要面からみると、都市化、工業化に伴い、産業構造の調整も進行している。労働力の要求レベルも上昇しているが、農民工は学歴レベルが低く、また再教育や職業訓練の機会もなかなか与えられず、「民工荒」という現象はしばらく続くことになろう。

　労働力の供給面からみると、1999年の大学生募集拡大策の結果、2002年から大卒者が年々増加している。労働市場の需要と必ずしも合致しない専攻が続々と設立され、「独立学院」（公立の一般大学と民間の投資者または投資機関が連携して設立した高等教育機関の一種である）のような高等教育機関も教育部の許可を得て設立されている。近年、職業教育の改革が再び社会的に議論を呼んでいる。2014年3月22日に教育副部長の魯昕は「中国発展フォーラム」で「600以上の地方高等教育機関は技術応用型、職業教育型に転換する。技能人材と学術人材の大学入学試験も分けて実施する」と述べた[77]。このような教育改革の目的は大卒者就職難を緩和することにある。

　中国の大学、特に「985」、「211」のような重点大学は、東部・沿海地区や中部の大都市に立地し、農村から通える大学生は少なく、高い教育費用を負担できる農村家庭も多くない。低レベルを克服するために教育をうけたいが、教育費用の負担が重く、教育が受けられないために、低レベルにとどまらざるを得ない。このような悪循環が繰り返されている。

　もう1つ指摘しておくべきは、大卒者の就職意識である。大学進学の最終目的は将来的によい仕事に就くためである。しかし、今日の大卒者は、大卒後に

105

大手企業、高所得の職に就きたいという意識が極めて高い。このような意識を変えない限り、大卒者就職問題の解決は困難であると考えられる。

参考文献

［日本語］

関志雄（2010）「中国の産業高度化進む～ルイス転換点の到来を示唆する「民工荒」」http://news.searchina.ne.jp/disp.cgi?y=2010&d=0429&f=column_0429_001.shtml 2014年5月20日閲覧。

丸川知雄（2013）『現代中国経済』有斐閣。

丸川知雄（2010）「中国経済は転換点を迎えたのか？―四川省農村調査からの示唆」『大原社会問題研究所雑誌』第616号、2010年2月。

厳善平（2009）「中国の雇用情勢、雇用促進対策および今後の展望―大卒者、農民工を中心に―」『東亜』（霞山会）2009年12月号。

南亮進・羅歓鎮・牧野文夫（2008）『中国の教育と経済発展』東洋経済新報社。

柯隆（2000）「中国経済の構造変化に関する分析」2000年　研究レポート　No.73。

柯隆（2007）「中国における労働力過剰と人材不足のジレンマ」Economic Review Vol.11 No.1、2007年1月。

［英語］

Blaug, M. Layard, R. and Woodhall, M. (1969) The Causes of Graduate Unemployment in India, AllenLane : The Penguin Press.

Carnoy, C. (1977) Education and employment : A critical appraisal, Unesco : International Institute for Educational Planning.

Gray, J. and Chapman, R. (1999) Conflicting Signals : the Labor Market for College-educated Workers, Journal of Economic Issues, Vol.33.

Jean-Jacques Paul and Jake Murdoch. (2000) Higher Education and Graduate Employment in France, European Journal of Education, Vol.35, No.2.

第3章　大卒者就職難と「民工荒」

［中国語］

蔡昉（2007）「中国就業増長与結構変化」『社会科学管理与評論』2007（2）。

丁元竹（2003）「正確認識当前大学生就業難問題」『宏観経済学』2003（3）。

黄敬宝（2006）「大学生就業指導―　一種特殊的人力資源開発」『継続教育研究』。

頼易（2010）「新形勢下“用工荒”的原因」『法制と経済』2010（11）。

李愛亜（2006）「知識失業の経済学透視―兼論基礎教育与職業教育」『蘭州学報』。

李実・丁賽（2003）「中国城鎮教育収益率的長期変動趨勢」『中国社会科学』2003
　　（6）。

李豫黔（2009）「二元労働市場分割論視野下的文科知識失業分析」『高教発展と評
　　估』。

史忠良（2005）『産業経済学』経済管理出版社。

蘇剣（2009）「我国農村还有多少富余労働力？」『広東商学院学報』2009（5）。

孫業亮・朱礼華（2013）「基于労働力市場分割理論的労働力迁移与用工荒的分析」
　　『労働力成本与価格』2013（1）。

王遠博（2005）「大学生失業的経済学探討」『経済問題探索』2005（2）。

楊河清（2002）『労働経済学』中国人民大学出版社。

章東飛（2012）「我国大学生就業難問題探析」華中師範大学修士学位論文2012.5.　。

張暁倍・元朋（2010）「我国過度教育現象研究―基与全国総合社会調査数据的分析」
　　教育発展研究。

周天勇（2010）「中国的労働力是否過剰」『上海経済』2010（11）。

朱紅根・唐蘭媛・解春艶（2012）「新生代農民工外出択業動機実証分析」『江西農業
　　大学学報（社会科学版）』。

第4章　大卒者の就職意識と就職能力

はじめに

2013年6月9日に、麦可思研究院が発表した『2013年中国大学生就職報告』
（中国の大学卒業生の就業調査機関である麦可思研究院（英語名MyCOS Insti-
tute）により編集され、社会科学文献出版社により出版されている（麦可思研
究院 2010-13）。データの信憑性が問題とされる中国にあって、麦可思研究院
の報告書はサンプル数、調査方法、有効回答率なども公開され、用語の定義も
行われており、信頼性の高い報告書と評価できる）によると、2013年の大学卒
業生の就職率は、2013年4月10日時点でわずか35％にとどまった。同時点にお
ける大学院生の就職率はさらに過酷な状況であり、わずか26％に過ぎなかっ
た。

2013年3月に国家主席となった習近平は、こうした大学卒業生の厳しい就職
難の状況に留意し、就任直後の5月に天津市で卒業予定の大学生に接見した際
に、就職は高望みをせず、末端の仕事を受け入れて、「普通の職場で最良の成
果を上げるように」と励ました[78]。

しかし、現実には大卒者の高望み、現実離れの就職ビジョンが指摘されてい
る。大卒者の就職難問題が深刻化する中、彼らの多くが待遇の良い都市部また
は大手企業にこだわり、内陸部や農村地域、中小民営企業への就職を希望して
いない。就職ができた大卒者でも、その平均初任給は近年増加傾向を示してお
らず、場合によると農民工並みであるといわれている。一人っ子で甘やかされ

109

て育った彼らは、この厳しい現実をなかなか直視しようとしない。大卒者の多くは北京や上海といった大都市での就職を希望し、経済発展のポテンシャルが高い内陸部の求人には目もくれないのが現実である。

米中協力発展委員会の李建生代表は、就職難を引き起こしている原因として、多くの若者たちが小都市や田舎に行くくらいなら、大都市でワーキングプア、つまり「漂族」[79]や「蟻族」に甘んじるほうがいいといった彼らの意識を挙げている[80]。大学を卒業しても安定した職に就けず、劣悪な環境で共同生活を送る「蟻族」と呼ばれる若者に加えて、これよりさらに悲惨な生活を送る「鼠族」[81]の存在も社会問題となっている。

2012年12月18日、中国社会科学院が発表した報告によると、ここ数年、大卒者の心理状態に変化が生じているという。大卒者は、安い月給の仕事に就きながらも、様々な努力や工夫を凝らして競争力を高めることは受け入れている。このような現状において、大学生の就職難には、従来とは違った局面が生じ始めている[82]。

大卒者は就職という大きなプレッシャーに立ち向かいながら、自分自身の競争力を高めるために、共産党入党申請、公務員採用試験受験、各種資格試験受験、職場体験・インターンシップ参加、就職情報収集など、ありとあらゆる手段を講じている。しかし、大卒者は就職口を見つけても、多数は、「給料が低い」、「待遇が良くない」、「自分の専門を活かせない」、「将来性がない」など、自分の就職状況に不満を持っている。これにより、多くの卒業生が簡単に転職を繰り返すという現象が頻発することになる。

2012年12月25日、中国社会科学院が発表した「社会青書」の一部に、12大学の在学生・卒業生2,000人以上を対象とした調査報告を掲載している。80後[83]と90後[84]の大卒者は、就業に対する自信に欠け、自分自身に対する満足度が低く、「個性」を重視する傾向にあることが報告されている。

以上のように、大卒者の就職意識は社会問題として取り上げられるようになっている。大学にキャリア教育（中国語では職業生涯教育である）を導入し、大卒者の就職意識をより「現実向け」にする必要があるとも指摘されたている。（楼・趙 2002）

第4章　大卒者の就職意識と就職能力

　本章は、中国の大卒者の就職意識が就職活動に与える様々な影響、大卒者の希望賃金と就職結果との関連性、大卒者の就職能力などを多面的に検討し、中国の大学における就職指導に関する新たな示唆を得ることを目的とする。

１．先行研究

　就職意識に関する研究は様々な成果が残されており、社会学、労働経済学などの研究分野のみならず、近年では社会心理学、人口経済学、教育心理学などの関連分野もこれを取り上げている。

（1）就職観

　尾高（1995）は、職業社会学の見地から、「職業観」として次の三つのタイプを挙げている。第1に「自分のための職業」、第2に「特定の全体者に仕えるための職業」、第3に「職業そのもののための職業」である。

　第1のタイプは、職業を「生活のための、儲けるための、あるいは立身出世のための手段」とみなす。第2のタイプは、職業を「広い意味の主人に対する従者としての奉仕」とみなす。第3のタイプは、職業を手段として、また特定の誰かへの奉仕として捉えるのでなく、職業そのものを目的として、「その仕事がとりうるかぎりのもっとも完全なかたちでそれを仕上げること」であるとみる。

　尾高はマックス・ヴェーバーが「有機的職業倫理」と「禁欲的職業倫理」を区別したことに倣い、上記職業観のうち、第2のタイプが前者に、第3のタイプが後者に近いと論じている。すなわち、ヴェーバーのいう「禁欲」とは、有機体的な秩序の維持を第一として自己を没却するのではなく、あらゆる人間的な弱点を意味する感情や欲望（たとえば、気まぐれ、怠け心、物欲など）と自分対他者間の勢力関係を念頭に置いた配慮（たとえば、気がね、迎合、功名心など）を禁圧することである。したがって、第3のタイプである「職業そのもののための職業」という職業観は、「仕事に生きる」態度となって表れるという。

111

（2）就職意識

　外資系企業勤務の中国人ホワイトカラー層の意識について、馬（1997）は中国の外資系企業の人事処遇に関する質問紙調査を用いて、現地ホワイトカラー層の比率が高いサンプルに対して調査を実施している。この調査は1996年4月から8月に実施され、北京・天津・上海・深圳・大連に進出している日系・米国系・欧州系企業計214社に勤務している現地中国人就業者計1,025人から回答を得ている。回答者の77％が技術職、事務職及び経営管理職である。また年齢構成では35歳以下が全体の85％、うち25歳以下が30％を占めている。

　馬によると、外資系企業への①「入社動機」は「収入増加」（66.9％）、「才能の発揮」（57.1％）、「技術・管理知識の習得」（43.8％）であり、②「転職動機」は「収入増加」（62.1％）、「才能の発揮」（40.7％）、「技術・管理知識の習得」（20.2％）である。結果として、第1に、「収入増加」が入社・転職動機ともに高いこと、第2に、「才能の発揮」と「技術・管理知識の習得」がともに転職動機では低くなり、特に後者では半減することを、馬は指摘している。

　中国国内の大卒者の就職意識に関する研究では、龔恵香（1999）が近年大卒者は将来性を経済的所得より重視する傾向があり、将来性は大卒者の職業選択時の最重要ポイントであると指摘している。費毓芳・余新麗（2006）は、自らの才能の発揮機会、公平な競争、大都市立地、「四金」・「六金」の福利厚生の有無など、大卒者の就職意識の多元化を分析している。閔維方・丁小浩（2006）は、大卒者の就職意識が就職結果に与える要因として、将来性、個人能力の発揮、経済的収入、福利厚生、個人趣味、企業の種類、仕事の安定性、企業の規模、仕事環境、権利の獲得、社会資源の順であると分析している。洪芳・呉涼涼（2007）の在学大学生と就職した大学生の就職意識の比較研究では、在学大学生は個人の将来性、社会的地位、賃金と福利厚生に対する希望が、就職した大卒者より高いことが指摘されている。これらの研究は大卒者の就職に対する「高望み」、「現実離れ」傾向と一致している。

　韓麗勃（2010）は、大卒者が最も重視するのは企業の地域、規模であり、福利厚生、待遇および自分の専攻に関しては以前ほど重視されていないと指摘している。大卒者の就職意識も変化し、賃金、福利厚生、社会的地位などによる

選択に加えて、就業地域、仕事環境、人間関係などの要素が重視されるように
なっている。

（3）就職意識の規定要因

　大卒者の就職意識の規定要因に関する実証研究は少ないが、代表的な研究と
して李（2011）が挙げられる。李は、高等教育の拡大と大卒者就職難問題に関
する社会学的研究であり、特に上海の大学生を事例にその進路選択の規定要因
を階層間の差異に焦点を当てて検討している。李では、出身地、親の階層、奨
学金の取得、アルバイト経験の有無などの要因が大卒者の進学志向、および職
業意識に影響を与えることが明らかにされている。英語能力が高く、奨学金な
どを得られた卒業者の「地位・収入志向」は高く、一方、アルバイトなどの職
業経験があった大卒者の「地位・収入志向」はさほど高くない。また、大学ラ
ンクの高低も直接大卒者の「地位・収入志向」に影響を与えており、親の階層
については父親の職業が「地位・収入志向」に負の影響を及ぼしていることが
確認された。

（4）就職意識の日中比較

　杜（2006）は、日本と中国の高学歴者を中心とした若者の就労意識を研究対
象にしている。杜によると、中国の文化伝統を受け継いだ家族関係と功利主義
的な教育理念、そして経済成長期の社会的上昇志向が相互に関係し、若者の狭
隘な成功観を形成しているという。このような中国の若者の就労意識は、強い
動機づけに支えられており、学習・勤労意欲を高める効果がある。しかし同時
に、心理的危機も招来しやすいという脆弱性も見られる。そこで、漠とした架
空の「成就」感をむやみに追求する中国の若者の就労観を問い直し、日本の若
者の堅実な生活態度を見習うことの必要性を、杜は指摘する。中国の大学教育
が「勢利」（功利的）な特権階層の形成を促すことがないようにするために
は、教育理念の基本を再考する必要があろう。同時に、若者自身も受動的に教
育制度や社会の変容を待つのではなく、自ら能力養成に力を入れることも必要
であると、杜は指摘している。

瀧本（2011）は、大学生が望むキャリアパスのイメージ、会社や職場に求めるもの、海外志向を取り上げ、日中両国大学生の就労観の差異とその原因を明らかにしている。調査対象は日本と中国の上位校とされる大学の2～3年生で、日本人学生209名、中国人学生192名であり、調査結果は次の通りである。①会社選択では、日本の学生は会社の居心地を重視し、中国の学生は会社を自分の能力向上、成長の場として捉える。これは雇用慣行としての終身雇用の有無の相違を反映している。②海外志向では、中国の学生は海外志向をもっている学生が多く、日本は中国より数は少ないものの、海外志向をもっている日本の学生に関しては、安定を重視する傾向は弱まり、成長を重視しアグレッシブな思考を持ち合わせている。

　以上の先行研究からも明らかなように、中国の大卒者の就職意識はきわめて多元化している。大卒者が最も重視するのが自分の能力を生かすことであり、就職意識は都市化傾向が強く、社会奉仕、サービス精神などはほぼ考慮されていない。

　本章では、就職の結果を就職機会と就職満足とに分け、大卒者の就職意識を理論的に分析したうえで、大卒者の就職意識が就職の結果にいかに影響しているかを実証研究することとする。

2．大卒者の職業に対する期待の変化

2−1　大卒者の職業に対する期待

　経済のグローバル化の進展、産業構造・就業構造の変化、少子・高齢化の進展に伴う労働力人口の減少など、一国の経済・社会の構造が大きく変化する中で、次世代の担い手である若者の「学校から社会・職業への移行」、「社会的・職業的自立」が円滑に行われること、また人々が生涯にわたり職業に関する学習を行い、職業能力を高め、就業やキャリアアップを図ることができる環境を充実していくことは、国の持続的発展にとってきわめて重要な課題である。そのためには勤労観・職業観などの価値観を自ら形成・確立できる子どもや若者

の育成が必要である。

　従来、希望という概念は、個人の心理や感情の一つとして捉えられることが多かった。「希望学」では、個人の保有する希望自体、その置かれた社会環境により影響されるという面を重視している[85]。近年における中国の大卒者就職難問題は、景気停滞の影響のみならず、自らの将来目標となる希望が見出せない結果でもある。

　希望の企業に就職したことと、そこで活躍ができることとは、全く別物である。もちろん入社が目的ではなく、そこで活躍し、納得のいく職業人生を送れてこそ、充実した人生が送れたとの満足感が得られる。キャリア・デザインは「充実した人生の時間の過ごし方」にほかならない。

　求職者が職業を選択する際、希望の業種・職業、勤務地域、企業規模など、さまざまな基準で自分のキャリアを選択する。その基準の一つに「職業価値観」がある。これは、職業に対する満足度は仕事内容の特定の価値観に対する満足度と関係性が高いという前提のもとで、その特定因子を分析することにより体系化されている理論である。

　職業選択に対する1つのアプローチとして、「個人‒環境適合理論」がある。個人‒環境適合理論では、個人の特徴（興味や価値観など）と職業の要件（課業や組織風土など）が一致しているほど、職務満足が高まるとする。個人‒環境適合理論は、以下の3点を前提としている（宗方 2002）。

　第1に、各個人には心理的特性に差異があるから、各人に最も適合した一つの職業が存在する。第2に、各職業はその作業を合理的・能率的に遂行するうえで、その要件に違いがあるから、それにもっとも適合した人を必要とする。第3に、職業適応の度合は、個人の特性と職業の要件との一致の程度による。その特性に適合した職業に就けば、職業上の満足感が高く、成功の可能性も大きくなる。

2‒2　職業に対する期待の変化

　知識人により築き上げられた中国の伝統文化は、高い志を掲げることに価値観を見出し、この価値観こそが、中国人の職業観にさまざまな影響を与えてき

た。現在の大卒者の就職意識を分析する前に、まず各時期（「統包統配」、「双方向の選択」、「自主的職業選択」）の職業に対する希望を見ておこう。

（1）「統包統配」期（建国初期から1980年代中期）

　1962年、政府は習仲勲[86]を責任者として卒業生配分委員会を設立した。この卒業生配分委員会は文化大革命まで、主に大卒者の職業を配分することを担当していた。大卒者は希少な高級人材として、中央政府は、統一企画、集中使用、重点配分という原則を作って、国家建設の需要と合わせて、大卒者の配分を行った。

　この時期の大学生は、大学に入れば、卒業後、仕事のことは一生心配なく、安定的に働くことができると思い込んでおり、仕事に対する積極性を欠いていた。大学卒業後、国家の統一配分を受け、好き嫌い、勤務地域、業種などを選択する権利は一切なく、自ら仕事を求めることもできなかった。当時の大学生は権利・利益を追求する意識も強くなく、職業に対する希望も不鮮明であった。大学生は卒業して、すぐに職業配分により職に就くことができた（仕事に溢れないことから「鉄飯碗」と呼ばれた）。大卒者自身は職業選択の権利がないので、当時の大卒者の職業に対する希望は安定的な収入であった。一方、政府の職業配分は経済発展の需要と合致させることが主たる目的であり、大卒者個別の技能は軽視され、従業員の意欲低下を招いた。労働者間の競争がなく、働いても働かなくても給料は変わらないために、従業員が労働意欲に欠けるのは当然と思われていた。

（2）「双方向の選択」期（1980年代中期から90年代中期）

　1985年の「中共中央の教育体制改革に関する決定」では、大卒者の職業選択は、国家の指導の下で、本人志願、学校推薦、企業側の選択採用という分類となった。1989年の「高等学校卒業生配分制度に関する改革方案」では、大卒者は卒業後、学校推薦により、卒業者と企業が一定範囲内で「双方向選択」が可能となった。1993年の「中国教育改革の発展綱要」では、高等教育機関の卒業者は国家政策方針の下で、職業の自由選択が明記された。

第4章　大卒者の就職意識と就職能力

　1980年から2000年に、大学在学生数は86.2万人から411.8万人、修士課程在学生数は2.2万人から30.1万人に増加した。大卒者は特殊職業以外、「鉄飯碗」ではなくなり、優秀な成績で、能力がある卒業者のみが就職できることとなり、大卒者の競争意識が高まった。

　特殊職業[87]は国家が配分するために、大卒者の中でも人気が上昇した。しかし家庭環境が良い大卒者は、特殊職業を希望せず、自ら職を求める大卒者が多かった。一方、家庭環境[88]が良くない大卒者は、安定的な職として、特殊職業を希望した。大卒者の就職意識が多元化し、情報収集手段、家庭環境、個人の技能などが大卒者の就職に影響を与えるようになった。

（3）「自主的職業選択」期（1990年代中期から現在まで）

　1999年の大学生定員拡大策以降、大卒者の就職意識は多元化した。2000年の、中国のWTO加盟前後は外資企業の人気が高かったが、2000年代後半から就職状況が厳しくなると、政府機関、つまり公務員を目指す大卒者が増えている。

　1990年代後半以降、大卒者の賃金に対する要求は高まり、企業の支払う賃金水準とかなりの開きがあった。将来の展望が明らかでない限り、大卒者は卒業後の収益を最も強く求めた。大卒者は専攻、性別、家庭環境などにより、希望賃金を選択する。マイナス志向で家庭環境が良くない大卒者は、収益が低くてもリスクも低い仕事を選択する傾向があった。豊かな家庭の大卒者は収益が高く、その分だけリスクも相対的に高い仕事を選択する傾向がある。また高等教育のコスト増大は、大卒者の賃金に対する要求を高める要因の一つとなっている。

3．大卒者就職意識の実証研究

3-1　理論アプローチ

　大卒者の就職意識の分析では、次のようなアプローチが参考となる。

117

第1は、合理的選択理論である。合理的選択理論では、人間は自己利益の最大化のために合理的に行動し、複数の選択肢のなかから、もっとも効用の高い選択肢を選ぶことになる。ここで行為者は異なる行為戦略を選択し、できるだけ最少の投資により自己利益を最大化することが目標となる。就職意識が異なる大卒者は、さまざまな就職活動を経て、異なる求職活動の結果を理性的に選択し、最終的には満足度が高い職業に就くことになる。

　第2は、欲求選択理論（心理的選択理論）である。欲求選択理論によると、人は外的刺激により動機づけられるのではなく、内面から動機づけられるとする。内面からの動機を「基本的欲求」（「生存」、「愛・所属」、「力」、「自由」、「楽しみ」）と呼ぶ。こうした欲求を満たすためには、物、人、信条が関連してくる。その主たる提唱者であるグラッサー[89]は、行動には4つの要素（「行為」、「思考」、「感情」、「生理反応」）があり、行動全体を「全行動」と呼んでいる。また全行動が組織する場所を行動のシステムと呼び、ここから創造性が産み出され、すべての人が創造的要素を持っているとしている。大卒者は就職活動中に個人の心理と行為を分析し、職業選択動機は就職意識で決まる。就職動機の強さは就職意識および職に対する希望による。自分の就職意識に基づき、異なる職業を比較し、就業価値と希望値を評価し、最終的に最も就職動機が強い職に就くことになる。

　第3は、社会的交換理論である。社会的交換とは、人間の社会行動や人間に対する相互作用でみられるさまざまな行動のやり取りを指す。日常の何げない会話、儀礼的行動、対人交渉、取引、報酬の分配、対人魅力などがそれに該当する。こうした人間に対するやり取りを理論化したものが社会的交換理論である。その代表的な研究にホーマンズ[90]（Homans, G. C. 1961）の理論がある。ホーマンズは、社会行動を最低2者の間でなされる有形、無形の報酬あるいはコストとなる活動の交換と捉え、社会行動の基本形態の分析を行っている。そして、経済学のアナロジーから、報酬とコストの差を利潤と考え、交換関係にある2者は、相互のコストに見合った報酬を期待すると考えた。この期待が破られたとき、怒りが生じることになる。ホーマンズの考えは、交換理論の原典とも言われ、公平理論にも影響を与えている。

3-2　実証研究

　上述した各種理論に基づき、ここでは、大卒者の就職意識が就職結果にどのような影響を及ぼすかを検証する。大卒者の就職意識は、就業収益と就業コストから成り立つと考える。就業収益は、「賃金・福利厚生」、「仕事の安定性」、「将来性」などの金銭的欲求と、「専攻の適用性」、「趣味」、「仕事環境」、「勤務地域」、「企業の種類」などの非金銭的欲求から成り立つ。同じく、就業コストは、「求職時期」と「求職費用」から成り立つ。他方、就職結果は、就業機会と就業満足の２つの面から捉える。

　では、就業収益意識として金銭的満足や非金銭的満足を追求することは就業機会を狭めることになるのか。この結果、就業満足も低下するのか。他方、就業コストとして求職時期や求職費用をかけることは就業機会を広め、就業満足を高めることになるのか。これらの点を検証したい。

　そこで次のモデルを設定する。

$$Y_i = a + \Sigma \beta_i X_i + \mu$$

　ここで、Y_i は就業機会と就業満足、X_i は大卒者の就業意識の各変数、a と β は係数、μ は誤差項である。

　ここで用いるデータは、筆者自らが２回実施したアンケート調査である[91]（質問項目に関しては、本章「付録」のアンケート票を参照）。

　本節は、2013年７月に実施した第１回「大卒者の就職意識」に関するアンケート調査の結果による分析である。第１回アンケート調査は、450人に配布し、回収415人、うち無効15人、有効回答400人である。その内訳は、男性235人、女性165人、上海出身290人（男性：163人、女性127人）、地方出身110人（男性：72人、女性：38人）である。

　図表４-２の就職意識の各変数の平均スコアをみると、大卒者は非金銭的欲求（「専攻の適用性」、「趣味」、「仕事の環境」、「勤務地域」、「企業の種類」）よりも金銭的欲求（「賃金・福利厚生」、「仕事の安定性」、「将来性」）を非常に強

図表 4 - 1　各変数のスコア

就職意識	金銭的欲求	賃金・福利厚生	非常に重要＝ 5 、比較的重要＝ 4 、重要＝ 3 、やや重要＝ 2 、重要でない＝ 1
		仕事の安定性	
		将来性	
	非金銭的欲求	専攻の適用性	
		趣味	
		仕事の環境	
		勤務地域	
		企業の種類	
就職機会			非常に多い＝ 5 、多い＝ 4 、やや多い＝ 3 、あまり多くない ＝ 2 、少ない＝ 1
就職満足			非常に多い＝ 5 、多い＝ 4 、やや多い＝ 3 、あまり多くない ＝ 2 、少ない＝ 1
求職時期			卒業前 1 年＝ 4 、インターンシップ後＝ 3 、卒業前 6 ヶ月＝ 2 、卒業論文完成後＝ 1
就職費用			1500元以上＝ 4 、1000〜1500元＝ 3 、500〜1000元＝ 2 、500元以下 ＝ 1
出身地			上海＝ 1 、その他＝ 0
性別			男性＝ 1 、女性＝ 0

く重視していることが分かる。また「就職時間」の分布は、卒業前 1 年が半数を占め、次いでインターンシップ後が残りのほとんどを占める。「就職費用」の分布は、1,000-1,500元が約半数、1,500元以上が約 3 割を占めている。

　図表 4 - 3 の就業機会と就業満足の統計結果をみると、就業機会は「少ない」が60.3%、「あまり多くない」が22.8%というように、大卒者の就職の厳しさが表れている。同じく就業満足では、「満足できない」が64.3%、「あまり満足できない」が21.8%というように、大卒者の就職状況の厳しさが表れている。また就職機会と就職満足の相関係数をとると、0.807というように 2 つは非常に強く相関する。つまり就職機会の乏しい学生は、就職を獲得してもその満足は低いことが伺われる。ここでの大卒者は一流大学ではないために、サン

第4章　大卒者の就職意識と就職能力

図表4-2　就職意識の統計結果

		重要でない	やや重要	重要	比較的重要	非常に重要	平均スコア
金銭的欲求	賃金・福利厚生	8.3	18.0	11.5	14.8	47.5	3.75
	仕事の安定性	8.5	15.5	16.8	47.3	12.0	3.39
	将来性	5.8	17.3	13.8	37.0	26.3	3.61
非金銭的欲求	専攻の適用性	37.5	18.5	26.0	17.3	0.8	2.25
	趣味	66.5	22.5	10.0	0.0	1.0	1.47
	仕事の環境	43.3	23.3	27.5	6.0	0.0	1.96
	仕事地域	23.3	23.5	24.5	18.3	10.5	2.69
	企業の種類	40.0	27.0	16.0	15.8	1.3	2.11

求職時間（%）	
卒業前6ヶ月	5.0
インターンシップ後	44.3
卒業前1年	50.8

求職費用（%）	
500元以下	1.5
500–1000元	23.8
1000–1500元	45.5
1500元以上	29.3

プルのバイアスがあるかもしれない。しかしこのことは、中国の平均的大卒者の状況を表しているということができ、大卒者の雇用問題の深刻さを示している。

3-3　推定の結果

　図表4-4は就職機会と就職満足の推定の結果である。

　第1に、金銭的欲求（「賃金・福利厚生」、「仕事の安定性」、「将来性」）を重視すればするほど、就職機会が少なく、就職満足度も低くなることが確認できる。大卒者が「賃金・福利厚生」を重視することから、「賃金・福利厚生」が高い職種や職業

図表4-3　就職機会と就職満足の統計結果

就業機会	件数	（%）
少ない	241	60.3
あまり多くない	91	22.8
やや多い	48	12.0
多い	20	5.0
非常に多い	0	0.0
合計	400	100.0

就業満足	件数	（%）
満足できない	257	64.3
あまり満足できない	87	21.8
やや満足	56	14.0
満足	0	0.0
非常に満足	0	0.0
合計	400	100.0

図表 4 - 4　　推定の結果

順位ロジット推定

説明変数	就職機会	就職満足
賃金・福利厚生	−2.212***	−1.633***
	(−7.06)	(−6.62)
仕事の安定性	−1.408***	0.031
	(−5.02)	−0.14
将来性	−1.044***	−1.269***
	(−4.10)	(−5.05)
専攻の適用性	1.315***	−0.35
	(3.16)	(−0.92)
趣味	−0.607	0.50
	(−1.01)	(1.00)
仕事の環境	−0.835	0.845**
	(−1.64)	(2.10)
勤務地域	−1.696***	−1.227***
	(−4.56)	(−4.23)
企業の種類	−0.352	−0.152
	(−0.87)	(−0.52)
求職時間	0.943***	0.898***
	(2.81)	(2.90)
求職費用	0.577**	0.543**
	(2.35)	(2.33)
性別(男性＝1)	−0.485	−0.578*
	(−1.32)	(−1.71)
出身(上海＝1)	−0.379	−0.0114
	(−0.61)	(−0.02)
観測数	400	400
対数尤度	−119.4715	−126.25252
疑似 R2	0.7145	0.6459

カッコ内はt値、*10％；**5％；***1％の有意水準

に対する競争が激化している。このような競争の中で、自らの希望とかなりかけ離れた職に就くと、就職満足は落ちることになる。同じく「将来性」に関しても、その重視は就職機会と就職満足を引き下げる。換言すれば、賃金や将来性の期待を引き下げることによって就職機会を獲得するのであるが、その結果、就職満足は低下する。これに対して「仕事の安定性」を重視することは就職機会を引き下げるとしても、就職満足には影響を及ぼさない。これは雇用の不安定が常態化しているため、雇用の安定の期待と就職の満足は無関係になるのだと思われる。

　第2に、非金銭的欲求（「専攻の適用性」、「趣味」、「仕事の環境」、「勤務地域」、「企業の種類」）に関しては、「専攻の適用性」を重視すれば、就職機会が改善されることが示されている。また「勤務地域」を重視すれば、就職機会と就職満足度にマイナスの影響を与える。大卒者は企業の所在地をかなり重視

122

し、主な大卒者は大学卒業後、「北上広」（北京、上海、広州）を目指している。中国の経済発展は不均衡であり、北京、上海、広州のような大都市、長江デルタや珠江デルタ等の沿海地域では就職機会が多いことが確認できる。これに対して「仕事の環境」を重視することは就職満足を高める。他方、「趣味」の影響は確認されない、同じく「企業の種類」も有意でない。

第3に、「求職時間」と「求職費用」の効果が大きいことが確認できる。「求職時間」と「求職費用」をかければかけるほど就職機会が増え、就職満足も高くなる。2つが意味するコストをかけた就職活動が成功すれば、就職満足が高くなる。

推定の結果は仮説と一致していることがわかる。大卒者が「金銭至上」主義的価値観に影響されていることが深刻な問題となっている。賃金・福利厚生は唯一の評価基準ではない。大卒者は総合的に自己分析をして、求職活動に臨むべきであろう。初任給の高低は一生の賃金水準ではなく、将来性ややり甲斐こそが重要である。その意味では、積極的な就職活動を展開し、企業分析等の十分な準備をしておくべきであろう。さらに、中国には大卒者に関しては、エリート職業と非エリート職業の断絶的な格差が存在しているために、大卒者はエリート職業に殺到し、エリート職業をめぐる競争が激化して、大卒者は就職難に陥っていることも指摘したい。

4．大卒者の期待賃金と「レモン市場」の原理

4-1　大卒者の期待賃金

中国の大卒者は就職する際に、「賃金・福利厚生」を最も重視している。しかし、近年は大卒者就職難問題が深刻となり、大卒者の初任給も社会的に注目されている。大卒者の需給が不均衡であるために、高等教育の投資収益率は低下傾向にある。従来は学歴が高ければ、初任給も高かったが、近年は学歴による賃金格差は縮小している。

1999年の定員拡大以来、大卒者数は急増している。大卒者の就職状況は本人

の将来にとどまらず、家族からの期待、さらに高等教育機関の評価にも繋がる重要な評価基準となる。教育投資に対する収益は、個人及び家庭の教育に対する意識にも影響を与えている。

　各学歴の初任給は労働市場の重要な指標であり、採用と求職の規定要因でもある。ここでいう各学歴は、中卒、高卒（職業高校、技術学校等を含む）、専科（三年制大学）、本科（四年制大学）、修士である。また初任給は研修期間終了後の半年の平均賃金（福利厚生・各手当、ボーナス等を含む）である。

　『中国労働保障報』（2013年5月4日付）によると、2012年の各学歴の初任給の平均は2,708元、最大値は10,000元、最小値は1,000元で、多数の卒業生の初任給は平均値以下であり、初任給が3,000元以下の卒業生は78.6％を占めている。学歴別にみると、中卒の平均初任給2,268元、高卒2,279元、専科2,322元、本科2,540元、修士4,252元である。修士の初任給が際立って高いことが分かる。これに対して、大学本科は専科、中卒、高卒より高いものの、その優位性はなくなりつつある。

　大卒者の期待賃金は、大卒者本人の就職意識と現実の就業環境で決まる。ここでの期待賃金とは、大卒者が就職する際に最低限受け入れられる賃金である。この最低限の賃金を超えると、就職を選択することになる。そうでない場合は、求職を続けるか失業者になるかを選択せざるをえない。

4-2　「レモン市場」の原理

　教育と労働市場の関係は教育経済学や労働経済学の重要な研究課題である。「人力資本論」は、教育や訓練という投資により、人間は収益を生み出す資本とみなし、教育により生産能力（仕事に必要な能力）が高まるので、高賃金の収益が得られるという考え方である。しかし、高等教育を受けた大卒者の就職活動のすべてが順調というわけではない。「レモン市場」の理論は、このような教育労働市場の矛盾の理解に役立だろう。

　2001年のノーベル経済学賞受賞者であるG・アカロフ（George Arthur Akerlof）は、この「レモン市場」を取り上げた。レモン市場（lemon market）とは、財・サービスの品質が買い手にとって未知数であるために、不良品ばか

りが出回ってしまう市場のことを言う。レモンとは、アメリカの俗語で質の悪い中古車を意味しており、中古車のように実際に購入しない限り、真の品質を知ることができない財が取引されている市場をレモン市場と呼ぶ（レモンには、英語で「良くない」「うまくいかない」等の意味があることから、転じて「欠陥品」「品行が悪い」ことを指すようになった）。

　レモン市場では、売り手は取引する財の品質をよく知っているが、買い手は財を購入するまでその財の品質を知ることはできない（情報の非対称性）。売り手は買い手の無知につけ込んで、悪質な財（レモン）を良質な財と称して販売する危険性が発生するために、買い手は良質な財を購入したがらなくなり、結果的に市場に出回る財はレモンばかりになってしまうという問題が発生する。

　「レモン市場」の原理は、異なる経済主体の間に「情報の非対称性」が存在すると、「逆選択」が発生し、市場が成立しなくなる。また、こうした望ましくない結果を回避するためには、情報を「自発的に開示」し、「情報の非対称性」を解消することが重要となる。

　「情報の非対称性」は、商品の良し悪しの情報を一方の当事者しか知らないために、たとえば、相手が買おうと思っても、それが良品か粗悪品かを見分けられないという現象を指す。市場における各取引主体が保有する情報に差がある時、「売り手」と「買い手」のうち、「売り手」のみが専門知識と情報を有し、「買い手」がそれを知らない時、「情報の非対称性」の状態となる。「情報の非対称性」があると、一般に市場の失敗が生じ、パレート効率的な結果が実現できなくなる。企業から見ると、労働力を入手する市場には、新卒採用のほか、中途採用・パート採用・派遣受け入れなど多彩な手段が存在するが、このうち新卒採用がもっとも「情報の非対称性」が強く働くことになる。

　教育と労働市場では、教育水準は個人能力の情報であり、より高い教育水準は労働生産性も高いとされる。M・スペンス（2011）は、労働者は自らの有能さを使用者に証明するために、取得コストが必要な何らかの学位を獲得する。有能な労働者は学位取得コストが比較的低く済む一方、無能な労働者は学位取得に多大なコストを支払わなければならないと使用者が判断するために、より

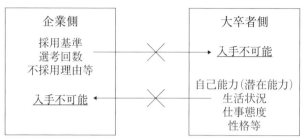

図表4-5　情報の非対称性

資料：筆者作成。

高い学位を持つ労働者にはより高い賃金を払うことになると分析している。

　労働サービスの売り手は、自分が売る労働の質に関して的確な情報をもっているが、労働サービスの買い手は不十分な情報しかもっていない。情報の経済学を開拓したアカロフにちなんでレモン市場という用語を用いると、労働市場はレモン市場であるといえよう（図表4-5）。

　雇用関係では、大卒者は自分の能力を把握しているので、雇用関係で優位性を持つ側である。企業側が大卒者能力を知るのが、雇用契約の成立後になるため、情報的に劣勢な立場にある。これは、企業にとって契約リスクが高いことを意味する。このような「情報の非対称性」を克服するために、大卒者はできる限り、自分の情報を企業側に伝える必要がある。

　労働市場には、このような「情報の非対称性」が存在し、大卒者と企業側は個人と企業の損失とリスクを低減するために、教育という情報を利用し選択する。希望賃金は就職結果を左右する重要な要素であり、大卒者は自分の学歴水準で判断し、希望賃金を表明することになる。

　企業側は利益の最大化を実現するために、人力資本のレベルの高い大卒者の採用を希望する。本当に能力のある大卒者を採用すれば、労働生産性は高まるはずなので、企業側が能力の高い大卒者に高い賃金を支払うのは当然である。したがって、高等教育を受け、高い学歴を取得した大卒者は能力の高い人材とみなされ、高い賃金が得られる高レベルの職につくことが可能になる。低学歴の求職者は低レベルの職に就くしかないために、異なる人力資本の労働者の間

に賃金格差が生じることになる。

このような賃金格差は競争性賃金格差、技能性賃金格差とも言われている。「レモン市場」の原理により、就職前後を問わず、求職者の人力資本は賃金を左右する。学歴レベル、学校のレベル及び大学生在学中の生活、学習状況（優秀な成績、大学英語四級・六級資格[92]、学生幹部、学生共産党員等状況）は、大卒者が就職活動する際の優位性となり、より高い賃金が得られることになる。

企業側と比べると、大卒者の希望賃金の形成過程は複雑である。個人の人力資本、学歴レベル及びその他の要素など、実に多元的に考える必要がある。高等教育を受けた大卒者の多数が高い賃金が得られる職を目指している。そのうちの一部は、都市部の就業機会、将来性と安定性が高い大手国有企業の就業機会を得るために、弾力的な希望賃金を想定している。

最近見られるようになった「零工資」[93]は、このような状況から解釈できる。また、一部の大卒者が短期間では希望する職が見つからず、就職に失敗したのち、一層低い労働市場で再度職を求める時に、高い賃金を得ることにより心理的失敗を補填しようと考えるようになる。大卒者の希望賃金に対する心理的な影響は複雑、かつ多様化している。

4-3　大卒者賃金の実態

学歴レベルが高いほど、賃金に対する希望も高い。重点大学の大卒者は普通大学の大卒者より希望する賃金は高い。これは賃金を支払う企業側と一致している（岳 2009）。

「レモン市場」の原理に基づけば、学歴は求職者が公開できる重要な情報である。しかし、高等教育の大衆化や定員拡大策によって、高等教育機関の学歴情報の意味が弱まっている。換言すれば、それゆえに企業側にとっては、重点大学の学歴情報の価値が大きくなると考えられる。

企業側は求職者の学歴レベルに基づき雇用契約の判断をし、求職者の賃金を査定することになる。一般的に企業側は修士が大卒よりも能力が高く、修士の求職者により高い賃金を査定する。同じ大卒者であっても、重点校の大卒者は一般校より賃金が高く査定される傾向がある（図表4-6）。

図表 4 - 6 　大卒者卒業半年後の平均月収（2008～2012年）

（単位：元）

年度	全国平均	本科大学平均	高職高専 （3年間大学）	211大学 （重点大学）	普通大学 （非211重点大学）
2008	1,890	2,133	1,647	2,549	2,030
2009	2,130	2,369	2,142	2,756	2,241
2010	2,479	2,815	2,142	3,405	2,697
2011	2,766	3,051	2,482	3,638	2,933
2012	3,048	3,366	2,713	4,119	3,215

資料： 1．平均月収入は、基本賃金、福利厚生・各手当、ボーナス等を含む。
　　　 2．一般的に卒業半年間は試用期間なので、ここの月収入は卒業半年後の平均と
　　　　 する。
　　　 3．中国では、高等職業教育を実施する教育機構である職業技術学院、高等専科
　　　　 学校を略して「高職高専」と呼ぶ。修業年限3年が大半である。専門性から見
　　　　 れば、日本の専門学校に近いが、学歴的には、短期大学に近い。4年制大学と
　　　　 比べて、聞こえも見栄えも落ちる。だから、多くの高職高専が4年制大学への
　　　　 変身を熱望している。
　　　 麦可思─中国2007～20013年の各年「大卒者社会需要と培養質量調査」
　　　 『中国大卒者就業報告』2010年 pp.75～76
　　　 『中国大卒者就業報告』2011年 pp.85～86
　　　 『中国大卒者就業報告』2012年 pp.93～94
　　　 『中国大卒者就業報告』2013年 pp.95～96より筆者作成。

　このような査定傾向から、大卒者はより高い賃金を得るために、追加的に教育コストを投入し、各種資格を取得したり、大学院に進学したりしている。投資した教育コストが卒業後の収益に反映できるように、高学歴者はより高い賃金を希望している。

　また、勤務地域からみると、北京、上海、広州、深圳等の経済発達地域を選択する大卒者の期待賃金は、中西部地域を選択する大卒者より高い。これは経済発展地域と後発地域間の賃金格差に加えて、これらの地域で将来生活するコストの差異を考慮した結果である（図表 4 - 7 ）。

　翁傑（2009）は浙江省のアンケート調査の結果、家庭の収入と大卒者の期待

第4章 大卒者の就職意識と就職能力

図表4－7 年本科大卒者卒業半年後各都市の平均月収
（2009〜2012年）

（単位：元）

年度	直轄市	副省級都市	地級及び以下都市
2009	2,771	2,416	2,123
2010	3,435	3,965	2,573
2011	3,675	3,218	2,752
2012	4,101	3,545	3,020

資料：1．直轄市：最高位の都市であり、省と同格の一級行政
　　　区である。現在、北京市、上海市、重慶市、天津市の
　　　4市がある。直轄市は市轄区と県を管轄する。重慶市
　　　にはさらに自治県が設置されている。
　　2．副省級都市：中国の地方自治体の一種であり、とく
　　　に重要な地級市（二級行政区）で大幅な自主権が与え
　　　られる都市。副省級市の市長は副省長と同じ序列であ
　　　る。15の副省　級都市がある。ハルビン市（黒龍江
　　　省）、長春市（吉林省）、瀋陽市（遼寧省）、済南市
　　　（山東省）、南京市（江蘇省）、杭州市（浙江省）、広州
　　　市（広東省）、武漢市（湖北省）、成都市（四川省）、
　　　西安市（陝西省）、大連市（遼寧省）、青島市（山東
　　　省）、寧波市（浙江省）、厦門市（福建省）、深圳市
　　　（広東省）〔大連、青島、寧波、厦門、深圳の5都市以
　　　外は省都である〕。
　　3．地級及び以下都市：地区、自治州、盟とともに二級
　　　行政単位を構成する。省クラスの行政単位と県クラス
　　　の行政単位の中間にある地区クラスの行政単位であ
　　　る。地方により「区級市」と呼ぶこともある。
　　　麦可思—中国2009〜20012年の各年大卒者社会需要と
　　　培養質量調査
　　　『中国大卒者就業報告』2010年 p.96
　　　『中国大卒者就業報告』2011年 p.105
　　　『中国人卒者就業報告』2012年 p.114
　　　『中国大卒者就業報告』2013年 p.117により筆者作成。

賃金は正の相関関係がある。低収入家庭の大卒者の期待賃金は、高収入家庭の大卒者より低いのである。前節の実証研究の結果のように、求職の時間と費用は就職活動に影響を与えている。仮に、同じ学歴レベル、同じ能力の大卒者は、就職活動を行うために、就職コストがかかる。家庭収入状況がその就職コストをどれくらい負担できるかは、就職の結果に影響がある。

　大卒者の学歴レベルと能力が同じ場合は、低収入家庭の大卒者は就職コストの負担力が弱いために、期待賃金を低くし、就職の時間と費用を抑え、多くの就職機会が得られて、早期に就職活動を終わるようにしている。高収入家庭の大卒者は将来の生活コストを高く予測し、相対的に期待賃金を高く設定していることになる。

　多くの研究により、性別による期待賃金の格差も顕在的であることが明らかである。男性の期待賃金は女性より高い。中国の労働市場は、女性は弱い立場にあるため、偏見が向けられがちとなる。これにより、求職活動の自信が弱まり、低い期待賃金になりやすくなる。

　さらに、期待賃金は大卒者の専攻により変化する。大卒者の専攻は職種選択の重要な決定要因である。労働市場では、レベルが高く、待遇がよく、昇格機会が多い職種は、専攻に対する要求がきわめて高い。専門職に対する技能を習得した大卒者は、労働市場で優位性を持ち、高い賃金を得る機会が多い。総合能力の高い大卒者は、専攻による制限を受ける可能性が低い。大卒者は期待賃金を設定する際に、自分の能力と大学の専攻を総合判断して考える。また、どのような専攻が労働市場で人気があるかどうかは、その時々の政府の産業政策にもよる（図表4-8）。

　教育という情報の有効性は年々弱まっている。「情報の非対称性」がある労働市場では、学歴は企業の賃金査定における最重要基準である。「レモン市場」の原理によれば、大卒者は教育を受けることにより大卒証明書を手にするが、これがこの大卒者の真の能力を反映しているわけではない。高等教育の大衆化、定員拡大策により、より多くの人々が大学に入学できるようになり、高い能力を備えていなくても大卒の学歴が得られるようになった。教育という情報の有効性が弱まっていく中に、企業は賃金を削減することにより契約リスク

第 4 章　大卒者の就職意識と就職能力

図表 4 - 8　専攻別大卒者卒業半年後の平均月収（2009〜2012年）

（単位：元）

本科専攻	2009年	2010年	2011年	2012年	高職高専（3年間大学）	2009年	2010年	2011年	2012年
工学	2,431	2,953	3,297	3,577	交通運輸	2,269	2,390	2,625	3,091
経済学	2,498	3,023	3,129	3,540	材料とエネルギー	1,930	2,432	2,763	2,920
理学	2,301	2,912	3,086	3,451	電子通信	1,864	2,186	2,588	2,908
管理学	2,343	2,853	2,982	3,293	製造	1,902	2,254	2,625	2,861
医学	2,124	2,756	2,920	3,278	生物・化学と医薬品	1,892	2,082	2,610	2,793
文学	2,336	2,874	2,978	3,268	芸術・設計	1,970	2,123	2,429	2,781
法学	2,323	2,844	2,934	3,183	繊維・食品	1,736	2,167	2,378	2,605
農学	2,435	2,501	2,896	3,067	財経	1,874	2,069	2,368	2,595
教育学	2,136	2,491	2,621	2,927	旅行・観光	1,913	2,250	2,454	2,250
					土建	1,926	2,168	2,622	2,582
					農林・畜産・漁業	1,757	1,844	2,027	2,578
					文化・教育	1,830	1,944	2,287	2,511
					医療・衛生	1,564	1,713	2,357	2,439
全国本科	2,369	2,815	3,051	3,366	全国高職高専	1,890	2,142	2,482	2,731

資料：麦可思—中国2009〜20012年の各年大卒者社会需要と培養質量調査
　　　『中国大卒者就業報告』2010年 p.77
　　　『中国大卒者就業報告』2011年 p.107
　　　『中国大卒者就業報告』2012年 p.95
　　　『中国大卒者就業報告』2013年 p.97により筆者作成。

を低下させている。

2015年5月に教育部は210校の「野鶏大学」リストを発表した。「野鶏大学」は「学歴工場（diploma mill）」とも呼ばれるレベルの低い大学である。流動性の高い今日の労働市場では、人々を学歴証明書の取得に走らせている。教育部の許可を得ずに、名門大学と似たような名前で大学が設立されることがある。金を支払えば、大卒の証明書が手に入る。国家が認めていない大卒証明書で就職活動を行うことになる。企業側はこのような学歴詐称の確認に多大な労力を要している。市場で発注する失敗はこのような逆選択を生み出したことになる。

企業はしばしば採用予定社員の学位など、公的証明書の確認を含む身元調査を行う。しかし今日の技術を用いれば、ほとんどの会社の調査基準を満たすような文書の作成が可能である。キャリアアップのために学位取得を目指す意欲的な学生には、数多くの正規の学校がオンラインの学位プログラムを提供している。そのようなニーズに便乗し、有名な大学やカレッジと似た名前の高等教育機関のプログラムを宣伝する立派なウェブサイトを作成し、詐欺まがいの行為を行うケースも多々みられる。

偽物の学位は正規の学位の価値を下げる。このような不正はすべての学位を疑わしいものとし、学歴を判断しなければならない雇用者や専門職の免許委員会を混乱させている。さらに、最近では正規の大学やカレッジの名称が明記された学歴証明書の偽造が横行している。

大卒者の就職市場には「情報の非対称性」が存在するために、大卒者は最大の収益を目指して期待賃金を高く設定する。一方、企業は採用後のリスクを低減するために、大卒者に支払う賃金は可能な範囲内に抑えている。このような現象は、今後とも大卒者就職市場でみられることになろう。

4-4　実証研究

上海南匯大学城の第2回「大卒者の学習状況」と「家庭環境」に関するアンケート調査（2014年7月-8月）では、465人に調査票を配布し、回収は455人、うち無効は55人、有効回答400人を得た。

このデータから、大卒者の賃金に影響する要因を次のモデルで分析した。

第4章　大卒者の就職意識と就職能力

図表4-9　変数のスコア

賃金（月収）	6,000元以上＝5、5,000-6,000元＝4、4,000-5,000元＝3、3,000-4,000元＝2、3,000元以下＝1
GPA	90-100点（A）＝5、80-89点（B）＝4、70-79点（C）＝3、60-69点（D）＝2、59点以下＝1
学習時間	3時間＝4、2時間＝3、1時間＝2、なし＝1
奨学金獲得	4回＝5、3回＝4、2回＝3、1回＝2、なし＝1
言語資格	英語6級、英語4級、その他外国語、なし、それぞれのダミー
専業資格	あり＝1、なし＝0
パソコン資格	あり＝1、なし＝0
ボランティア活動	4回＝5、3回＝4、2回＝3、1回＝2、なし＝1
学生幹部	あり＝1、なし＝0
学生党員	あり＝1、なし＝0
インターンシップ	1年以上＝4、半年以上＝3、3ヵ月＝2、なし＝1

$$Yj = \alpha + \Sigma \beta jXj + \mu$$

　ここで、Yj は大卒半年後の月収、Xj は各変数〔月収に影響する要因：学習状況（GPA[94]、学習時間、奨学金）、技能資格（言語資格、専業資格、パソコン資格）、学生経歴（ボランティア活動、学生幹部経歴、学生党員）、企業経歴（インターンシップ歴）〕、α と β は係数、μ は誤差項である。

　図表4-10の賃金（月収）の分布をみると、3,000元以下と3,000-4,000元を合わせると半数以上を示し、高い賃金が得られているとは言い難い。

　推定結果が図表4-11に示されている。

　第1に、学習能力を表す「GPA」、「奨学金獲得」、「専業資格」、「パソコン資格」は大卒者の賃金に効果があることが確認できる。「学習時間」の効果は確認できない。同じく「言語資格」も有意でない。毎日図書館に通い、膨大な予習や宿題に対処したとしても、それがすべて良い学習成果に繋がるとは限らない。また「言語資格」は大学生の卒業条件になっているために、資格があっ

133

図表 4 -10　各変数の統計結果（%）

GPA	構成比（%）
D	31.5
C	28.3
B	33.0
A	7.3

学習時間	構成比（%）
なし	18.0
1 時間	34.5
2 時間	36.8
3 時間	10.8

奨学金獲得回数	構成比（%）
なし	48.0
1 回	13.3
2 回	28.3
3 回	5.8
4 回	4.8

言語資格	構成比（%）
なし	1.3
その他外国語	1.8
英語 4 級	82.5
英語 6 級	14.5

専門資格	構成比（%）
なし	40.3
あり	59.8

パソコン資格	構成比（%）
なし	31.5
あり	68.5

ボランティア活動	構成比（%）
なし	36.5
1 回	25.0
2 回	36.5
3 回	2.0

学生幹部	構成比（%）
なし	76.8
あり	23.3

学生党員	構成比（%）
なし	76.8
あり	23.3

インターシップ	構成比（%）
なし	11.3
3 ヵ月	43.3
半年以上	26.3
1 年以上	17.8

大卒者の月収(構成比)	%
3,000元以下	26.8
3,000〜4,000元	30.8
4,000〜5,000元	17.0
5,000〜6,000元	12.8
6,000元以上	12.8

てもその優位性はないと見られる。

　第2に、組織能力に関する「学生幹部」と「学生党員」は最も大きい効果が確認できる。インターンシップの効果は確認されない。企業側は、学生幹部、あるいは学生党員を優先的に採用する。学生幹部、党員学生は一定の組織経験と管理能力があると見なされており、賃金査定でも重要な要素として考えられている。学生時代に共産党に入党し、学生幹部になれば、卒業時の評価は高まり、就職の際に有利に働く。この傾向は年々強まっている。また、共産党員であることは、本人の政治的資本となり、中央・地方政府機関はもちろん、国有大企業でも有力な出世手段となる。

　そのほか、「三好学生」も企業間で人気がある。エリート中のエリートである「三好学生」は、「道徳」（思想）、「成績」（学問）、「健康」（スポーツ）の三部門で極めて優秀な学生にだけ与えられる名誉ある地位である。かつては全国レベルから省市県レベル、学校レベルから学年・クラスレベルに至るまで、「三好学生」と呼ばれる優秀な学生幹部選抜・奨励制度があり、その熾烈な

図表4-11　推定の結果

順序ロジット推定

（説明変数）	大卒賃金
GPA	0.887＊＊＊
	（3.30）
学習時間	－0.0702
	（－0.36）
奨学金獲得	0.808＊＊＊
	（3.75）
言語資格（英語6級）	－0.272
	（－0.64）
言語資格(その他外国語)	0.453
	（0.51）
専業資格	1.331＊＊＊
	（3.96）
パソコン資格	1.567＊＊＊
	（4.16）
ボランティア活動	－0.641＊＊
	（－2.39）
学生幹部	3.105＊＊＊
	（4.95）
学生党員	4.428＊＊＊
	（5.72）
インターンシップ	0.33
	（1.13）
観測数	400
対数尤度	－292.02337
疑似R2	0.5265

カッコ内はt値、＊10％；＊＊5％；＊＊＊1％の有意水準

競争に勝ち抜いて、「三好学生」に選抜されることが優秀な学生たちの理想であり、目標であり、名誉であった。

5．大卒者の就業能力

5-1　大卒者の就業能力モデル

　高等教育の質は多義的な概念であり、高等教育の利害関係者は学生及びその保護者、将来の雇用者、教職員など多様であるために、それぞれの利害関係者に対する質を単一概念で計ることは容易ではない。ただし、高等教育の質を評価する際には、たとえば、大学ではどのような活動が行われ適切に機能しているか、またどのような特色を有し関係者にとって価値があるかなど、諸活動の質を分析・評価することとなる。また、高等教育の質を計る視点としては、卓越性、任意に定められた基準に対する適合性、自らが定める目標に対する達成度、関係者の満足度が考えられる。

　高等教育の質は論理的な知識を教育するほか、大学生の素質の教育と能力の育成が重要であると考えられる。就業能力は学生が卒業後に自己の資質を向上させ、社会的、職業的自立を図るために必要な能力である。その就業能力は大卒後の初職獲得（gain initial employment）と就業維持（maintain employment）の2つの能力となり、高等教育機関は大卒者の初職獲得能力の育成において重要な役割を果たすことになる。

　人間の持つ能力には、生得的な素質、経験や学習により獲得する資質と能力がある。資質は生きることに伴う力、能力はある目的に対して備わった力といえよう。個人は本来備わった素質と資質、能力に加えて、仕事に必要な能力があれば仕事に従事できる。

（1）USEM モデル
　大卒者は学校から社会・職業への移行に当たり、就業能力が求められる。英国の学者であるP・ナイト（Peter Knight）とM・ヨーク（Mantz Yorke）

図表 4-12　USEM モデル

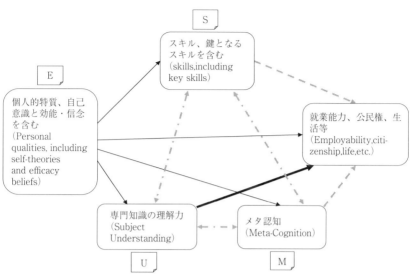

資料：Yorke and Knight（2004）。

の USEM モデルは、人材育成の過程と就業能力の形成の相関関係を分析している。ナイトによると、就業能力は個人の素質、各種の技能、知識の理解能力の結合である。その後、2004 年にナイトとヨークは、就業能力の研究で多用される USEM モデルを発表した（Yorke and Knight 2004）。

このモデルによると、大卒者の就業能力は専門知識の①「理解力」(Understanding)、②「技能・スキル」(Skills)、③「効能と信念」(Efficacy beliefs)[95]、④「メタ認知」(Meta-cognition)[96]の 4 つの要素の結合である（図表 4-12）。この 4 つの要素は相互に影響し、相関関係を形成している。

USEM モデルの 4 つの要素は、大学在学中に養成すべき就業能力である。個人的素質は専門知識の理解力である、「メタ認知」に影響するほか、就業能力にも影響する。専門知識の理解力は就業能力に浸透し（図表 4-12 の矢印・太い実線）、「メタ認知」と「技能」も就業能力に影響を与える（図表 4-12 の矢印・点線）。さらに、「技能」、「メタ認知」と専門知識の理解力の間には相互関係がある（図表 4-12 の双方向矢印・点線）。大卒者は 4 年間の学習を通して

専門知識を身に付け、技能と能力、または個人の素質を改善することになる。

　大卒者の自己意識の育成と形成は就業能力上昇の主観的な動因である。そのうち、個人的素質の形成は大卒者の就業能力の土台となる。労働市場から見ると、企業は能力を求めるほか、個人の総合的な素質を重視する。たとえば、正直、誠実性、積極的な人生観などは就業能力の基礎であり、個人にとってはキャリアの発展と成功の基本的な要素である。

　専門知識の理解力は学習の鍵である。身につける知識は「メタ認知」と合わせて、就業能力の内部要素になる。また、自分の専攻により取得した特殊な技能等は、就業能力の外部要素になる。この内部要素と外部要素すべて改善することにより、就業能力はより強化される。

（2）日本の大卒者能力基準

　就業能力を高めるために、各国は取組んでいる。日本の文部科学省は、グローバル化する知識基盤社会において、学士レベルの資質・能力を備えた人材養成は重要な課題であるとし、義務教育のキャリア教育の目指す能力として「4領域8能力」、学士課程教育として「学士力」を提言した[97]。

　2008年12月24日付の中央教育審議会の答申では、大学生が共通に身に付けるべき学習成果として4分野13項目を列挙し、「学士力」と規定した。具体的には、①「知識・理解」（多文化・異文化に関する知識の理解、人類の文化、社会と自然に関する知識の理解）、②「汎用的技能」（コミュニケーションスキル、数量的スキル、情報リテラシー、論理的思考力、問題解決力）、③「態度・志向性」（自己管理力、チームワーク、リーダーシップ、倫理観、市民としての社会的責任、生涯学習力）、④「総合的な学習経験と創造的思考力」（自ら課題を発見し、課題を解決する力）である。

　さらに、2011年1月に出された中央教育審議会答申「今後の学校におけるキャリア教育・職業教育の在り方について」では、「社会的・職業的自立、学校から社会・職業への円滑な移行に必要な力を育成することが求められていることを強く意識する必要がある」とされ、社会的・職業的自立に向け、必要な基盤となる能力として、「基礎的・汎用的能力」が示された（図表4-13）。

第4章　大卒者の就職意識と就職能力

図表4-13　「社会的・職業的自立、学校から社会・職業への円滑な移行に必要な力」の要素

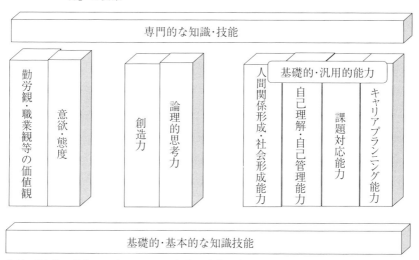

資料：「今後の学校におけるキャリア教育・職業教育の在り方について」中教審キャリア教育・職業教育特別部会（答申）（2011年1月）より筆者作成。

　社会人基礎力に関する「中間とりまとめ」には、政府に求められる役割として、「産学連携によるカリキュラムや評価手法に関する取組の促進」も挙げられている。そのために、2006年9月以降、「知識教育」と連動した「社会人基礎力育成」の実証的な調査研究が行われ、社会人基礎力を育てるためのプログラム等に関して検討が行われた。職場や地域社会の中で多様な人々と共に仕事をしていくうえで必要な基礎的な能力をいう。この基礎的な能力は①前に踏み出す力「アクション」（主体性、働きかけ力、実行力）、②考え抜く力「シンキング」（課題発見力、計画力、創造力）、③チームで働く力「チームワーク」（発信力，傾聴力、柔軟性、状況把握力、規律性、ストレスコントロール）である。

(3)　アメリカのSCANSモデル

　次に、アメリカのケースはどうだろうか。アメリカでは、1992年に産業界・教育界の代表が集まり、『職場は学校に何を求めているか――2000年アメリカの

図表 4-14　アメリカの SCANS モデル

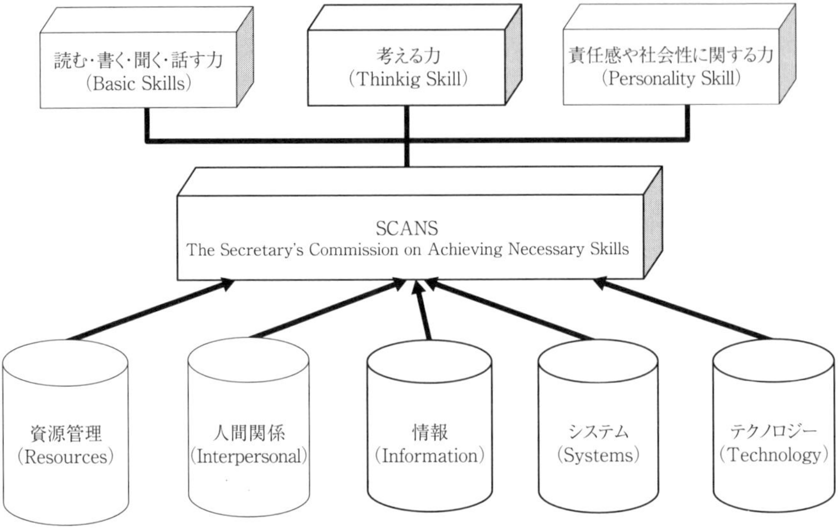

```
┌─────────────────┐  ┌─────────────────┐  ┌─────────────────┐
│ 読む・書く・聞く・話す力 │  │    考える力      │  │ 責任感や社会性に関する力 │
│  （Basic Skills）  │  │ （Thinkig Skill） │  │ （Personality Skill） │
└─────────────────┘  └─────────────────┘  └─────────────────┘
```

SCANS
The Secretary's Commission on Achieving Necessary Skills

資源管理
（Resources）
人間関係
（Interpersonal）
情報
（Information）
システム
（Systems）
テクノロジー
（Technology）

資料：Secretary's Commission on Achieving Necessary Skills（SCANS）: Final Report。
　　　Available より筆者作成。

ための SCANS 報告書』を発表した（辰巳 2006）。この報告書は社会で働く人たちすべてに必要とされる力を明確化したものである。報告書は「必要なスキルを明らかにするための委員会」（The Secretary's Commission on Achieving Necessary Skills）（以下 SCANS）により作成された。

　SCANS では 3 つの基礎スキル（Foundation Skills）と 5 つの能力（Competencies）を定義した。ここで定義された 3 つの基礎スキルは、読む・書く・聴く・話す力（Basic Skills）、考える力（Thinking Skill）、責任感や社会性に関する力（Personality Skill）である。5 つの能力としては、資源管理（Resources）、人間関係（Interpersonal）、情報（Information）、システム（Systems）、テクノロジー（Technology）が挙げられた（図表 4-14）。

5-2　中国の大卒者の能力基準

　中国の高等教育は、規模の拡大と同時に、学生の質の低下がみられる。この

第 4 章　大卒者の就職意識と就職能力

図表 4-15　麦可思研究院の 5 つの職業基礎能力

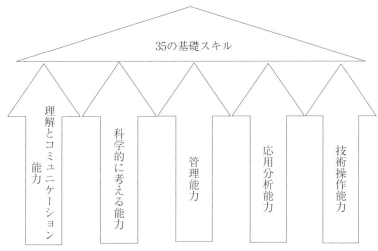

資料：『中国大学生就業報告』2013年より筆者作成。

ような状況に対して、麦可思研究院（2013）は、職業に従事するのに必要な能力は職業能力と基礎スキルであるという。職業能力は職業に対する特殊な能力であり、基礎スキルは全ての職業に必要な能力である。基礎スキルは35項目に分類される。麦可思研究院によると、中国の大卒者が就業可能な職種693に対応する職業能力項目は、1万項目近くにのぼるという。

　麦可思研究院（2013）はアメリカのSCANSを参考にして、35の基礎スキルを①「理解とコミュニケーション能力」、②「科学的考える能力」、③「管理能力」、④「応用分析能力」、⑤「技術操作能力」の 5 つに分類している（図表 4-15）。

　このような観点から、麦可思研究院（2013）は、基礎職業能力の重要度と能力満足度から、次のように就業能力を分析している。
① 基礎職業能力は、大卒者就業能力35項目を重要度で示し、「評価できない」、「重要でない」、「やや重要」、「重要」、「非常に重要」、「極めて重要」の 6 個の回答をそれぞれ、「 0 」、「 0 」、「25％」、「50％」、「75％」、「100％」としてデータ処理している。

141

② 仕事能力評価で、大卒者就業能力の35項目を、評価の低い方から1級から7級とし、1級は最低レベル評価、数値1／7、7級は最高レベル評価、数値1で表す。最高レベル評価は、初級と中級の職業従業員が到達できないレベルであり、回答者はどのレベルに属するのか判断するのが難しいため、具体例が示されている。

③ 卒業時の基礎職業能力の評価も同様に1級から7級までとしている。

2010-2012年の本科卒業生に関する35項目の重要度と満足度は、図表4-16のように、いずれも重要度が満足度に到達していないことが判明した。

① 2010年の本科の大卒者は、「理解とコミュニケーション能力」のうち最も重要な「有効なコミュニケーション能力」と「学習の積極性」、次に、「科学的思考能力」のうち最も重要な「科学的分析力」、そして、「管理能力」のうち、最も重要な「他人に対する説得力」に関しては、大卒者の卒業時に企業側を満足させるものではなかった。

② 2011年本科の大卒者は、「有効なコミュニケーション能力」、「学習の積極性」、他人に対するサービス精神」、「作文能力」も企業側には満足できない数値であった。

③ 2012年本科の大卒者は、「有効なコミュニケーション能力」、「他人に対するサービス精神」、「作文能力」に関して、企業側が求める要求とはかなり差があった。

2015年の中国大学の卒業者数は、前年の699万人より28万人増えて、727万人となる見込みである。国有企業の採用減少、大学生の人数増加、公務員試験制度の改革、欧州を中心とする海外経済の不振を受けて、民間企業の採用減が見込まれることから、大卒者の就職はかなり深刻となることは確実である。

大卒者の求人需要は両極化傾向にあり、最先端分野と都市・農村基層公共サービス分野の2つに集中している。しかし大卒者が希望する就職先は前者にほぼ限定されているといってよい。

まず政府関係部門、産業界、大学側に対しては総合的な対策、次に学生には現実的な職業観、勇気ある対応が求められている。教育部は企業に対して雇用

第 4 章　大卒者の就職意識と就職能力

図表 4-16　本科卒業生の35項目の重要度と満足度（2010～2012年）

（単位：％）

	項目	2010年		2011年		2012年	
		重要度	満足度	重要度	満足度	重要度	満足度
理解とコミュニケーション能力	有効なコミュニケーション能力	76	86	74	81	76	82
	学習の積極性	76	86	74	83	76	81
	学習方法	70	86	74	84	75	81
	他人の話を聞く	69	88	72	87	73	85
	他人に理解させる	69	91	69	83	71	81
	他人に対するサービス精神	69	86	68	88	70	87
	読書の理解能力	61	100	64	94	62	92
科学的思考能力	科学的分析能力	70	86	70	84	72	82
	作文能力	69	89	67	82	68	80
	批判的に考える能力	62	87	60	84	64	82
	数学	43	100	44	100	—	—
管理能力	他人に対する説得力	71	78	75	73	77	69
	商談力	70	79	75	69	78	72
	時間管理力	70	85	70	73	71	85
	判断と決断力	69	80	70	88	71	81
	人力資源管理力	69	79	70	84	70	75
	他人への指導力	68	90	70	86	70	87
	協調性	67	88	67	81	71	85
	複雑な問題の解決力	67	84	66	80	66	80
	財務管理力	64	85	65	84	67	81
	成果監督力	55	91	59	82	55	82
	物質管理力	46	89	53	88	60	82
応用分析能力	トラブル解決力	73	81	73	76	75	75
	質的分析力	68	83	68	78	69	79
	技術設計力	67	82	68	76	69	75
	操作と監視力	65	81	67	79	69	71
	操作力	65	83	67	78	69	74
	設備維持能力	65	81	65	77	63	72
	システム分析力	65	83	65	75	73	70
	新商品に対するアイディア力	59	82	65	70	78	76
	設備選択力	58	88	60	85	50	86
	システム評価力	53	83	56	83	58	88
技術操作能力	パソコン・ソフト開発力	74	84	71	75	74	76
	機械の修理とシステムの維持能力	60	80	61	71	62	75
	組立能力	59	84	61	71	69	75

資料：『中国大卒者就業報告』2011年 p.137
　　　『中国大卒者就業報告』2012年 p.135
　　　『中国大卒者就業報告』2013年 p.127、p.135より筆者作成。
注：2012年の数学は個票が不十分のため、空欄となっている。

143

創出の努力を引き続き求めると同時に、学生に対しては就職観を変えることを
要請し、今後とも卒業生による起業などを支援する姿勢が必要とされている。

おわりに

　実証研究で確認できたように、大卒者は「賃金・福利厚生」、「仕事の安定
性」、「将来性」を重視している。大卒者は「将来性」を重視するために、自ら
のキャリアを想定し、仕事内容等を事前に研究する。就職活動の準備がなされ
れば、就職機会も高まる。しかし、厳しい就職環境の中で事前に十分な準備が
できず、目標もなく就職活動に参加する大卒者が増えている。現在、安定性が
高い職業はやはり国家党政機関、事業単位と一部大手企業である。しかし、こ
のような就業機会は非常に限られており、非エリート職業はエリート職業と同
じような待遇や仕事の環境等を作り出すべきではなかろうか。
　「勤務地域」は、今日まで重視されているが、しかし、近年は「逃離北上
広」（「北上広」からの逃避）がみられ、「北上広」は住宅価格の高騰により、
生活コストが高く、ストレスも増えることから、多くの若者がこれら大都市を
離れている。北京、上海、広州は、最良の資源賦存状況にあるが、物価高騰は
頭の痛い問題である。「逃離北上広」は、価値観の相違を反映しており、人生
のリスク軽減のために都市を離れるか、利益を求めて留まるかは、個々人の価
値観による。今後は、「勤務地域」を重視する大卒者は減少するものと見込ま
れる。
　大卒者が在学中に修得した理論・知識は、その総合力の判断基準となる。企
業側が重視するのが大卒者の総合力あるいは仕事と関連する専門知識である。
今回のアンケート調査の対象である大学の中には、専門性が高い大学も含まれ
ているために、求職時の専業資格が重視されていることは考えられる。しかし
この専門能力は実際に仕事をやってみないと、能力の高さは判明しないため
に、大卒者の求職時に専業資格が賃金に与える影響は限られる。
　組織能力の重要性は本章の推定で確認できる。しかし、ボランティア活動の
効果は確認されない。ボランティア活動などの社会活動の有無は、その人物の

性格や社会への貢献意識などを評価できるものの、近年、就職活動が有利になるように、大学生がやってもいない課外活動やボランティア活動などを履歴書に勝手に記入する行為が横行している。就職希望先に提出する履歴書の多くが粉飾されているという。

このような状況の中で、今後、企業側で大卒者の総合的能力に対する要求がさらに高くなることがみられる。

参考文献

［日本語］

アンドリュー・マイケル・スペンス、土方奈美訳（2011）『マルチスピード化する世界の中で―途上国の躍進とグローバル経済の大転換』早川書房。

苅谷剛彦（1991）『学校・職業・選抜の社会学』東京大学出版会。

ジョージ・ホーマンズ、橋本茂訳（1978）Social Behavior : Its Elementary Forms（1961, rev. ed. 1974）『社会行動：その基本形態』誠信書房。

ジョージ・アカロフ、幸村千佳良・井上桃子共訳（1995）『ある理論経済学者のお話の本』ハーベスト社。

宗方比佐子（2002）『職業の選択　キャリア発達の心理学―仕事・組織・生涯発達―』川島書店。

船橋洋一（2000）『あえて英語公用語論』文春新書。

瀧本麗子（2011）「上に目指す中国人学生、安定を求める日本人学生―日中大学生の就労観についての比較調査―」組織行動研究所。

辰巳哲子（2006）「すべての働く人に必要な能力に関する考察―学校と企業とが共用する「基礎力」の提唱―」リクルートワークス研究所 Works Review 2006 Vol. 1。

杜新（2006）「現代社会における若者の就労意識に関する国際比較―日本と中国の高学歴者を中心とした質の調査研究―」慶應義塾大学大学院社会学研究科　博士論文。

馬成三（1997）『対外進出の日米欧企業の労働問題の比較～現地中国人従業員を対象とする意識調査からの考察』富士総合研究所。

尾高邦雄（1995）『仕事への奉仕』尾高邦雄選集第二巻、夢窓庵。

［英語］

Department of Labor Employment & Training Administration,（2000）U. S. What Work Requires of Schools

Knight, P.（2001）Employability and Assessment. Skills plus a paper prepared for the Fourth Colloquium, October.

Yorke, M., & Knight, P. T.（2004）Embedding Employability into the Curriculum. Higher Education Academy, York, 4–5.

［中国語］

陳成文・譚日輝（2004）「社会資本と大学生就業関係研究」高等教育研究。

費毓芳・余新麗（2006）「大学生価値観調査」北京『中国大学生就業』2006年第 6 期。

龔恵香（1999）「大学生職業価値観的演変趨勢―対両次問巻調査結果的比較」北京『青年研究』第 7 期。

韓麗勃（2010）「大卒者就業調査」『中国高教研究』。

洪芳・呉涼涼（2007）「大学生職業価値観的比較研究」杭州『浙江理工大学学報』2007年第 6 期。

黄敬宝（2007）「自身因素与大学生就業結果の実証研究」高教探索。

楼仁功・趙启泉（2002）「大学生職業教育規划指導的探索与実践」『中国高教研究』。

麦可思研究院（2010）『2010中国大学生就業報告』社会科学文献出版社。

麦可思研究院（2011）『2011中国大学生就業報告』社会科学文献出版社。

麦可思研究院（2012）『2012中国大学生就業報告』社会科学文献出版社。

麦可思研究院（2013）『2013中国大学生就業報告』社会科学文献出版社。

閔維方・丁小浩（2006）「2005年卒業生就業状況的調査分析」武漢『高等教育研究』2006年第 1 期。

王愛萍（2011）「大学生就業能力培養期机制研究」厦門大学。

翁傑（2009）「基于労働力市場工資匹配的大学生失業問題研究」中国人口科学。

岳昌君（2009）「2007年高校卒業生就業影響因素分析」清華大学教育研究。

第4章 大卒者の就職意識と就職能力

【付録1】

大学生调查问卷（2013年7月）

1．你的性别。

☐ 男 ☐ 女

2．你的出生城市。

☐ 直辖市 ☐ 副省级城市 ☐ 地级和地级以下城市

☐ 城市 ☐ 城镇 ☐ 农村

3．上大学是自己的意愿还是父母的意愿，或两者皆有。

☐ 自己的意愿 ☐ 父母的意愿 ☐ 两者皆有

4．你在寻找工作中觉得工资，福利对你来说重要吗？

☐ 非常重要 ☐ 比较重要 ☐ 重要 ☐ 一般，还可以 ☐ 不重要

5．你在寻找的工作，这份工作的稳定性重要吗？

☐ 非常重要 ☐ 比较重要 ☐ 重要 ☐ 一般，还可以 ☐ 不重要

6．你所寻找的工作对你将来的发展空间重要吗？

☐ 非常重要 ☐ 比较重要 ☐ 重要 ☐ 一般，还可以 ☐ 不重要

7．你想要从事的工作和你大学所学的专业对口的重要性。

☐ 非常重要 ☐ 比较重要 ☐ 重要 ☐ 一般，还可以 ☐ 不重要

8．你的兴趣爱好是什么？

147

9. 兴趣爱好对你所要从事的工作重要吗？

□ 非常重要 □ 比较重要 □ 重要 □ 一般，还可以 □ 不重要

10. 你觉得工作环境对你来说重要吗？

□ 非常重要 □ 比较重要 □ 重要 □ 一般，还可以 □ 不重要

11. 你觉得工作地点对你来说重要吗？

□ 非常重要 □ 比较重要 □ 重要 □ 一般，还可以 □ 不重要

12. 你最想在哪个城市工作？_____

13. 你想从事工作的单位性质，请做以下选择。

□ 国有企业 □ 事业单位 □ 外资企业（包括中外合资）

□ 私营企业 □ 自营业主

14. 请选择你的求职时间。

□ 毕业论文完成后 □ 毕业前 6 个月 □ 最后一次实习以后 □ 毕业前一年

15. 你觉得求职的费用贵吗？

□ 贵 □ 不贵

16. 请选择你的求职过程中所花费的大致费用总额。

□ 500元以下 □ 501-1000元 □ 1001-1500元 □ 1500元以上

17. 你每个月所花费的在学习，生活，服装，娱乐等的总体费用。

第4章　大卒者の就職意識と就職能力

    ☐　1000元以下　☐　1001-1500元　☐　1501-2000元

    ☐　2001-2500元　☐　2501-3000元　☐　3000元以上

18. 在校期间有没有从事家教或者打过零工？

    ☐　有　☐　没有

19. 第28问回答有的同学请选择从事家教或打零工的收入。

    ☐　500元以下　☐　501-1000元　☐　1001-1500元

    ☐　1501-2000元　☐　2000元以上

20. 在求职过程中一共投了多少次简历？

    ☐　10次以下　☐　11-20次　☐　21-30次　☐　31-40次　☐　40次以上

21. 你主要通过什么渠道获取求职信息的？（此问可以多重选择）

    ☐　校园招聘　☐　网络　☐　人才市场　☐　朋友，家人介绍　☐　报纸，杂志

    本次关于大学生的调查问卷的目的是用于完成博士论文所需要的数据而展开的，绝对不是任何一种商业调查行为。为了维护被调查者的隐私，本次调查全部实行无记名方式，对于调查的结果也仅用于本人的博士论文，特作此声明。对于给予以上详细回答被调查者表示由衷的感谢。希望我的博士论文对于当今中国的大学生就业难问题的研究做出一点微薄之力。

【付録2】

大学生调查问卷 (2014年7月)

1. 你的学习成绩如何？（取所有学科的平均分）

　　□　90-100分　□　80-89分　□　70-79分　□　60-69分　□　59分以下

2. 课外学习时间。（除了课堂上学习时间以外的学习时间）

　　□　3小时　□　2小时　□　1小时　　□　课堂以外不学习

3. 在校期间获得过奖学金的次数。（包括国家，省市地区，学校）

　　□　4次　□　3次　□　2次　□　1次　□　没有获得过奖学金

4. 在校期间有没有获得四级，六级英语证书或别的语种的等级考试证书。（别的语种请注明语种和等级）

　　□　英语四级　□　英语六级　□　别的语种（_____语____级）

　　□　没有外语证书

5. 在校期间有没有获得过专业技能证书。

　　□　有　□　没有

6. 在校期间有没有获得过计算机等级证书。

　　□　有　□　没有

7. 在校期间有没有参加过志愿者活动。有的话请选择次数。

　　□　4次　□　3次　□　2次　□　1次　□　没有参加过

第4章　大卒者の就職意識と就職能力

8．在校期间担任过学生干部的经历。有的话请选择级别。

　　□　学校的学生干部　□　班级的学生干部　□　没有担任过学生干部

9．你是否是共青团员？

　　□　是　□　否

10．在校期间有没有入党？（党员包括预备党员）

　　□　是学生党员　□　不是学生党员

11．在校期间利用寒暑假有没有参加过实习？（有的话请累计实习的时间，3个月以内的按3个月计算，超过1年的按1年计算）

　　□　1年以内　□　半年以内　□　3个月　□　没有实习经历

12．请选择你的求职时间。

　　□　毕业论文完成后　□　毕业前6个月　□　最后一次实习以后　□　毕业前一年

13．你父亲的最终学历。

　　□　小学毕业　□　初中毕业　□　高中毕业　□　中专，技校，职校毕业
　　□　大专毕业　□　大学毕业　□　研究生毕业　□　博士毕业（含博士后）

14．你母亲的最终学历。

　　□　小学毕业　□　初中毕业　□　高中毕业　||　中专，技校，职校毕业
　　□　大专毕业　□　大学毕业　□　研究生毕业　□　博士毕业（含博士后）

151

15. 你父亲所从事职业的单位性质。

　　□　国有企业　□　事业单位　□　外资企业（包括中外合资）

　　□　私营企业　□　自营业主　□　没有任何工作（包括下岗，待业）

16. 你母亲所从事职业的单位性质。

　　□　国有企业　□　事业单位　□　外资企业（包括中外合资）

　　□　私营企业　□　自营业主　□　没有任何工作（包括下岗，待业）

17. 你父亲在单位担任的职务。（包括职务的副职）

　　□　董事长　□　总经理　□　部长　□　处长　□　科长　□　主任　□

　　一般职员

　　以上没有的职务请填写＿＿＿＿＿＿＿＿＿＿＿＿＿＿＿＿

18. 你母亲在单位担任的职务。（包括职务的副职）

　　□　董事长　□　总经理　□　部长　□　处长　□　科长　□　主任　□

　　一般职员

　　以上没有的职务请填写＿＿＿＿＿＿＿＿＿＿＿＿＿＿＿＿

19. 你父亲的大致的月收入。（包括奖金和各种福利待遇）

　　□　2000元以下　□　2000-4000元　□　4000-6000元

　　□　6000-8000元　□　8000-10000元　□　10000元以上

20. 你母亲的大致的月收入。（包括奖金和各种福利待遇）

　　□　2000元以下　□　2000-4000元　□　4000-6000元

　　□　6000-8000元　□　8000-10000元　□　10000元以上

第 4 章　大卒者の就職意識と就職能力

21. 你父亲是否党员？（包括预备党员）

　　□　是　□　不是

22. 你母亲是否党员？（包括预备党员）

　　□　是　□　不是

23. 你父母亲是从事什么行业？

　　父亲_____母亲_____

24. 家庭背景对你的求职过程有帮助吗？

　　□　很有帮助　□　有帮助　□　一般　□　不是很有帮助　□　没有帮助

　　本次关于大学生的调查问卷的目的是用于完成博士论文所需要的数据而展开的，绝对不是任何一种商业调查行为。为了维护被调查者的隐私，本次调查全部实行无记名方式，对于调查的结果也仅用于本人的博士论文，特作此声明。对于给予以上详细回答被调查者表示由衷的感谢。希望我的博士论文对于当今中国的大学生就业难问题的研究做出一点微薄之力。

第5章　家庭環境と大卒者の就職

はじめに

　「一人っ子」政策を実施してきた中国では、親が子供を過保護に育てる傾向が強く、一人っ子たちはわがままな「小皇帝」とも言われる。しかしその一方で、親の過剰な期待が教育の過熱現象を生み出しており、親たちがたった一人の子供に多大な期待をかけている現状がある。激変する経済社会状況や厳しい格差社会の中で、親が子供の教育・出世に過大な期待を寄せるのも仕方ないのかもしれない。

　英市場調査会社ミンテル（Mintel）[98]が発表した中国の一人っ子に関する調査報告によると、中国中産階級家庭の子供が両親から寄せられる期待は高まる一方であるという。自分の子供に望む最終学歴として、「修士・博士（大学院卒）」と答えた親は4分の3を占め、「学士（大学学部卒）」は32％にとどまった[99]。

　一方、日本のクロス・マーケティング[100]が発表した「子どもの教育・進学に関する調査」結果によると、自分の子どもに期待する学歴は、もっとも多いのが「大学卒」の72.8％、次いで「高校・専門学校卒」の12.2％、「修士課程修了」は6.4％に過ぎなかった[101]。大卒以上を望む親は圧倒的に多い。日本と比べても、中国の高学歴志向は非常に強い。

　MyCOS（麦可思）が発表した2009年度の中国大学卒業生の就職と労働能力に関する調査報告によると、学生の家庭環境が大学入学や就職状況に大きく影

響する。大学卒業生の出身家庭をその親の職業別に、①「一般産業とサービス業従事者」、②「管理クラス」、③「農民と出稼ぎ農民」、④「無職と退職者および専門職」の４分類にし、就職動向や労働能力などを分析すると、③「農民と出稼ぎ農民」や①「一般産業とサービス業従事者」を親に持つ学生は進学先に職業専門大学を選択するのに対して、②「管理クラス」の親を持つ学生は「211」校を選択する傾向がある[102]。

　親の高学歴志向が強く、高等教育機関の定員拡大に伴い、大卒者が急増する中、学歴に見合う職に就けない若者を大量に生み出している。家庭環境は大卒者の就職にどんな役割を果たしているだろう。

　本章は家庭環境、主に親の学歴、親の所属企業、親の政治状況と家庭収入等から大卒者就職に及ぼす影響の実証分析を行う。「985」、「211」のような重点大学ではなく、重点大学の大卒者は普通の大学よりもともと優位性を持ち、ここは普通の大学の大卒者の就職事情を明らかにしたい。

１．先行研究

（１）家庭環境と教育アスピレーション

　教育アスピレーションは、より高い水準の教育を受けようとする個人の欲求・願望であり、学歴達成、職業達成に強く影響を及ぼす要因の一つである（Sewell et al. 1969、藤田 1979）。教育アスピレーションの形成には、学校ランクや職業選択に関する志向に影響されるのみならず、家庭環境が直接的にかかわっている。親の学歴や職業、家庭所得なども重要な要因である。

　日本では、①性別や学業成績など個人の属性に関する要因、②出身階層に関する要因、③子供の数などの家族構成の要因等が検討されてきた（片瀬 2005）。教育アスピレーションは、個人の属性だけで決まるわけではなく、家族の影響により決定づけられると考えられる。また、家庭環境は教育アスピレーションの形成に強い影響力を持つことも確認されている（片瀬 2005）。こうして世代間の学歴再生産が強調されることになる（吉川 2006、2009）。

　日本において経済学分野で教育格差にいち早く取り組んだのは橘木俊詔であ

り、その議論は橘木・松浦（2009）、橘木・八木（2009）において展開されている。橘木・八木（2009）では「親の階層が上であれば子どもも学力が高く、逆に低ければ子供の学力も伸びないという階層仮説は多くの人が反対しない仮説となっている」と断言し、親の階層が子供の学力あるいは学歴に与える影響を認めている。

（2）「一人っ子」政策と親の高学歴志向

「一人っ子」政策は、改革開放政策の開始時期とほぼ同じ1979年に始まった。未成年の子供をもつ親にとって、一人っ子は生涯で唯一生み育てることのできる子供であり、複数の子供を育てる以上に愛情を注ぐという子育ての仕方も当然ありえる。ただこのことが子供に対する過剰な期待、すなわち過度な知育偏重を招くこともある。親のみならず、祖父母も子供に対しこのような接し方をすることにより、二重の甘やかしが起こる（鈴木 1999）。

人口政策に焦点を当てる莫（1992）は、「教育に盲目的な親たち」は、子供の高学歴化に過剰に期待するのは、親が「文革世代」であることに原因を求めている。

牧野（2005）は、子供に高学歴を与えようとする親の思惑は、「文革以後、経済発展に重点を移した中国の政治が、経済発展に資する人材の集中・選抜・配分の機構として学校体系を構築し、人材評価の尺度として学歴を導入したことに起因する」と指摘している。さらに、牧野は、今日の中国では「学校制度が社会的階層上昇の唯一の制度的な道」であるという要因も強く働き、「文革世代」である親の「たった一人の子どもがより良い生活を送るには高学歴を持たざるを得ないという考えにより、一人っ子が受難もしている」と指摘している。

風（1992）は、一人っ子とそれ以外との比較研究により、親の教育期待が子ども数、親の「文革世代」という生活史と緊密に関連しているが、一人っ子家族と一人っ子家族以外の学歴期待、普段の教育態度に関して、大きな格差が見られなかったと指摘している。

（3）家庭環境と大卒者就職

　大卒者の進路選択過程の出発点は、社会的出自、とくに親の階層的地位にある。たとえば、藤田（1979）は、日本の社会的地位達成過程を分析し、親の階層的地位は「大なり小なりの進路選択を規定する傾向がある」と指摘している。多数の研究が社会的地位達成・進路選択機会の不平等を明らかにしているが、そこで用いられた仮説やモデルを、藤田（1979）は、「葛藤理論」[103]、「地位達成過程モデル」、「トラッキング・モデル」の３つに分類した。

　李敏（2003）は、出身階層格差が大学進学のみならず、卒業後の大学院進学、留学、就職にも影響を及ぼしていること、しかし出身階層が進路選択と就職に与えた影響は高ランクの大学進学によりある程度緩和されると指摘している。

　家庭は大卒者が社会資本を得る主な手段である。大卒者が卒業後の社会関係ネットワークと各種資源を得る際に、親の社会関係ネットワークの規模と密度は少なからぬ影響を及ぼしている（鄭 2004、李・張 2008）。また、家庭の社会経済地位と社会関係網は、子供の学校、企業選択、就業所得にも異なる影響を与えている。

　家庭の社会経済地位が高ければ、大卒者が卒業後に大学院に進学する可能性が高くなり、高学歴が得られると、就職成功の確率も高まる（鄭 2004）。中国社会調査所（SSIC）の調査によると53％の大卒者とその親は社会関係が個人の能力よりも重要であると認識し、24％の大卒者は社会関係が弱いから自分の希望する職に就けないと考えている[104]。

　北京師範大学の「中国大卒者就業問題研究」によると、「社会関係」は就職に影響を与える要因の中で第２位となっている（鄭 2004）。雲南教科院の研究も、同様に、親の教育水準と職業レベルが高ければ、就業が成功する確率が高い点を指摘している（李 2003）。

　就職確率に関する外部性の研究では、たとえば、Montgomery（1991）は、ジョブ・サーチ・モデルに社会的ネットワークを組み込み、非公式なネットワークが雇用に及ぼす影響の重要性を指摘している。Montgomery（1991）によると、労働者の雇用に際し、雇用主は労働者の能力に関する情報を社会ネッ

トワークを通して得る。具体的には、能力の高い人と低い人が存在する場合、能力の高い人と社会的繋がりがある人が高い賃金で雇用されるという。

2．親の高学歴志向

中国では古来より儒教の「読書至上」や「科挙」の伝統も根強く、教育熱心な親が多い。大学生の就職戦線の厳しさが伝えられるなかで、親たちの「よりいい学校へ進学させたい」という学歴崇拝は高まるばかりである。学力偏重主義には中国政府も警告を鳴らし始めている。1990年代末以後、政府は詰め込み教育を批判し、教育の改善を目指している。「宿題とテストを削減せよ」、「学生の睡眠時間を確保せよ」などの通達を出し、過熱する受験教育の火消し役に回っている。しかし、教育現場の競争は依然として続いている。

中国では、学費の高騰にもかかわらず、9年間の義務教育後、後期中等教育（高校）および高等教育（大学）への進学率が高まっている。教育投資に対するインセンティブの高まりは、教育が所得階層の上方移動を可能にするための手段とみなされていることを意味する。しかし、教育が実際にどの程度の階層移動機能を持つかは定かではない。むしろ、教育投資の収益率が過大評価されており、階層移動機能は期待されるほど大きくないという指摘もある（三浦2008）。

親が子供に高学歴を期待する背景には、大卒生が厳しい就職情勢に直面している中国社会の現状がある。厳しい高学歴者の就職情勢の中、人気が集まる公務員職のほとんどが「修士以上」の条件が付けられている。中間層の親は、文化大革命の時期に成長した人が多い。当時、大学に行きたくても行けなかった親が、自分の子供に高等教育への夢を託すのは無理もなかろう。また高学歴の親が自分と同等以上の学歴を子供に強要して、子供を追い詰めてしまうケースもある。高学歴が成功のための重要なパスポートとなれば、親が子供の教育にかける情熱はいやがうえにも高まることになる。

大学、それもできるだけ高ランクの重点大学に入るためには、まず良い中学校、良い小学校に入学することが先決であり、子供たちはそれぞれの重点校を

159

目指して早期より鎬を削ることになる。その結果、受験戦争はいきおい低年齢化の様相を強めている。とくに都市部では、大部分の親たちが教育パパ、教育ママであり、その情熱は日本の比ではない。親たちは子供のためには、どのような投資も惜しまない。「幼い頃から良い教育を与えないと、将来の競争に生き残れなくなる」、「周りの人たちも子供の教育にお金を惜しまない」、「私たちの将来はすべてこの子にかかっている」と考える親は少なくない。

　しかし今日の中国では、成功するためには学歴のみならず、人間関係や政治感覚、社会性や個性、努力といった学校以外の日常生活で学び取るものの方がより重要になっているのではなかろうか。

３．社会階層論からの解釈

　社会階層とは社会の重層的構造を構成する個々の層を意味する。社会階層は連続的に捉えることが一般的であるが、「サラリーマン層」など、カテゴリーとして捉えることもある。マルクス主義的な社会階級は生産手段の保有により判断されるが、社会学の社会階層は、たとえば、所得階層、資産階層、学歴階層などのように、より多元的な概念である。また人々の欲求の対象でありながら、十分に備わっていないものを社会的資源という。

　社会的資源の種類としては、経済的資源（金やモノ）、関係的資源（人脈やコネ）、情報的（文化的）資源（教養や学歴）の３つに大別されるが、このほかにも、権力的資源、評価的資源、社会運動論における人的資源などもある。民主主義社会は平等を原則とするが、現実の社会には、資源保有の不平等が存在する。社会的資源の不平等分配の構造を社会階層構造という。再生産という意味を重視した場合には資本というが、どちらも同様な意味である。

３−１　文化資本論

　文化資本とは、金銭によるもの以外の学歴や文化的素養といった個人的資産を指す。フランスの社会学者ピエール・ブルデュー[105]により提唱されてから、現在に至るまで幅広い支持を受けている。社会階層間の流動性を高めるう

第 5 章　家庭環境と大卒者の就職

えでは、単なる経済的支援よりも重視しなければならない場合がある。

　ブルデューの定義では、資本とは「交換が成立するシステム内において社会的関係として機能するもの」であり、それは「物質あるいは非物質といった区別なく、特定の社会的な枠組みにおいて追求する価値と希少性があることを示すもの」であれば、何であっても構わない。以上を踏まえて、文化資本は「資本として機能するものの中で、蓄積することで所有者に権力や社会的地位を与える文化的教養に類するもの」と定義される（片岡 1992）。

　ブルデューの文化的再生産論によれば、中産階級家庭出身の子どもは、文化資本を所有しているために学歴獲得でも有利である。単に裕福な家庭の子供が進学で有利であるのみならず、文化資本（上品で正統とされる文化や教養や習慣等）の保有率が高い学生ほど高学歴となる。またその子供も親の文化資本を相続し、同じく高学歴になる。

　上流階級の文化は、高尚で正統とされる文化的、芸術的な素養や知識から構成され、社会で望ましいとみなされる優越的で支配的な文化である。支配的な文化を理解し享受（消費）するには、その特有のコードを理解し、言語能力を身につける必要がある。上流階級家庭の子供は、そのコードや言語能力を家庭内で自然に身につける（鹿又 2013）。

　血縁関係を有し、家族と長期間共同生活をしていると、家庭内の道徳・思想が大学生の文化資本の形成に潜在的な影響を与える。調和的な家庭の雰囲気と良好な家庭教育は、大学生の思想形成に重要な役割を果たしている。家庭の経済状況と家庭所在地も大学生の価値観と就業観に影響を及ぼしている。したがって親の学歴は直接大学生の就業意識を左右する。

　中国人家庭の文化資本は、次の3つの類型にまとめられる。第1に、家庭内、親や親族の行動、経験と教訓は、大学生の就業観に影響する。第2に、親や親族は大学生の進路選択に関与し、社会的ネットワークを使って大学生と共同で就職活動を行う。第3に、一人っ子の大学生は日常生活のすべてを親が手配しているため、就職活動も親の手配を待つことになる。一部の大学生は「親が満足できる」ことを目標として就職活動を行うことになる。

　2015年の中国28省、自治区の「高考状元」[106]の名前と成績が発表された[107]。

161

図表 5-1　ウィスコンシン・モデルのパス・ダイアグラム

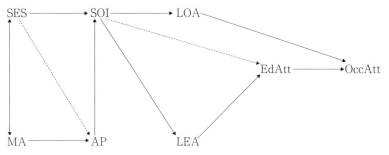

資料：Sewell, W. H., A. O. Haller and G. W. Ohlendorf,（1970）。

合計61人の「高考状元」のうち、多数の親は学校の教員、エンジニア、公務員、医者であり、やはり家庭の文化資本は子供の学習に重要な役割を果たしている。

3-2　ウィスコンシン・モデル

　地位達成のメカニズムの研究において、親が子供に心理的な影響を与えることを初めてモデルとして導入したのは Sewell et al.（1970）である。ウィスコンシン・モデルと呼ばれるこのモデルは、Blau and Duncan（1967）による地位達成モデルに、新たに心理的な影響を付け加えたものとして位置付けられている（片瀬 2005）。

　Blau and Duncan（1967）は、父親の職業と学歴が本人の学歴と初職を規定し、本人の学歴と初職により現職の地位が決まるという地位達成モデルを提示した。社会的出自と現職の達成を媒介する要因として注目を集めたのが、Sewell et al.（1970）のウィスコンシン・モデルにおける社会心理学的要因である。Sewell et al.（1970）は、社会的出自と個人の知能といった先行変数と、教育や職業といった地位達成を表す従属変数との間に、「重要な他者」の影響とアスピレーションとして、社会心理学的変数を設定した。

　Sewell et al.（1970）は、社会的出自（SES）と能力（MA）は個人の学業的成績（AP）を規定し、その学業成績に基づいて教師や両親等の「重要な他

図表5-2　トラッキング論の枠組

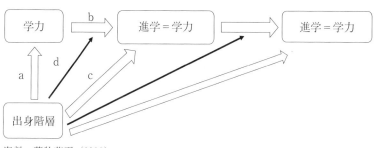

資料：荒牧草平（2008）。

者」が個人に対し特定の地位達成を期待すると仮定する。そして、その「重要な他者」の期待（SOI）を受け取った個人は、職業（LOA）や教育（LEA）に対するアスピレーションを形成し、そのアスピレーションに沿う形で個人は地位（EdAtt、OccAtt）を達成するというものである（図表5-1）。

3-3　トラッキング論

　トラッキングとは、「どのコース（学校）に入るかによりその後の進路選択の機会と範囲が限定されることを指す」（藤田 1980）。教育機会の視点から見たこの概念の重要性は、トラックへの振り分けに家庭背景が強く関連していることを考慮している点にある（荒牧 2008）。具体的には、ある教育段階において複数に分かれる学校の種類、教育課程（学科・専攻・カリキュラム）の種別、あるいは進路希望や成績・能力に基づくクラス編成や履修コース等の分岐を指す。トラッキング論は、出身階層により早い段階で分岐したトラックの一つに所属すると、そのトラックがその後の進路・進学先に強く影響することを強調している（鹿又 2013）。

　トラッキング論枠組で問題とされる出身階層の効果は、トラックを経由した間接的な側面に限られ、これは図表5-2におけるaからbへの矢印を経由する効果に該当する。これに対して直接効果と呼びうる出身階層の影響もある。まず考えられるのが、図表5-2の矢印cにより表される、トラックに関わらない直接効果である。たとえば、上級学校への進学に際しては、進学校であろ

図表 5-3　中国の社会階層と大学生身分の変化

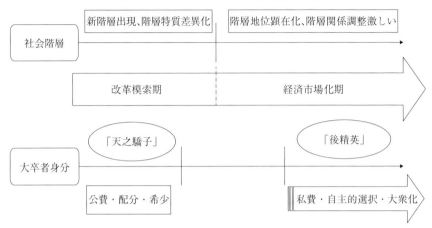

資料：筆者作成。

うと進学者がほとんどないような学校であろうと、同様に出身階層の効果があるという場合に相当する。なお、図表 5-2 の矢印 d は、トラックにより出身の効果が異なることを表している（荒牧 2008）。

トラッキング論を中国のケースにあてはめれば、重点中学校、非重点中学校から高校への進学、次に重点高校、非重点高校から高等教育への進学、さらに重点大学、非重点大学卒業後の就職といった分岐において、出身階層の影響は強まるはずである。

中国では1990年代以前には、国家が大部分の高等教育を負担し、卒業生の仕事も配分していた。農村家庭出身の学生は大学進学により、都市部の住居権や企業の幹部、社会の上層部になることができた。大卒者、特に重点大学卒者は「天之驕子」と呼ばれた。

1999年の定員拡大策に伴い、高等教育の大衆化が始まり、国家公費教育、統一配分から私費教育、自主的選択に移行した。定員拡大前の中国の高等教育が「精英」教育ならば、定員拡大後の大衆化教育期は「去精英」の時代、またその時代の学生は「後精英」といえよう。「後精英」は社会的地位の変化を指し、すべての大卒者は必ずしも「精英」ではないとの社会的認識がある。市場

化に伴い、社会の階層化は顕著となり、出身階層により親の影響がより強まっている（図表5-3）。

4．家庭資本の影響メカニズム

4-1　家庭資本の役割

　大卒者にとって就職はキャンパスから社会への通り道である。大卒者の自己価値、社会価値を実現するために就職という選択肢がある。低い社会階層の大卒者にとっては、家庭状況を変えて、貧困を回避する手段でもある。しかし高等教育が大衆化し、大卒者の就職活動が激化するなか、労働市場でやりがいのある仕事に就くことは非常に困難となっている。

　厳しい就業環境のなか、大卒者は自らの才能やスキルをアピールするほか、できる限り社会資本、特に家庭資本を使うことにより、より良い職に就こうとする。中国社会研究院の調査によると、大卒者の就職に影響する要因として、大卒者の実力、本人の社会関係（学生幹部、学生党員等の社会活動を通した社会的ネットワーク）、専攻、学習成績、学校と教師の評価に加えて、家庭背景も重視されている[108]。

　同じ大学卒、同じ人力資本を持つ大卒者が、同じ就業環境で異なる就業状況と賃金が得られるのは、社会資本によるところが大きい。家庭資本は社会資本の重要な一部であり、大卒者にとって最も利用しやすい資本でもある。

　中国社会では、人間関係（社会的ネットワーク）と権力が最も重視されている。家庭資本は世代間移動し、その規模は拡大し、密度は高まる傾向がある。大卒者にとって家庭社会資本は信頼性が高く、依存しやすい資本である。ここでは、家庭社会資本が大卒者の就職活動に及ぼす影響を分析し、大卒者の就職に寄与していることを実証することとする。

4-2　家庭資本の形成

　家庭資本の形成は、家庭の地位、内外部のネットワークの繋がるを意味し、

図表5-4 信頼性、互酬性の規範と社会的ネットワーク相互強化的関係

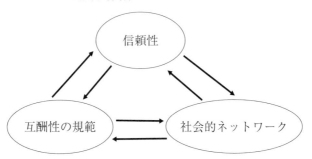

資料：千田俊樹（2009）「新潟における社会関係資本評価」報告書。
R・パットナム（2001）『哲学する民主主義』NTT出版。

集団行動、資源の組み合わせにより新たな価値を創造することになる。信頼性、互酬性の規範といった特徴があり、共通目的に向かう協調行動を導くものである。さらにネットワークを媒介にして、社会資本に転化することも可能である（図表5-4）。

　家庭資本は三次元の社会資本である（図表5-5）。第1は、家庭資本の地位構造次元（structural dimension）である。主に家庭の社会地位、たとえば親の所得、教育レベル、役職等であり、このような要素は行動者の情報獲得、就業資本[109]の所有の差異として現れ、さらに家庭の社会的ネットワークにも左右する可能性が高い。ピラミッド構造で見れば、頂上にいる人はより多くの社会資本を持ち、親の地位や教育レベルのほか、親族の地位等も影響を受ける。

　第2は、家庭資本の認知次元（cognitive dimension）である。家庭内共通の言葉や知識、たとえば習慣、風習、規則、価値観、雰囲気等は、血縁関係の中で深化し、さらに血縁関係がない他人にも浸透し、最終的には費孝通のいう「差序格局」[110]（序列と格差のモデル）が形成される。人と人との付き合いは、血縁関係者や、血縁関係がない同僚や親友にも制約される。このような関係性のなかで、人々は習慣、規則や価値観を媒介として資源を交換し、リターン義務を果たすことになる。もっとも、リターン義務を果たさない場合は、

第5章　家庭環境と大卒者の就職

図表5-5　三次元の家庭資本

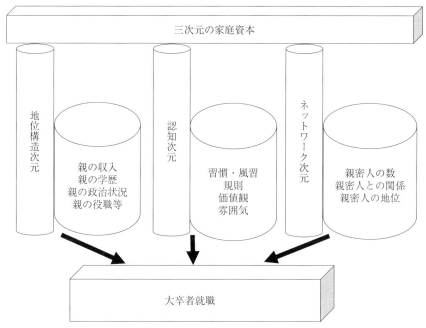

資料：筆者作成。

ネットワークの社会資源が失われる可能性が高い。

　第3は、家庭資本のネットワーク次元（relational dimension）である。ネットワーク内の親密な人の数、親密な人との関係、親密な人の社会的地位等である。人々の協調行動の活発化により社会の効率性が高まるとの認識のもとに、社会の信頼関係、規範、ネットワークといった社会組織が重視される。

　大卒者は求職に際し、家庭の社会的ネットワークを媒介として多くの就業情報を得ることにより、直接・間接的にネットワーク関係者と良い関係を構築し、就業時間と就業コストを抑制しながら、順調に職に就くことができる。家庭資本は、ネットワークを通じて、多くの就業情報を取得することが可能となり、これは就職の質的向上の前提条件である。社会的ネットワークは、情報の取得面で重要な役割を果たしており、家庭資本は社会的ネットワークと就職の

架け橋となっている。ネットワークを持つ人と持たない人の情報量はかなりの差異があり、さらに情報のスピードや正確さも異なる。高い社会階層にある家庭は、高レベルの社会的ネットワークを持つ上層部の人間と接する機会が多く、より価値ある情報を得ることができる。正確性が高く、重複性が低い情報を得ることにより、求職者は高い地位、高待遇の職に就く可能性が高まることになる。

4-3 家庭資本と大卒者就職

　高等教育が大衆化するなか、大卒者が入手できる職は希少資源である。求職者は単に情報を得るだけでは不十分であり、社会的ネットワークの人間関係が重視される。強力な人間関係を持つ家庭は優位性を持ち、子供に良い就業環境を提供できる。このような強力な人間関係により、大卒者の就職確率と就職の質が高まることになる。

　家庭資本は大卒者の就業選択にも影響を及ぼしている。第1に、大卒者の就職観、価値観は職業選択の重要な要素であり、家庭内メンバーの就業観、価値観は相互に影響を及ぼし、家庭資本の多寡は大卒者の就職観、価値観を左右する。親の個性、たとえば親の性格、責任感、感情の安定性、挑戦意欲等も間接的に子供に影響を与えている。大卒者は自ら就職観を持ちながら、親や親族の行動、経験、教訓の影響を受けており、就職活動に親が参加し、意見等を提供することにより、就職確率を高めることがある。

　第2に、家庭資本の影響から、就職に関する決断が大卒者本人ではなく、家庭の社会地位に応じて家庭全員が決断することもある。社会地位が高い家庭の大卒者はより多くの選択肢を持つ。1つには、高額の費用を準備することができるために、就職を遅らせ、大学院進学や海外留学を考える。2つには、社会資本を多く所有するために、求職に対する自信から、安定的な職よりも、将来性があり、賃金・福利厚生水準の高い企業への就職を考えることになる。

　第3に、家庭資本は就業コストにも影響を及ぼしている。家庭は経済的に大卒者の就職活動を支援、あるいは制限する。大卒者は無収入であるため、就職活動を経済的に支援できるのは家庭である。一般に家庭の経済状況が良けれ

ば、子供は学習、社会活動、求職のための経済的支援が得られる。家庭の経済
状況が良くない大卒者と比べると、アルバイト等の必要は低い。

現在、高等教育の大衆化に伴い、大学の学費・雑費等が高騰しており、普通
の家庭が大学生の学費、生活費、雑費等の諸費用を負担することは困難となっ
ている。就職活動のための支出が困難となれば、当然ながら、就職活動にマイ
ナス影響が及ぶことになる。

中国には、農民・農民工・「下崗」（レイオフされた労働者）の「三大弱者集
団」が存在する。「三大弱者集団」に続くのが、「蟻族」（大学新卒の就職難
民）と呼ばれるワーキングプアである。現在、中国には「富二代」（金持ちの
二代目）や「官二代」（官僚の二代目）が多数存在する。「蟻族」は、彼らに対
して、「怒り・悲哀・羨望」の複雑な感情を抱いている。

「富二代」の正反対が「窮二代」であり、貧困層の二代目を意味する。陸
（2002）は、中国の社会階層は職業に基づいて、「行政管理者」、「企業経営
者」、「私営企業主」、「専門技術者」、「事務職員」、「個人企業主」、「商業従業
員」、「産業労働者」、「農業労働者」、「無業・失業」の10階層に分類した。この
10階層は、「上層」、「中上」、「中中」、「中下」、「下層」の5つの社会階級に分
類される。「窮二代」の親は一般的に「中下」と「下層」に属し、社会的な
「弱勢力階層」に属す。「窮二代」は自ら社会地位を変えることができず、彼ら
も社会地位が低い階層に属す。出身、教育を受けるにも、家庭資本や機会が限
られているために、「上層」に上昇移動することは非常に困難である。

5．家庭環境と大卒者の就職に関する実証研究

5-1　社会階層と大卒者の就職

　大卒者の職業上の地位や所得は学歴により異なり、どのような大学に入学す
るかは出身階層により異なる。また学生の学力も、出身階層や学校により異な
る。子供が過ごした家族構成や経済状況は、学力や大学進学に影響を及ぼして
いる（図表5-6）。

図表5-6　社会階層と大卒者の就職

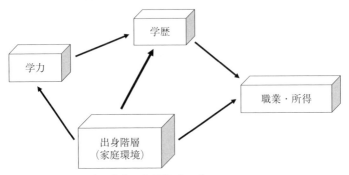

資料：平沢和司・古田和久・藤原翔（2013）。

　人々がどの階層に属するかは、家柄や血統ではなく、どのような学校に入り、どのような教育を受けたか、すなわち学歴により決まる。しかも中国の場合、それは「一試定終生」（一度の試験で人生が決まる）となる。換言すると、学歴の取得により、出自とは異なる階層に「生まれ変わる」こともできるのである。

　学歴取得のための受験競争では、親（家庭）の影響が大きく、親の学歴・職業により、子供への教育期待に差異が生じる。教育熱心な家庭では、子どもの学習への関心が高く、親が子どもの学習を促すと同時に、子どもが学習しやすい環境が与えられている。

　今日の中国の親は、小学校から子供に様々な塾に通わせており、常に緊張感を持たせつつ、小学校から学歴社会に参加させている。ここで最大の問題となるのは膨大な教育費である。豊かな家庭はこれを負担できるが、貧しい家庭は子供に学習させたくても、塾の費用さえ負担できず、小学校から子供の学力が開きつつある。

　家庭環境に基づく学力差は、その後の高校入学、大学入学、さらに就職にも影響を与えている。家庭資本が大卒者にどのように役に立っているのか、ここではアンケート調査の結果を用いて検証をする。

　Blau and Duncan（1967）は、父親の職業と学歴が本人の学歴と初職に影響

を与えることを指摘したが、ここでは父親の学歴のほか、母親の学歴、さらには両親の所属企業、政治状況、家庭収入など、総合的に家庭資本の影響を実証してみたい。

5-2 実証研究

本研究の一環として、家庭環境が就職にどれほど役に立つのかの第2回アンケート調査を行った。アンケート調査は、「985」や「211」のような重点大学ではなく、上海南匯大学城の4つの大学（上海電力学院、上海托普信息技術学院、上海思博職業技術学院、上海工商外国語職業学院）を対象としている。なお、有効回答は400である。

まず、次の仮説を設定する。

1．親の高学歴、役職、政治状況は就職に役に立つ。
2．家庭収入は就職に役に立つ。

以上の仮説を実証するために、以下のモデルを用いる。

$$Y = a + \beta_1 X_1 + \beta_2 X_2 + \cdots\cdots + \beta_i X_i + \varepsilon$$

Yは被説明変数（就職に役に立つ）、X_1、X_2……は説明変数（親の学歴、親の職業、親の役職、親の政治状況、家庭収入）、a と β は係数、ε は誤差項である。

各変数の構成を見てみると、父親と母親の学歴最も比率が高いのが「高卒」である。「高卒」（第3章参照）は、「職高」・「中専」・「技工」を含む。大卒者の親世代は文化大革命を経験し、大学に行く機会を失った世代である。大学入試の復活後、大学入学能力がありながら、家庭の経済状況等により、まず職に就いて所得を得ることを選択した人達である。

図表 5 - 7　変数のスコア

変数	変数測定
就職に役に立つ	非常に役に立つ＝ 5 、役に立つ＝ 4 、やや役に立つ＝ 3 、あまり役に立たない＝ 2 、役に立たない＝ 1
父親学歴	博士・修士／大卒／高卒（中専・技校・職高を含む）／中学校／〜小学校及び以下について大卒・大学院卒 1 とするダミー変数
母親学歴	博士・修士／大卒／高卒（中専・技校・職高を含む）／中学校／〜小学校及び以下について大卒・大学院卒 1 とするダミー変数
父親企業	国有／外資／私営／自営／退職について国有 1 とするダミー変数
母親企業	国有／外資／私営／自営／退職について国有 1 とするダミー変数
父親職位	董事長・総経理／部長／課長／主任／一般職員について課長以上 1 とするダミー変数
母親職位	董事長・総経理／部長／課長／主任／一般職員について課長以上 1 とするダミー変数
父親党員	共産党員＝ 1 、非共産党員＝ 0
母親党員	共産党員＝ 1 、非共産党員＝ 0
家庭月収	12,000元以上＝ 5 、10,000 - 12,000元＝ 4 、8,000 - 10,000元＝ 3 、6,000 - 8,000元＝ 2 、6,000元以下＝ 1

　図表 5 - 8 をみると、父親の方は国有企業の比率が多く、母親の方は私営企業の比率が高い。統一配分の時代から、ほとんどの大卒者は国営企業配分される。「大卒」の父親が38.5％に達しているため、国有企業の比率も高いと考えられる。

　統一配分政策が変わっても、この世代の人々の伝統的な職業選択意識は変わらない。安定的な職業に就くことが最も重視される。またこの世代の人々は、外国語が得意ではないために、外資企業に対する志向はさほど高くない。

　図表 5 - 9 は推定の結果である。

　家庭収入を除いた推定（ 1 ）と家庭収入を入れた推定（ 2 ）をみると、推定（ 1 ）から、「父親学歴」、「母親学歴」、「母親企業（外資）」、「母親企業（国

第5章　家庭環境と大卒者の就職

図表 5-8　各変数の構成比

学歴の構成比　　　　　　　　　　　　　　　　　　　　　　　　（%）

	小卒	中卒	高卒	大卒	大学院
父親	0.0	1.0	55.0	38.5	5.5
母親	0.8	18.0	64.0	17.3	0.0

職業の構成比　　　　　　　　　　　　　　　　　　　　　　　　（%）

	退職	自営	私営	外資	国営
父親	2.0	7.0	34.3	9.8	47.0
母親	21.3	6.8	42.0	7.0	23.0

役職の構成比　　　　　　　　　　　　　　　　　　　　　　　　（%）

	一般職員	主任	課長	部長	董事長・総経理
父親	55.5	7.0	23.0	8.5	6.0
母親	80.5	9.3	10.3	0.0	0.0

党員か非党員　　　　　　　　（%）

	党員	非党員
父親	30.0	70.0
母親	22.0	78.0

家庭月収	%
6,000以下	39.5
6,000- 8,000	15.8
8,000-10,000	6.5
10,000-12,000	25.8
12,000以上	12.5

就職に役立つ	%
役に立たない	39.5
あまり役に立たない	15.8
やや役に立つ	6.5
役に立つ	25.8
非常に役に立つ	12.5

図表 5 - 9　推定の結果

家庭環境が就職に役立つ
順序ロジット推定

（説明変数）	（1）	（2）
父親学歴（大卒）	2.262***	0.208
	(4.15)	(0.35)
母親学歴（大卒）	2.212***	1.686***
	(4.44)	(2.97)
父親企業（外資）	0.572	0.408
	(1.04)	(0.72)
父親企業（国営）	0.119	0.516
	(0.35)	(1.38)
母親企業（外資）	2.419***	0.857
	(3.06)	(1.05)
母親企業（国営）	2.108***	0.0583
	(5.23)	(0.12)
父親職位（管理職）	1.514***	1.466***
	(2.89)	(2.82)
母親職位（管理職）	2.146***	−0.0354
	(3.19)	(−0.05)
父親党員	2.029***	2.476***
	(3.10)	(3.96)
母親党員	1.981***	1.519***
	(3.70)	(2.67)
家庭月収		2.773***
		(8.55)
観測数	400	400
対数尤度	−269.0661	−223.7417
疑似 R2	0.5345	0.6129

カッコ内は t 値、*10％；**5％；***1％の有意水準
注：家庭収入を除いた推定（1）と家庭収入を入れた推定
　　（2）

有）」、「父親職位（管理職）」、「母親職位（管理職）」、「父親党員」、「母親党員」は大卒者の就職に有意に作用する。父親・母親の学歴及び企業の特性（国有・外資）、家庭収入と非常に密接に関連することを考慮して、家庭収入をコントロールしたと、推定（2）から家庭収入をコントロールしても、「母親学歴」、「父親職位」は大卒者の就職に最も効果が大きいことがわかる。今回の調査対象地域の上海では、母親がしっかり働くことは一般的であり、家庭内における母親の地位は上昇しつつある。管理職の地位にある父親は、その社会的ネットワークが広いために、大卒者の就職に役に立つことになる。社会ネットワークの利用は集約的な情報収集に役立ち、初職の満足度を高める。父親の社会的ネットワークから得られる情報は、より信頼性が高いということになる。

さらに、家庭収入をコントロールしても、「父親党員」、「母親党員」は依然として効果が大きいことが確認できる。「親の持つ政治力」があれば、共産党員であれば、非共産党員よりも、昇進、社会経済的機会へのアクセスが容易となる。したがって親が共産党員であれば、大卒者の就職活動で有利に働くことになる。

以上の推定から、大学の学費が年々上昇するなか、高所得の家庭は、学費・生活費はもちろん、それ以外の教育費、たとえば塾費用、資格を取るための費用、参考文献等の教材費の負担も可能である。しかし低所得家庭では、高額な学費を支払うために借金が不可欠となっている。また就職活動では交通費等の費用も発生し、応募企業数が多ければ、より多大な費用が必要となる。このように、家庭月収は大卒者の就職結果に大きく左右することが見られる。

おわりに

今回の調査対象の4大学は、いずれも「985」や「211」のような国家重点大学ではない。重点大学ではないため就職では優位な立場にあるわけではない。ここでは所得の高い家庭の大卒者が優位性を発揮していることが証明された。

中国では教育に益々多大な資金が必要となっており、所得格差が教育格差に直結して、とくに貧困階層を中心に格差の世代間継承がみられる。定員拡大

後、超有名大学と普通大学、二流・三流大学との格差はさらに広がっている。

　有名大学に合格するためには、幼稚園や小学校の頃から、しっかりと勉強させる必要がある。しかし貧困家庭では、親が子供の教育に熱心であっても、経済的要因がそれを抑制することがある。

　富裕層は子供を塾に通わせたり、家庭教師をつけたりして、学校外での教育に熱心に取り組んでいる。これに対して、貧困家庭では、このような対応は不可能である。こうして家庭の所得格差が子供の学力格差に繋がる。最終的に大卒者の就職格差に反映されることになる。富裕層の子供は富裕層に、貧困層の子供は貧困層にと、階層が「世襲」される傾向が強まっている。

参考文献

［日本語］

園田茂人（2001）『現代中国の階層変動』中央大学出版部。

園田茂人（2002）『中国人の心理と行動』日本放送協会　P186。

郭玉念・朱新建（2009）「日本華人企業文化の主な特徴について」『愛知学院大学教養部紀要』第56巻第4号。

吉川徹（2006）『学歴と格差・不平等』東京大学出版会。

吉川徹（2009）『学歴分断社会』筑摩書房。

橘木俊詔（1998）『日本の経済格差』岩波書店。

橘木俊詔（2006）『格差社会何が問題なのか』岩波書店。

橘木俊詔・松浦司（2009）『学歴格差の経済学』勁草書房。

橘木俊詔・八木匡（2009）『教育と格差』日本評論社。

荒牧草平（2008）「大衆教育社会の不平等—多項トランジッション・モデルによる検討—」群馬大学教育学部紀要　人文・社会科学編　P237。

三浦有史（2008）「中国は「人口大国」から「人材強国」へ変われるか〜教育政策からみた成長の持続性と社会の安定性」環太平洋ビジネス情報　RIM 2008 Vol.8 No.28。

鹿又伸夫（2013）「出身階層と学歴格差：階層論的説明の比較」慶應義塾大学大学院

社会学研究科紀要　第76号

藤田英典（1979）「社会的地位形成過程における教育の役割」富永健一編『日本の階層構造』東京大学出版会。

藤田英典（1980）「進路選択のメカニズム」山村健・天野郁夫編『青年期の進路選択』有斐閣。

莫邦富（1992）『独生子女ひとりっこ　爆発する中国人口レポート』河出書房新社。

平沢和司・古田和久・藤原翔（2013）「社会階層と教育研究の動向と課題─高学歴化社会における格差の構造─」日本教育社会学会　教育社会学研究第93集。

片岡栄美（1992）「社会階層と文化的再生産」『理論と方法』数理社会学会、Vol.7、No.1。

片瀬一男（2005）『夢の行方─高校生の教育・職業アスピレーションの変容』東北大学出版会。

牧野篤（1995）『民は衣食足りて　アジアの成長センター中国の人づくりと教育』総合行政出版。

鈴木未来（1999）「改革開放以降の中国における家族問題」『立命館産業社会論集』第35巻第2号。

［英語］

Blau, P. M. and O. D. Duncan, (1967) The American Occupational Structure. New York : Free Press.

Sewell, W. H., A. O. Haller and G. W. Ohlendorf, (1970)"The Educational and Early Occupational Attainment Process : Replication and Revision," American Sociological Review 35（6）: 1014–27.

Sewell, W. H., A. O. Haller, and A. Portes, (1969) The Educational and Early Occupational Attainment Process. American Sociological Review, 34（1）.

James D. Montgomery, (1991)'Social Networks and Labor-Market Outcomes : Toward an Economic Analysis'.

［中国語］

陳海平（2005）「人力資本、社会資本与高校卒業生就業」『青年研究』第11期。

辺燕杰（2004）「城市居民社会資本的來源及作用：網絡観点与調査発現」『中国社会科学』第 3 期。

費孝通（1997）『郷土中国、生育制度』北京大学出版社。

風笑天（1992）『独生子女―他門的家庭，教育和未来』社会科学文献出版社。

金一鳴（1998）『教育社会学』江蘇教育出版社。

李徳勤（2003）「高校卒業生择业行為与意愿」中国教育経済学年会論文。

李黎明・張順国（2008）「影响高校大学生職業選択的因素分析―基于社会資本和人力資本的双重考察」『社会』第 2 期。

陸学芸（2002）『当代中国社会十大階層分析』『学習与実践』第 3 期。

鄭洁（2004）「家庭社会経済地位与大学生就業―社会資本的視角」『北京師範大学学報』（社会科学版）第 3 期。

第6章　新卒採用の日中比較

はじめに

　新卒採用は多くの国で実施されているが、日本の新卒採用には独特のシステムがある。それは、大学在学中の早い段階から選考を行い、職種とは関係なく一括採用がなされ、初任給はほぼ横並びということに特徴づけられよう。この新卒採用のシステムは、終身雇用、年功序列、企業内組合に代表される日本の雇用慣行の一環をなしてきた。

　「新卒一括採用」は、企業が卒業予定の学生（新卒者）を対象に年度毎に一括求人し、在学中に採用試験を実施して内定を出し、卒業後すぐに勤務させるという日本独特の雇用慣行である。これは明治期の下級ホワイトカラーの採用から始まり、第二次大戦前には定着し、戦後復興期の人手不足の最中に大手企業が高卒者を大量採用したことで確立した雇用慣行である。21世紀の日本でも一般的な雇用慣行で、企業では「定期採用」とも呼ばれている。

　「新卒一括採用」は若年者の円滑な雇用に一定の役割を果たしてきた。在学中から就職に関する様々な情報が得られ、卒業前には就職先が決まり、「無職」のリスクが回避できることは、学生にとって大きな利点である。また高卒者や大学理工系の分野では、面接等では分かりにくい学生の能力や適性に関する情報を学校が適切に企業側に伝える役割を果たしている。こうした「新卒一括採用」における学校の情報伝達機能は、学生の就職を円滑化させる面もある。

なぜ日本では新卒の価値が重視され、経験に関わらず、「新卒一括採用」を逃すと就職先の選択肢が狭められてしまうのだろうか。企業の採用活動では、大学で何を習得したかを重視しているのだろうか。さらに中国が大卒者就職難に直面している時に、この「新卒一括採用」はいかなる示唆を与えてくれるのだろうか。本章では、「新卒一括採用」の歴史から、そのメリットとデメリットを分析することとする。

１．先行研究

　日本の新卒採用の特殊性は、かねてから議論されてきた。初期の議論の論点は学歴格差論である。池田（1966）は、大学進学率がまだ低く、家庭の経済力など、学力以外の要件による進路選択がなされているにもかかわらず、長期雇用であるために、入社時の学歴がその後の昇進機会と密接に結び付いていることに着目している。その後は、銘柄大学と銘柄企業の結び付きや、教授推薦制といった閉鎖的な雇用システムが着目されるようになった（岩田 1981、小林 1985）。大学で学んだ成果ではなく、大学入学時の偏差値が就職先を決定づけるという構図である。こうした閉鎖的な雇用システムは、1980年代に後退していくが、代わって登場したのがリクルーター制度など、明示的な能力評価ではない採用選考に対する批判的な視点である（苅谷・本田編 2010）。このように時代とともに論点は変化するが、長期雇用を前提とした日本企業は引き続き新卒市場を重視しており、新卒時にどの会社に入社できたかが個人のキャリアを大きく左右している構図に大きな変化はない。

　しかし1990年代に入ると、その構図は大きく変化する。バブル崩壊に伴う産業・組織構造の再構築により、企業の新卒採用は様変わりし、また求める人物像も採用方法も変化した（岩脇 2007）。また就職協定の廃止等に伴い、就職活動は早期化、長期化した（豊田 2010）。さらに非正規社員が急増し、大学を卒業しても、正規社員の職を得られない人材が急増した（大久保編 2002）。

　「新卒一括採用」に関しては、「１回の選考で人生が決まってしまう」、「その年の求人環境により、差が大きく不公平」、「早期化、長期化している」、「学業

を阻害する」、「学生に負担がかかる」、「没個性的である」などの批判が常になされている。

　しかし飯田（2014）は、「新卒一括採用」は効率的であると強調する。ほとんどの学生は何の能力も無いまま社会に放り出される。大学を出たばかりの若者と、ある程度の経験あるビジネスマンが同じ職を求めて就職活動をすると、ほとんどの場合には、経験者が採用されることになろう。その結果、学生が就ける仕事は、インターンや契約社員、もしくはアルバイトのような仕事にとどまることになる。企業側としても、採用活動の時期を限定でき、就職後に一括して社員教育が施せるなど、一括採用のメリットは大きく、このメリットが大きいからこそ、現在もこの制度が選択されているのである。飯田（2014）は現行の制度にも見直すべきところは多々あるとしながらも、その改善策は抜本的な制度改革ではなく、地味な改善の積み重ねにより達成されるとして、「新卒一括採用」を支持している。

2．日本における新卒採用の歴史

2-1　戦前

　日清戦争以後、対外戦争の激化に伴い、海外事業を拡大する企業が増え始めたために、旧財閥系企業を中心に大卒者の大量採用が広がった。20世紀に入ると、大卒者の定期採用が一般化した。第一次世界大戦までは、卒業試験の後に入社試験が実施されていたが、その後の不況で就職難（買い手市場）に転じると、選抜試験が慣行化され、優秀な学生確保に向けて選抜試験の開始日が年々早期化した。

　1920年代後半には、卒業年度の11-12月には選抜試験が行われるようになった。1928年には、大手銀行の呼びかけにより、銀行や会社の役員、東京帝大、東京商大、慶応、早稲田などの学校関係者、文部省の学務局長の企業・大学・官庁の3者が集まり、採用選考の時期を学校卒業後とすることで合意した。これと並行して、官庁も卒業後の採用を決定した。こうして大卒者の採用選考は

181

「卒業後」とする「協定」が結ばれ、1929年3月卒業者から適用された。これが就職協定の起源である[111]。

　この「協定」合意は18社、申し合わせは34社と少数ではあったが、「協定」に参加していない企業にも一定の影響力を持った。しかし翌年以降、協定非加盟企業はおろか、加盟企業の抜け駆けも顕在化し、1932年卒業者には「選考開始は卒業年度の1月15日以降とする」と規定が緩められた。その後、「協定」はついに破棄され、採用選考時期の決定は各社に委ねられることとなった。

　戦時期には、理系と文系により採用手順が異なった。理系の就職に関しては、1938年の「学校卒業者使用制限令」により、大学の工学部・理工学部、工業専門学校、工業実業学校の学生の就職が国家統制下に置かれた。大卒者採用を希望する会社は、卒業前年の7月末までに大学、工業専門学校、工業実業学校別、かつ学科別に、希望人数を所轄地方長官に申請することとなり、卒業前に就職先が決定された。この「法令」は会社側に大きな負担となったが、学生側への負担は少なかった。もともと求人は大学の教授に寄せられて選考を行うことが慣習とされていたからであり、「法令」により就職のあり方が大きく変わることはなかった。文系の大学生は、この法令の対象外であった。就職方法も以前と同様に卒業前に採用試験が実施された。しかし、就職後、すぐに徴兵されるケースが多かった。

2-2　戦後

　戦後初の大卒者は1945年9月であったが、卒業時点で就職した者は少なかった。戦時中の1943年からの繰り上げ卒業者も存在しており、詳細は不明であるが、1945年の卒業生の就職はきわめて難しかったものとみられる。東京帝大に関しては、戦後も卒業前の定期採用が行われており、「新卒一括採用」の慣行は定着していたといえよう。東京帝大で就職を希望する学生が卒業前に内定を取れたことから、他の大学でも卒業前に内定が取れたものと推測される。

　戦後、日本の高等教育制度の改革が行われ、高等教育機関は「大学」に一本化され、目に見えた形でその格差が消滅した。これが「一括採用」システムを普及させた要因のひとつである。

朝鮮特需による好景気の到来に伴い、新卒採用競争も激化し、文部省は就職斡旋開始日を定める、いわゆる「就職協定」を発表した。1960年代には本格的な高度成長期を迎え、「協定」の存在にも関わらず、新卒採用の早期化が進んだ。

　1952年時点で、企業の採用選考は卒業年度の10月頃に行われていた。選考の早期化が「学業の妨げとなる」として、この状況に異を唱えた文部省と労働省は、都道府県知事、国公私立大学長、民間団体代表に「採用選考は1月以降に実施する」ことを求める通達を発した。しかし、優秀な学生確保に向けての動きは衰えず、この通達は看過される形となった。

　1953年に文部省と労働省は大学団体及び日経連を招いて、「就職問題懇談会」を開き、「学校推薦開始を卒業年度の10月1日以降とする」ことが取り決められた。これが世間一般で「就職協定」と呼ばれるものの始まりである。

　1960年前後には高度経済成長が加速化し、「売り手市場」が顕在化すると、企業間の採用熱は一層高まり、1960年代初めには「協定」破りが横行した。俗に言う「青田買い」である。10月選考開始のはずが、大手企業の多くが7月末には採用活動を終えるような状況であった。

　その後、早期化はさらに進行し、1960年代中盤から後半には、現在と同様に大学3年生の2-3月には内定が出るようになった。こうした状況下で1973年には「卒業年度の5月1日に会社訪問解禁、7月1日採用選考解禁」とする新たな協定が結ばれた。

　この頃の新卒採用は、明治期のような幹部候補生の大卒採用ではなく、大正期以降の「ポテンシャルの高い若年労働力」の確保を主目的としたものであり、システムとしてほぼ完成した。入社後の教育を前提として行われる一括採用と、育成した人材が早期退職しないように、長期間働くほど給与が上がり、多額の退職金が受け取れる年功序列型賃金の両者をセットにしたシステムである。

　現在の就職活動の主流である自由応募が一般化したのは1968年以後である。大学紛争により、学校推薦の機能が麻痺し、学生が自力で企業訪問を始めたのが契機であった。ちょうどこの時期には、就職情報産業が誕生し、学生と企業

図表 6-1 「就職協定」廃止までの推移

1953年	学校の推薦開始を10月1日とする就職協定に合意
1962年	一向に守られないルールに対して日経連が協定廃止を決定
1964年	早期化が進み、6割の企業が6-7月に選考試験を実施
1972年	文部大臣・労働大臣・経済4団体による中央雇用対策協議会が「5月1日求人活動・7月1日選考開始」の就職協定を復活
1976年	前年のオイルショックの影響で内定辞退が続出した為、「会社訪問10月1日、選考活動11月1日」に後ろ倒し
1981年	労働省が就職協定から撤退
1986年	主要企業52社による就職協定遵守懇談会が発足。 「8月20日会社訪問及び選考解禁、11月1日内定解禁」として協定が合意。 この年は男女雇用機会均等法施行の年
1989年	会社訪問及び選考解禁はそのままに、「内定解禁を10月1日」に前倒すよう就職協定を改定
1991年	夏休みを有効に利用する目的で、「会社訪問及び選考解禁を8月1日」に前倒す事に合意
1992年	就職協定遵守懇談会が「紳士協定」に
1996年	経団連が就職協定を廃止

資料：マイナビ採用サポネット http://saponet.mynavi.jp/。

の間で重要な役割を果たすようになった。

　しかし、1973-74年のオイルショックの影響により、1970年代中盤から後半にかけて基幹産業の多くが学卒採用を停止・抑制し、内定取り消しが続発するという事態が起こった。内定取り消しの一因として、内定から入社までの期間が長すぎることが指摘され、1976年には先の「協定」のスケジュールを後ろ倒しにする「10月1日会社訪問解禁、11月1日採用選考解禁」の新しい「協定」に変更された。1978年には協定違反に対する「注意」、「勧告」、「社名公表」などの制裁措置が設けられたが、それでも「協定」破りを抑止することはできなかった。

　その後も「協定」は改定され、1986年には「8月20日会社訪問解禁、11月1日内定解禁」、1989年には「8月20日会社訪問解禁、10月1日内定解禁」、1991年には「8月1日会社訪問解禁、10月1日内定解禁」と早期化を是認するような改定が繰り返された。最終的に「8月1日前後に選考開始、10月1日内定解

第6章　新卒採用の日中比較

禁」と改定されたものの、日経連はこれ以上の継続は困難であると判断し、1996年12月に「就職協定廃止」に言及し、協議の末に1997年に「協定」は廃止された（図表6‐1）。

2‐3　「就職協定」以降

　空前の「売り手市場」となったバブル経済期、その崩壊の反動による「就職氷河期」など、1990年代以降もさまざまな動きがあったが、もっとも重大な出来事は1997年の「就職協定」廃止であろう。これ以後、就職活動の早期化・長期化が本格的に始まったが、その背景には、企業側の「厳選採用」の動きと学生数の増加がある。企業・学生ともに、他よりも早くから活動しなければ勝ち抜けないという思いが強かったことが、「協定」を廃止させたといえよう。

　「就職協定」が廃止された1997年には、日経連を中心とする企業側が「新規学卒者採用・選考に関する企業の倫理憲章」、大学及び高等専門学校側が「大学及び高等専門学校卒業予定者に係る就職事務について（申合せ）」を定めた。企業側の「倫理憲章」では就職情報の公開・採用内定開始は10月1日とすること、学事日程の尊重等が定められている。一方、大学及び高等専門学校側の「申合せ」では、大学等での企業説明会や学校推薦は7月1日以降を原則とし、正式内定日は10月1日以降である旨学生に徹底することが定められた。そして双方それぞれで「倫理憲章」と「申合せ」を尊重することが合意された。これが「倫理憲章」の始まりである[112]。

　しかし、その後、選考開始時期の具体的な取り決めは「尊重」されることなく、平成不況による企業側の「厳選採用」の動きも相俟って、就職活動の早期化・長期化がさらに進行した。この状況に対して、大学側は早期化自粛を要請し、2002年卒の学生に対して「採用選考活動の早期開始は自粛し、特に卒業学年に達しない学生に対して実質的な選考活動を行うことは厳に慎むこと」という一文が付け加えられた。しかし実質的な拘束力はほとんどなく、遵守するか否かは企業の自己責任に委ねられた。

　この状況に若干の変化を生じさせたのが、2003年10月21日付で経団連が発表した「倫理憲章」である。それは「倫理憲章」の賛同書に経営者の署名を求め

185

るものであった。当初は各社とも他社の動向を見ながら署名するか否か様子を窺っていたが、結果的に当時の経団連加盟企業1,280社の約半数の644社が署名を行い、拘束力が高められた「倫理憲章」は2005年3月卒業生より適用されることとなった。

　この前年までは、金融等の大手企業でも3月中に内々定が行われていたが、その後は4月1日以降の選考・内々定となり、早期化に一定の歯止めが掛けられた。ただし現実には、4月1日以前に水面下においてリクルーターを通したアプローチがなされており、採用したい学生に対しては4月に入るや否や内々定を出すための準備が進められていた。いずれにせよ、この年の「倫理憲章」が現在の「選考開始スケジュール」の原型であり、2015年卒採用まで続くこととなる。

　この段階までの「倫理憲章」には、「卒業・修了学年に達しない学生に対して、面接など実質的な選考活動を行うことは厳に慎む」と選考開始時期を規定する表現は存在したものの、広報活動の開始時期は明記されていなかった。採用広報は年々前倒しで開始され、2000年代後半には、各社のエントリーは「大学3年生の10月より開始」が一般化した。

　大学3年生秋の就職活動開始に対する批判は強まり、2011年3月15日に経団連が発表した「倫理憲章」では、広報活動の開始時期が明示された。これによると「インターネット等を通じた不特定多数向けの情報発信以外の広報活動に関しては、卒業・修了学年前年の12月1日以降に開始する。それより前は、大学が行う学内セミナー等への参加も自粛する」とされ、2013年卒業生より適用されることとなった[113]。

　また同時に発表された「採用選考に関する企業の倫理憲章の理解を深めるための参考資料」では、「広報活動の実施に際して土日・祝日や平日の夕方開催など、学事日程に充分配慮することが求められる」、「12月1日より前には学生の個人情報の取得や、それを活用した活動は一切行えない」等が記載されている。土日祝や平日夕方のセミナー開催についての言及は、学業の妨げにならないことに加え、学科・専攻により異なる授業や課題の量や大学所在地などにより有利・不利が発生しないようにとの学生への配慮も含まれている。

図表6-2 新卒採用スケジュールの変遷

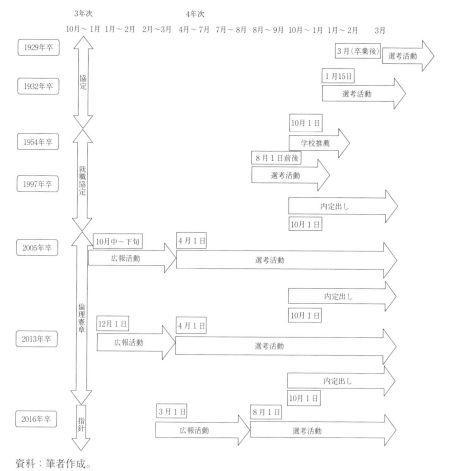

資料：筆者作成。

　これに基づき12月1日スタートとなった2013年卒業生の就職活動であるが、実質的な選考開始時期がそれまでと変わらない4月1日であったために、選考までに学生が企業と接触する機会は物理的に減少した。その結果、学生の業界・企業研究の不足がこれまで以上に顕在化し、採用基準に達しない学生の増加が課題として浮き彫りになった。これに加えて、そもそも2ヵ月程度スター

トを遅くしただけでは早期化是正の根本的解決には繋がらないという意見も多く、この「倫理憲章」はわずか3年で幕を降ろすこととなった。

　就職活動の早期化を是正し、「学業に費やせる時間の確保」や「海外留学がしやすい環境整備」などを行うために、2013年4月には安倍首相が「採用広報は大学3年生の3月から、そして採用選考は4年生の8月から開始に変更する」旨を経済団体に要請した。米倉弘昌経団連会長は7月8日の記者会見において、その受け入れを表明し、2016年卒業生から実施されることとなった[114]。

3.「新卒一括採用」

3-1　「新卒一括採用」の意義

　「新卒一括採用」の意義に関して、野村（2007）は次の6点を指摘している。

　第1に、定期採用で在学中の学生に内定を出すことは、企業が学校の専門教育を軽視していることを示している。

　第2に、大学の専門教育軽視の姿勢と表裏一体になっているのは、定期採用における採用グループが文系（事務系）、理系（技術系）ときわめて大雑把に括られていることである。理系は専攻領域がある程度考慮されるが、文系ではその違いは完全に無視されており、企業は特定の職種に適合した人間を採用しようとしているのではない。

　第3に、定期採用は高卒・大卒の学歴別人事管理の前提であり結果である。

　第4に、定期採用制度で企業は職種ごとに新卒者を雇用するわけではないので、職種別賃金は発生せず、それゆえに定期採用が可能となっている。

　第5に、大卒の定期採用は、本来男性のみの採用を前提としており、女性の採用は予定されていなかった。1985年の男女雇用機会均等法により、企業は大卒女性にも門戸を開かざるを得なくなったが、「一般職」を新たに設けて、「総合職」の大卒を限定しようとした。

第6章　新卒採用の日中比較

　第6に、定期採用ではほぼ同じ年齢の社員が入社する。同年に入社した社員は「同期」であり、定期採用を通して、昇進競争がくり広げられる同質集団が形成される。

　これら6つのことから定期採用は会社側の人材の管理において重要な意義を持っているのである。さらに定期採用が人材の管理において上記の意義を持つために、前提条件として野村は「定期採用により入社した従業員が長期的に同一会社にとどまる」ことが重要であると述べている。「採用された従業員が短期間で退社するならば、採用方法が定期採用であろうと中途採用であろうと、採用方法が会社の人事管理に大きな意味を持つことはない」というように、企業が長期雇用を続けていくためには定期採用をすることが重要である。

　このように、日本の企業は長期雇用の重要性を重視している。長期雇用を前提に、「働く仲間」を求める企業のニーズに、新卒一括採用という仕組みは合致しているのである。

3-2　「新卒一括採用」のメリットとデメリット

　人材サービス会社である株式会社アイ・キューは、新卒一括採用のメリットとして、次の点をあげている。

（1）均質な若年労働力の確保

　日本では、新卒者は3月に大学を卒業し、4月から働き始めるパターンが定着しており、「新卒一括採用」により、年齢・学歴・社会経験などの面ではほぼ均質な人材を、同時期にまとめて迎え入れることができる。採用、受け入れ手続き、教育などを一括して実施できるため、1人当たりのコストダウンも図れる。

（2）コア人材、リーダー候補の確保

　将来の幹部候補となる優秀な人材の中途採用は非常に難しい。ポテンシャルの高い新卒者を採用し、社内で育成する方が確実である。

189

（3）組織の活性化・強化

　若い新卒社員の入社により組織全体が活性化する。既存の社員は、新入社員教育で経験を言語化することにより、自らも成長できる。また「同期」のつながりを持つ新入社員の存在により、縦割り組織に横糸を通すことができ、彼らは部門間連携などで重要な役割を果たす。

（4）企業文化の継承

　特定の企業カラーに染まっていない新入社員は、企業文化の担い手としては最適である。バブル崩壊後に新卒採用を極端に抑制した企業では、ベテランと若手をつなぐ中堅層の薄さに悩まされており、新卒を毎年定期採用し、年代別の組織構成を維持することの意味を見直す企業が増えている。

（5）採用活動＝企業広報

　中途採用と比べると、新卒採用の母集団は大きく、メディアや会社説明会などを通じて、企業の生の姿を広く告知することが可能であり、将来の顧客、事業パートナー、中途採用者に向けてのPR活動となる。

　株式会社アイ・キューにおいて挙げられたメリットは一般的であり、これを踏まえて、「新卒一括採用のメリットとデメリットをまとめてみる。

　「新卒一括採用」のメリットは、第1に、円滑に新卒者を就職させることができることにある。新卒一括採用は卒業後にブランクがなく就職できるという利点があり、欧米や中国のように大学卒業後に就職活動をしてブランクが発生するということはない。少なくとも若年層の失業を防ぐという意味では、「新卒一括採用」が果たす意義は大きいといえよう。

　世界金融危機や欧州危機以後、世界で大きな問題となっているのが若者の雇用不安である。世界の若年層（15歳～24歳）の失業率は、世界平均で12.7％（2012年末）、アメリカ17％（2013年末）、EU加盟28ヵ国平均23.5％（2013年末）、日本8.1％（2012年末）である。中国でも大卒者が700万人を突破し、就職難が重大な社会問題となっている。少なくともこのような観点からは、「新卒一括採用」は維持すべき就業システムといえよう[115]。

第6章　新卒採用の日中比較

図表6-3　「新卒一括採用」のメリットとデメリット

メリット	デメリット
円滑に新卒者を就職させることができる 均質な若年労働力を確保できる 有能な学生(コア人材、リーダー候補)を早期獲得できる 採用・教育コストが削減できる 組織の活性化・強化 配置転換によって総合的視点を持った人材を育成できる 企業文化の継承 同期・部署間コミュニケーションを円滑化することができる 採用活動が企業広告にもなる	景気による採用の変動 学業へ悪影響を与える 機会不均等

資料：筆者作成。

　第2に、企業にとって、新卒一括採用は定期的に一定の人数を確保する手段である。即戦力ではないが、毎年30万人前後の新卒者が発生することから、潜在的に優秀な人材を確保できる可能性は高く、有能な学生（コア人材、リーダー候補）を早期獲得できる。しかも彼らは、他社の企業文化に染まっていないために、その後の教育は容易である。

　第3に、入社後は一括して新入社員教育ができるために、コストを大幅に抑制できる。新入社員教育のコストとしては、研修の会場費、宿泊費、飲食費、外部講師費、教材費、外部教育機関への研修委託費、セミナー費、eラーニング費、公的資格取得援助費、研修講師謝礼、事務費用などがあるが、一括教育により大幅にコストを削減することができる。

　第4に、日本の学校教育では職業訓練は行われていないために、新卒者の雇用では職業訓練が不可欠である。このほか、社員の昇進・昇格に必要な訓練や定期的な配置換えに対応した訓練も欠かせないが、継続雇用を前提とすれば、十分に回収可能なコストである。中途採用と異なり、ポストや給料の交渉が不要である。アメリカ、欧州、中国の中途採用では、ポストや給料の交渉から始まり、雇用も不定期であるために、人材を一人前にするまでのコストが個別に発生するために、企業の負担はきわめて大きい。

191

第5に、新入社員の配置転換を通して、総合的な視点を持つ人材が育成できる。また一括採用された新卒者の間では、「同期」意識が形成され、従業員間の連帯感を強めることができる。また初めての勤務先として、企業への忠誠心が生まれやすく、長期的な展望に基づいた雇用関係が構築しやすい。入社後、配置転換を繰り返すこととなる。

　「新卒一括採用」のデメリットは、第1に、景気による採用の変動が大きいという指摘がある。新卒のみに依存した採用では、新卒時に就職できないと、やり直しがきかないという問題もある。「就職氷河期」世代には、新卒時に就職できず、その後、フリーターや派遣労働者などの不安定な仕事に就かざるを得ない若者が多い。

　第2に、就職活動の早期化が顕著になり、大学での勉学が疎かになるという弊害が生じている。実際に、内定時期が早過ぎるために、最終学年の勉学を怠る学生も少なくない。学生が就職活動に力を入れ過ぎたために、卒業に必要な単位を取得できず、留年が決まって内定を取り消されるという本末転倒の事態さえ起こっている。

　第3に、新卒一括採用は「機会均等」の原則に反しているという指摘もある。日本では、既卒と新卒は同様に扱われない。新卒時に病気などのやむを得ない事情で就職活動ができなかった場合は、既卒として扱われ、より多くの機会を逸することになる。就職が決まらなかった学生の中には、次年度も「新卒」として就職活動するために留年する者もあり、一部の大学では卒業要件を満たしていても卒業延期を認める「希望留年制度」が設けられている。

　中国のような中途採用は「新卒一括採用」より景気の変動を受けやすい。景気拡大により、企業の採用意欲が旺盛になり、景気停滞になると、採用意欲が抑制される。近年、景気停滞に伴い、新卒を採用しても、入社するのは一年間延ばすケースが多くなっている。さらに、大卒者にとっては、通年採用は職に就くまで就職活動を継続することであり、就職活動の期間は無期限になることも指摘できる。

　こうした特定の時期に集中して学生を選考し、内定を出す「新卒一括採用」方式は、大卒者と企業にとって、効率的なやり方として定着してきた。このよ

第6章　新卒採用の日中比較

うに「新卒一括採用」は効率的であり、必要であると考えている。

3-3　新卒採用の就職経路

　新卒採用では、さまざまな就職の経路がある。新卒採用手法は、複数のアプローチを並行して進めることであろう。大学・大学院の「新卒採用」総合情報は次の経路をまとめている。

（1）大学の就職課

　大学の就職課（キャリアセンター・就職支援センター）に求人票を提出し、入社希望の学生の紹介を受ける。採用コストはほぼゼロで、大学・学部を絞り込んで採用活動ができる。学内セミナーの開催やインターンシップの告知などを通した広報活動も可能であり、知名度のない企業でも採用ができる。採用実績を数年に渡り積み上げることで信頼関係を構築できれば、継続的な採用につながる。また個別に各教授とのコネクションを構築するアプローチもある。

（2）縁故

　知人や親戚、OB・OG、有力者の紹介など、人脈を活用した採用である。企業設立当初は知人・元同僚などの縁故採用が中心であるが、企業の成長に伴い、縁故以外の採用が中心となる。事前に人柄、能力などを把握でき、紹介者への配慮から、入社後すぐに辞職することも少ない

（3）「新卒ハローワーク」（厚生労働省）・「ドリームマッチプロジェクト」（経済産業省）

　「新卒ハローワーク」とは、全国のハローワークに設置されており、登録している就職活動中の学生や既卒者に企業を紹介する機関である。求人企業はハローワークに求人票を提出することにより採用活動が可能となり、卒業3年以内の既卒者を採用した場合には助成金を受けることができる。一方、「ドリームマッチプロジェクト」とは、経済産業省が主催する中小企業と学生との採用・就職支援サービスである。求人票の登録により、ウェブ上で学生との面談

193

が可能であり、合同説明会、会社説明会のオンライン配信サービスもある。もっとも多くの企業は、優秀な学生を他のルートで採用するため、優秀な学生の発掘は難しい。

（4）就職フェア・合同説明会

　多数の企業が集まり、学生に会社説明会を行う採用イベントである。企業ごとにブースが設けられ、人事担当者が直接学生と面談する機会がある。各就職サイトの主催のほか、商工会議所、地方自治体、ハローワークなどが運営するものもある。企業は学生に対する直接 PR や説得が可能であり、知名度の低さのハンディをある程度払拭することができる。フェアに参加する大部分の学生は出展企業を十分に理解していないため、学生を引き込むような仕掛け、配布資料、掲示パネルなど、高度なプレゼンテーション・ノウハウが必要である。

（5）ソーシャルリクルーティング

　Facebook、Twitter などのソーシャルメディアを活用した採用活動を指す。企業情報や社員の声、企業理念、サービスの特徴、説明会情報など、さまざまな情報を発信できる。また Twitter の「リツィート」、Facebook の「いいね」のように、参加者が共感した情報を拡散する機能を利用することで、応募者の母集団形成も可能である。また学生からの質問にリアルタイムで返答することにより、相互理解を深めることもできる。ソーシャルネットワークを利用すれば、採用コストは相当抑制できる。ソーシャルリクルーティングに取り組んでいることで、革新的な企業イメージが与えられる。情報拡散機能を活用すれば、知名度がなくても注目を集めることも可能である。IT リテラシーが高く、ビジネス感度の高い学生を中心に、学生と求人企業の相互理解を醸成しやすい。しかし、成功するには、ソーシャルリクルーティングについてのノウハウが必要であり、同時に望ましくない情報も容易に拡散するために、慎重な判断も求められる。

第6章　新卒採用の日中比較

（6）就職サイト

　就職活動中の学生の大半が利用している。メジャーな媒体としては、「リクナビ」、「マイナビ」、「日経就職ナビ」、「en」、「学情ナビ」などである。掲載社数はピーク時で7000社程度、学生の利用者数も60万人前後が利用するため、広範な告知・PR が可能である。また中小企業、上位校の学生、特定地域、理系学生などに特化した就職サイトもある。

（7）新卒紹介

　通常の人材紹介と同様に卒業見込みの学生を企業に紹介することにより、採用を支援するサービスである。ほとんどの場合、成功報酬が伴うために、リスクが低い。「理系人材」「上位校人材」「グローバル人材」など、登録学生の特徴を打ち出している紹介会社もある。

4．中国の新卒採用

4-1　日中採用慣行の比較

　中国では労働契約制に基づく採用が一般的である。労働契約制とは有期雇用契約であり、日本では正社員と言えば無期限の雇用契約を指すが、中国では人材のスキルに応じて有期・無期雇用が行われる。転職が多いために、即戦力になり難い新卒採用よりも中途採用が主流である。

　日本企業の「新卒一括採用」に対して、中国では職業経験や職務に直接関係する知識・資格をベースにした採用が行われる。新卒者は職業経験のある既卒者と同じ市場で職を求めて競い合うことになる。日本と中国の雇用慣行や人材フローは，図表6-4のようにモデル化されている。

　日本の新卒採用が「ポテンシャル重視」の実務未経験者採用であるのに対して、中国の雇用慣行では実務経験豊富な「即戦力」や「管理職」の採用が中心である。したがって、原則として職種別採用となり、必要な経験、スキル、資格などを明示して採用活動を行うのが一般的である。この「即戦力」に適応す

195

図表 6-4　日本と中国の採用慣行・人材フローの比較

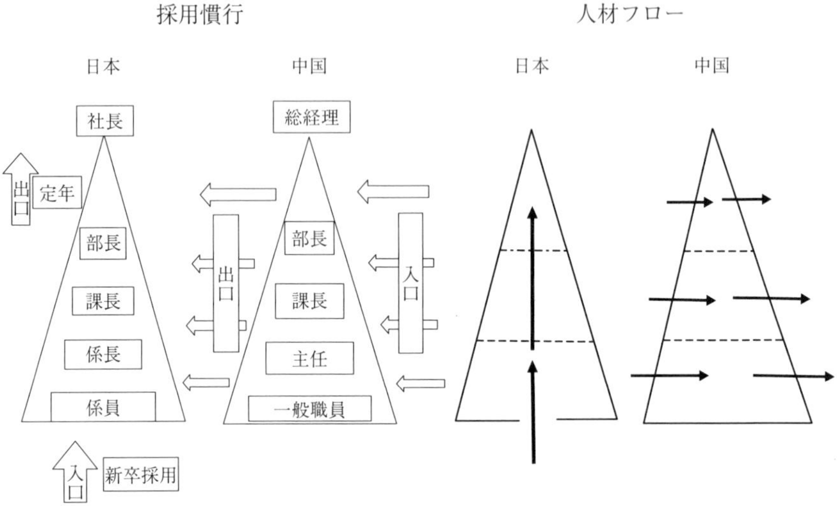

採用慣行　　　　　　　　　　　　　　人材フロー

日本　　　　　中国　　　　　　日本　　　　　中国

社長　　　　　総経理

出口　定年

部長　　　　　部長

課長　出口　入口　課長

係長　　　　　主任

係員　　　　　一般職員

入口　新卒採用

資料：石田（2002）、田中博秀（1980）より筆者作成。

るために、大卒者は在学中に資格等の取得に奮闘することになる。

　中国では、「欠員補充」や「増員」のために新卒採用をすることが多い。新卒採用は実際の採用予定数に基づき、経済変動を見込んで決定される。日本の「新卒一括採用」は景気に関わりなく行われるが、中国の雇用慣行は経済変動により左右される。

　日本の大手企業では、毎年定期的に一定数以上を採用するために新卒採用が中心である。一方、臨機応変のフットワークのよい経営戦略を求められる中小企業やベンチャー企業は中途採用が中心となっている。中国では、日本の中小企業やベンチャー企業と同様に、中途採用が主流である。大卒者が卒業までに職が決められない場合は、就職活動が継続されるため、大量の失業者が生まれることになる。今日の中国の大卒者の就職難を目にすると、まずこのような採用慣行を変更し、新卒採用を通した新卒者の雇用を優先すべきではなかろうか。

　中国と日本で大きく異なるのは、学校の入学時期である。中国がグローバル

第6章　新卒採用の日中比較

図表6-5　中国の大学生就職活動のスケジュール

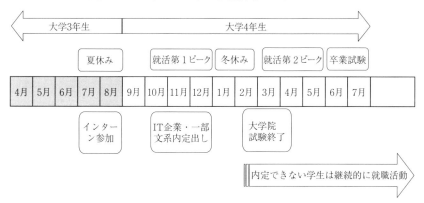

資料：筆者作成。

スタンダードの秋入学（9月入学）であるのに対して、日本は春入学（4月）である。同様に、卒業時期も中国が6月末であるのに対して、日本は3月である。中国の大卒者の就職活動は大学4年生になってから開始するのが一般的である（図表6-5）。日本のように選考開始までの「告知期間」が存在しない。したがって、エントリーすると決めると、すぐに選考開始となり、最初の接触から3週間程度で内定となり、日本と比べると超短期決戦型である。また中国の大卒者は、専攻にもよるが、理系ならほとんど、文系でも半分程度が大学院進学を視野に入れている。これは、中国では大学院の学歴が、日本と比べてかなり高く評価されているからである。大学院の試験及び結果発表は1月～3月なので、4年生の3月以降に就職活動を始める大学生も多い。

4-2　大卒者の就職経路

中国の大卒者の主な就職経路は次の5点である。

（1）ネット情報

就職サイト、各大学の就業サイト、企業のホームページ等である。大卒者は就職サイトを利用し、募集情報を入手し、さらに就職サイトに自分の履歴書を

197

登録する。各大学の就業サイトは、一般に就職情報・募集情報の公開に伴い、就業政策や役に立つ就職方法等も公開している。また内定が得られた大学生の内定先等も公開している大学がある。インターネットの普及に伴い、現在中国では大卒者向けの就職サイトが相当数設けられている。

（2）新聞情報

　新聞等媒体で募集情報を公開すると、相当なコストを要するため、今日ではインターネットよりも利用者が減っている。新規企業や「欠員補充」で新聞を利用する企業が多いために、大卒者が新聞から募集情報を取得することは限定的である。

（3）チラシ・掲示板情報

　大学の掲示板に募集情報を貼ったり、キャンパス内にチラシを配ったりするのは比較的に低コストで実施できるために、多くの企業がこれらの手段を用いている。しかし、その信頼性は必ずしも高くないために、大学生の利用は限定的である。

（4）縁故

　親、親戚、友達からの情報提供は、総じて採用率が高い。多くの大学生は、ネット、新聞、チラシ等からの情報入手よりも、先に縁故者からの情報を求めている。企業としては、非正規な手段で募集情報を公開することに慎重であるために、大学生の縁故者からの情報量は限られている。また、このような情報は学生、親の社会的ネットワーク、家庭状況にも影響される。

（5）合同説明会

　合同説明会は学生と企業が直接面談する機会であり、中国では、合同説明会は大卒者にとってきわめて重要な求職手段の一つとなっている。キャンパス内の合同説明会は主に新卒が対象であり、キャンパス外の合同説明会は新卒を含むすべての大卒者が対象である。キャンパス内の合同説明会では、専攻別の説

第6章　新卒採用の日中比較

明会等も設けられており、大卒者に利用しやすくなっている。しかし、多くの
企業のキャンパス内の説明会は、「985」や「211」のような重点大学をター
ゲットとしており、重点大学以外の大卒者はなかなかこのような機会を得るこ
とができない。

　一般に高学歴の労働者を募集するには、人材紹介会社、ヘッドハンティング
会社、インターネットによる求人広告、人材招聘会を利用し、低学歴者の求人
では労働市場、縁故、新聞の求人広告などを利用することが多い。また新卒者
の就職制度では、1990年代後半に「統包統配」制度から「双方向選択」制度に
変更された頃から、インターネットによる求人広告などの人材サービス業の利
用も増えている。

4-3　大卒者の就職過程

　大卒者の就職過程では、政府、企業、高等教育機関、大卒者本人の４つの主
体があり、これら４者は高等教育と労働市場を通じて、緊密な関係が構築され
ている。図表6-6のように、大卒者は個人、家庭、企業、社会の様々な影響
をうけて就職活動を行っている。第５章で検証したように、大卒者の就職意
識、大学での生活状況、家庭環境に加えて、経済状況、法律・制度等もある程
度大卒者の就職に影響を与えている。

　労働市場における大卒者の需要は、マクロ経済状況の影響を受ける。第一次
産業から第二次、第三次産業への産業構造の転換・高度化は着実に進んでお
り、大卒者を必要とする仕事も右肩上がりで増加している。しかしながら、大
卒者の供給はそれを上回るペースで増加しており、労働市場は大卒者を十分に
吸収できなくなっている。新卒者は今後も継続的に供給されることから、大卒
者の雇用創出に急ぎ対応しない限り、就職浪人や高学歴に見合わない職に就く
大卒者が増え、社会不安の火種になりかねない。

　大卒者の就職は、同様に就業に関する法律・制度等にも影響される。大卒者
に関連する法律・制度としては、労働法規、社会保障制度、教育制度、人事制
度、各産業・地域の就業政策等があるが、ここで重大な要素は戸籍制度であ
る。

199

図表 6-6　中国大卒者の就職過程

```
                                    ┌──────────────────┐
                                    │   就職情報収集    │
                                    └──────────────────┘
                                            │
                                    ┌──────────────────┐
                                    │    情報分析       │
                                    └──────────────────┘
                                            │
    ┌──────────┐              NO      ╭──────────╮
    │ 経済状況 │◄──────────────────── │   満足   │
    └──────────┘                       ╰──────────╯
                                            │ YES
    ┌──────────────┐              ┌──────────────────┐
    │ 社会文化要素 │              │   企業に応募      │
    └──────────────┘              └──────────────────┘
                                            │
    ┌──────────────┐              ◇──────────────────◇
    │ 法律・制度環境│              │  企業からの返答   │
    └──────────────┘              ◇──────────────────◇
                                            │
    ┌──────────────┐       NO     ╭──────────╮
    │ 労働力市場   │◄──────────── │   満足   │
    └──────────────┘               ╰──────────╯
                                            │ YES
    ┌──────────────┐              ┌──────────────────┐
    │ 教育政策     │              │  面接事項確認     │
    └──────────────┘              └──────────────────┘
                                            │
    ┌──────────────┐              ┌──────────────────┐
    │ 個人要素     │              │  面接に参加       │
    └──────────────┘              └──────────────────┘
                                            │
    ┌──────────────┐    ポイント  ┌──────────────────┐
    │ 家庭環境     │─────────────►│  待遇・賃金交渉   │
    └──────────────┘              └──────────────────┘
                                            │
    ┌──────────────┐       NO     ╭──────────╮
    │ 学校環境     │◄──────────── │  双方満足 │
    └──────────────┘               ╰──────────╯
                                            │ YES
    ┌──────────────┐              ┌──────────────────┐
    │ 企業要素     │              │ 労働契約を結び    │
    └──────────────┘              └──────────────────┘
                                            │
                                    ┌──────────────────┐
                                    │     入社          │
                                    └──────────────────┘

                                    ◇──────────────────◇
                                    │   入社せず        │
                                    │   契約違反        │
                                    ◇──────────────────◇
```

資料：筆者作成。

計画経済期の食糧・生活用品の配給制度は、戸籍に基づいて実施された。したがって政府の指示による就職先の移動の場合などを除き、戸籍を移すことは認められなかった。改革開放後、移住の自由は緩和されたが、2010年現在、全人口13億人のうち農村戸籍は約９億人を占めており、都市戸籍の発給にはいまだ厳しい条件が付けられている。社会保障や公共サービスはこの戸籍に基づいて提供されており、都市戸籍保有者には医療・年金、生活保護などの手厚い社会保障制度が整備されているのに対して、農村戸籍保有者は基本的に公的社会保障・公共サービスを十分には受けられない。

都市戸籍の発給制限は大卒のホワイトカラー層にも及んでいる。たとえば、北京市では北京市以外の地域出身の学生は北京市での就職が非常に難しく、公安、検察、裁判所、国有企業などの公的部門に就職できず、他の地域に移るほかない状況にある。また上海市は、戸籍の発給を厳しく制限しているが、卒業校のランク、学業成績、健康状態、外国語やパソコンの資格、就職企業の信用度や待遇などにより総合得点を決めたうえで、１・３・５年の３種類の居住証を発行している。居住証取得者の約８割は大卒以上の学歴を持つエリートである。しかし、居住証保持者として長年働いたとしても、退職後の年金は戸籍所在地でしか受け取ることができない。しかも受け取ることができるのは、掛け金のうち加入者本人が負担した分だけであり、事業主が支払った掛け金分は受け取ることができない。

おわりに

中国では、1990年代から、企業が自主的に大卒者を採用できるようになってきた。こうした採用の自主裁量により、企業の人材補充は多様化している。中途採用の増加は、大卒者が就職難に陥っている一因であると考えられる。中国の新卒採用方式と、日本の「新卒一括採用」を比較した結果は以下の通りである。

第１に、「新卒一括採用」の一番大きな利点は、円滑に新卒者を就職させることができることである。中国のように大学卒業後に就職活動によるブランク

が発生するということはない。中国では、民営企業の増加や国有企業の改革に伴い、中途採用が増加傾向にある。企業は潜在能力ではなく、即戦力を重視するようになっている。高等教育機関の定員拡大による大卒者の「質」の低下は、企業による新規大卒者の採用基準を一層厳格にしている。

第2に、企業特殊スキルの形成を重視する企業は、新卒採用を重視する傾向が強い。また、将来的な収益見込みの上昇は、新卒採用の増加に結びつくが、中途採用ではそのような効果が弱い。さらに、「新卒一括採用」は訓練制度が充実しており、中途採用は訓練制度を欠いている。

第3に、「新卒一括採用」の初任給は企業全体としてあまり分散しておらず、個々の企業ではほぼ一律の水準にある。中途採用は個人間、専攻間、企業間、産業間により多様な水準が設けられている。このために、中国の大卒者は「賃金・福利厚生」に対する意識が非常に強い傾向がある。

第4に、「新卒一括採用」の就職活動は一定の期間内に行われるに対して、中国の新卒採用では、大卒者の就職活動は内定を得られるまで継続するのである。厳しい就職状況の中で、卒業後何年間も続けて就職活動を行う大卒者も多数存在している。このために、就職活動を諦めると、「ニート」（NEET）が増える恐れがある。

第5に、就職活動の経路に関しては、日本の大学は大卒者の就職活動に様々な指導・支援活動を行っているのに対して、中国の大学が大卒者の就職活動に提供するサービスは相対的に少ない。日本の大学の就職課、大学内の企業説明会等は重要な役割を果たしている。中国の大卒者は「親・親戚・知人」という「縁故」を通じて就職活動を展開することが多くみられる。「関係」（人脈）が大きな意味合いを持つからである。

第6に、そのほか、戸籍制度は中国の人口移動をこれまで制限してきた。戸籍制度は中国の新卒採用の制約要因でもある。

【付論】 4Pマーケティング理論と大卒者就職

1．大卒者の就業競争力

　2015年中国の新卒者数は749万人、その20％に相当する150万人が職に就けない見通しである。中国社会科学院は、2014年の段階で「大卒者のうち就職できない若年労働者は中国全体で200万人を超えている」と推測しており、中国の「就職氷河期」の深刻さが窺えよう[116]。

　大卒者の就職は、家庭、学校、社会で議論の焦点となっている。高等教育機関にとって、大卒者の総合能力の育成は就業指導の最も重要な項目の一つである。大卒者は、高等教育機関が社会に提供する「特殊な商品」であり、社会と企業がこれを受け入れるか否かは、大卒者の就業競争力にかかっている。就業競争力は、高等教育機関の総合競争力の中でも核心的指標である。

　大卒者の就業競争力を制約する個人的な要因は次の通りである。

（1）個人的能力・資質

　現在、大卒者の資質と企業側の要求とはかなりの差異がある。大卒者の資質の低さは、大卒者の就職を制約する要因であり、大卒者就職難の一因でもある。体系的な専門知識の欠如、問題解決能力、忍耐力、コミュニケーション能力の弱さ、依頼心の高さなどに問題がある。

（2）高望み

　大卒者は本来、系統的に自己分析をしたうえで、就職活動を始めるべきである。ところが、大部分の大卒者は系統的な自己分析を行っておらず、自分に相応しい業界、職種、企業よりも、高レベルを希望している。また希望賃金も企業の提示額より高いために、就職活動に行き詰まり、就職に失敗することになる。

（3）就職手段の有効性

　大卒者はキャンパスの合同説明会や就職サイト等の手段を通して就職活動を行っている。しかし大卒者の増加と企業が提供できるポストの数は不均衡であり、大卒者に対する企業側の要求水準はさらに高まっている。こうしたなかで、大卒者の応募情報は、最初の書類審査の段階で取り除かれるケースが増えている。

（4）求職スキル

　「中国人力資源開発サイト」の調査によると、大卒者が就職難に陥っている際の最大の壁は、脆弱な専門知識と資質、不十分な業界・職種の分析、求職スキルの欠如にあるという[117]。必要な求職スキルを身に付けることにより、求職活動を有意義、かつ効果的に行うことが可能となる。

２．４Ｐマーケティング理論

　「マーケティングミックス」は、マーケティング戦略において、望ましい反応を市場から引き出すために、マーケティング・ツールを組み合わせることである。つまり、企業や非営利組織が、顧客や生活者に商品やサービスの販売をしたり、何かを遂行したりするために、マーケティングの利用可能な複数の手段を組み合わせて戦略を立て、計画・実施することである。マーケティングミックスにはさまざまなものがあるが、その代表的な考え方として４Ｐ理論がある。

　マーケティングミックスという用語を最初に使用したのはニール・ボーデン（Neil Borden）[118]であり、彼は製品計画、パッケジング、価格、ブランディング、流通経路、物的流通、人的販売の量と質、サービス、販売促進の他の手段の量と質、市場調査情報の種類と質、陳列を含めた広告の量と質をマーケティングミックスの要素として挙げた。コトラーによれば、1950年代にリチャード・クルウェットがProduct（製品）、Price（価格）、Promotion（販売促進）、Distribution（流通）の３Ｐ１Ｄを使っており、マッカーシーの４Ｐの基礎となったという。

図表6-7　4Pマーケティング理論

資料：筆者作成。

　この4Pを用いてマーケティングミックスが語られることが多く、4Pは売り手側の視点に基づいたツールであると言われる。ここで4つのPとは、（1）Product（製品：製品、サービス、品質、デザイン、ブランド等）、（2）Price（価格：価格、割引、支払条件、信用取引等）、（4）Promotion（プロモーション：広告宣伝、ダイレクトマーケティング等）、（4）Place（流通：チャネル、輸送、流通範囲、立地、品揃え、在庫等）を意味する（図表6-7）。

　1985年にAMA（American Marketing Association）は、マーケティングとは、個人目標および組織目標を満たす交換を創造するためのアイデア、商品、サービスのコンセプト、価格設定、プロモーション、流通の計画と実行のプロセスであると定義した[119]。

　さらに、2004年にAMAは、マーケティングは組織的な活動であり、顧客に対し価値を創造し、価値についてコミュニケーションを行い、価値を届けるための一連のプロセスであり、さらにまた組織及び組織のステークホルダーに恩恵をもたらす方法で、顧客関係を管理するための一連のプロセスであると新たな定義を下した。

3．4Pマーケティング理論と大卒者就職

　新たに定義されたマーケティング理論では、応用範囲が拡大され、企業に限らず、非利益組織や公共機関にも応用可能となっている。ところで、高等教育

図表6-8　就職活動の4P戦略

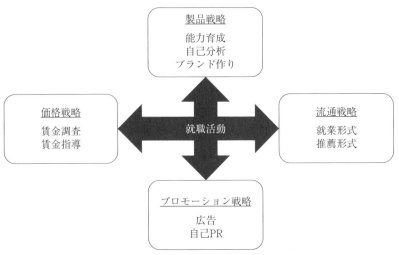

資料：筆者作成。

機関の卒業者の就職活動はマーケティングと同様な特徴を持つ。高等教育機関における大学生の育成過程は、企業における製品の生産過程と、また就職活動は企業の製品の販売過程に類似している。高等教育機関はマーケティング理論を用いて、「製品」を就業市場に「販売」し、一方、雇用側は大卒者の需要を満足させることになる。

4Pマーケティング理論に基づくと、高等教育機関の卒業者の就職活動は、図表6-8のように、(1) 製品戦略、(2) 価格戦略、(3) 流通戦略、(4) プロモーション戦略の4つの戦略から分析できる。

(1) 製品戦略：大卒者の総合的資質

マーケティング理論の観点から、「何を売るのか？」という製品戦略を検討する際には、「売りたい製品を販売する」という視点ではなく、「ターゲットとするお客様が買いたい製品を販売する」という視点が重要になってくる。市場の需要を考慮に入れない限り、いかに競争力がある製品でも、売れないことがある。労働市場も同様であり、大卒者を単に大量に育成して社会に送り出すの

ではなく、労働市場の需要に合致した大卒者の能力育成が重要であると考えられる。

　大量生産・大量消費の時代は、企業が製品を作れば売れるというマーケティング不要の時代であった。しかし今日のように、市場にモノが溢れ、ほとんどの市場が成熟期を迎えているなか、顧客は本当に必要、欲しいと感じるモノ・サービスにしか財布の紐を緩めない。そこで製品戦略では、ターゲット顧客のニーズを詳細に分析して、本当に欲しいと思わせる製品を開発し続けることが重要なポイントとなる。

　中国では、文化大革命後、大学入試が再開された。その頃は大卒者がきわめて少なかったために、労働市場の需要を分析しなくても、大卒者の就職に問題はなかった。しかし、定員拡大後、高等教育機関から大量の大卒者が労働市場に送り込まれ、需要に合致した大卒者は就職できても、そうでない大卒者は就職難に陥ることとなった。

　大卒者が増加を続けるなか、市場の需要を詳細に分析して大学生の能力上昇を求める時期を迎えている。まずは、基礎知識に加えて、専門的で高度な知識・能力を身に付けさせることである。次に、社会人になるための実践能力、コミュニケーション能力、臨機応変能力等を育成することである。さらに、高等教育機関として、市場が大卒者に求める需要の変化を常に把握しておく必要がある。

　自己分析に関しては、自分は何に興味を持ち、どのような時に嬉しく感じ、どのような場面で力を発揮したのかを考えることである。つまり、自分自身の価値観を再認識する必要がある。それは大卒者が希望する仕事に就くという意味でも、またその後の充実した社会人生活を送るという意味でも、大切な作業であろう。自分自身を理解できていなければ採用・選考で自己アピールすることはできず、不採用になる可能性が高い。また仮に就職できたとしても、本当に自分に合った企業でなければ、働くことすら苦痛になることもある。自分の価値観と合致しない企業に就職しても、充実した生活は送れず、退職・再就職を繰り返すことになる。就職の成功、社会人生活の充実、さらに今後の人生の充実のためにも、「自己分析」はきわめて重要な作業である。

（2）価格戦略：合理的な希望賃金

　価格戦略は４Ｐ戦略のなかでも特に重要な要素となる。価格は企業の売上・利益に直結しており、顧客にとっては購入に対するハードルとなるからである。低い価格設定は顧客の購入に向けてのハードルを低くする効果があるが、企業が低価格でも利益を上げる仕組みを構築していない限り、売上は上がっても低い収益にとどまることになる。逆に高い価格設定は企業に高収益をもたらすものの、顧客にとっては購入に対するハードルが上がることになる。

　大卒者の希望賃金が高ければ、就職機会は減少し、就職満足も低下する。逆に大卒者の希望賃金が低く設定されると、就職機会は増え、満足度は高くも低くもなる可能性がある。大卒者の希望賃金の設定は、製品の価格設定よりも複雑であり、賃金以外にも、就職する業界、勤務地域等の要素も考慮に入れるのが普通であろう。したがって就職活動に先立ち、自分が希望する地域、業界の賃金水準を十分に研究する必要がある。高等教育機関としても、大卒者のために賃金調査を行い、就職活動を行う大学生の賃金設定等を指導し、専攻と労働市場の需要、政府の就業政策等を総合的に検討する必要があろう。

（3）流通戦略：就職経路の拡大

　素晴らしい製品を製造し、手頃な価格で提供しても、実際にその製品が店頭に並んでいなければ購入されることはない。そこで流通戦略では、ターゲット顧客の特性に応じた最適流通網を構築する必要がある。

　流通チャネルには、構築に多大な時間を要し、一度構築すると変更が困難という性格があるために、選定には慎重を期する必要がある。また流通チャネルは、他の「Ｐ」と異なり、人が絡む要素が大きく、コントロールも難しいために、論理だけでは統制が取れないという性質を併せ持つ。

　流通戦略としては様々な政策を選ぶことができる。開放的流通政策は、自社製品の販売先を限定せずに、広範囲にわたって開放的に製品を流通させる政策である。選択的流通政策は、販売力、資金力、協力・競争度などに応じて、流通チャネルを選定する政策である。排他的流通政策は、特定の地域や製品の販売先に独占販売権を与える政策であり、ここでの販売先は代理店や特約店と呼

第 6 章　新卒採用の日中比較

ばれる。

　流通チャネルは関係構築が難しく、新製品の投入や新事業の立ち上げに際しては、市場規模のみならず、流通チャネルの構築のしやすさが重要となる。市場規模がいかに大きくても、その市場にアクセスするルートがなければ、販売はできないため、流通チャネルの構築のしやすさは市場規模の大きさよりも優先される場合がある。

　大卒者の進路としては、第 1 に、労働市場で就職活動を行い職に就く、第 2 に、自ら会社を立ち上げて起業する、第 3 に、大学院に進学する、または海外に留学することなどが考えられる。就職を選択する大卒者は、いかなる経路を通して職を求めるのか、費用や時間を無駄にしないように、的確な選択が求められる。

　開放的流通政策はかなりの時間と費用を要する。選択的流通政策は、自分に相応しい選択をするために、上述のような自己分析と高等教育機関の的確な指導が必要である。排他的流通政策では、大卒者は特定の業界・地域で就職活動を行うことになり、仲介業者を経由した就職活動となるために、リスクが高まる懸念がある。

　高等教育機関は最大限の推薦形式を果たすべきである。またより多くの企業によるキャンパス説明会が開催できるような環境作り、さらに仲介業者と連携して大卒者の就職機会を拡大することも重要である。

　大卒者は、高等教育機関の就業指導を受けつつ、自己分析したうえで、就職活動を開始する。さらに就業経路を広げることにより、より多くの就職機会が与えられることになる。しかし、就業経路を広げすぎると、逆効果となるリスクも内包しており、適切な経路、費用、時間を総合的に考慮に入れて、より効果的な経路を選択することが必要となろう。

（4）プロモーション戦略：自己 PR と宣伝

　最後は、「いかにして自社製品を知ってもらうか？」のプロモーション戦略である。今日では、テレビ、ラジオ、新聞、雑誌、インターネット等、様々なマスメディアをプロモーション戦略で活用することができる。自社製品の認知

209

度を高めるには、これらマスメディアを活用して、不特定多数の消費者にアピールすることが重要である。またプロモーション戦略では、目的に応じてメディアを使い分けると、より高い効果が期待できる。

　就職活動では、自己PRが様々な場面で必要となる。書類選考のみならず、面接も自己PRの良し悪しが結果に大きく影響する。自己PRはあらゆる場面で求められるために、学生は自己PRを重点的に練り直すことになる。

　就職活動では、面接での対応能力が求められるが、それ以上に重要であるのが履歴書である。履歴書は、自分の能力や人生を一枚の紙で語るという役割がある。どのような企業の採用活動でも、出発点は書類選考であり、履歴書によりその人物が判断されることになる。自分自身の本当の姿をいかにして相手に伝えるのか、また伝えたいという気持ちをいかにして表現するのかが、履歴書作成では鍵となる。企業側は応募者の積極性、協調性、責任感、行動力、向上心等に着目しており、自己PRは優秀な人材を見極めるポイントでもある。

　ビジネスは、多くの場合、一期一会である。自分の良さは必ず伝わるはずとしても、やはりアピールは不可欠である。自らが「レモン市場」の原理に陥らないために、自分自身の価値を正しくアピールしていく必要がある。

参考文献

［日本語］

飯田泰之（2014）「新卒一括採用は効率的だ」『美楽』2014年1月号。

ジョン・A・ハワード、田島義博訳（1970）『経営者のためのマーケティング・マネジメント－その分析と決定』（『Marketing Management: Analysis and Dicision』の邦訳）建帛社。

ニール・H・ボーデン、北原明彦訳（2007）「マーケティングミックスの概念」（「The Concept of the Marketing Mix」の邦訳）熊本学園商学論集　14（1）、熊本学園大学商学会。

苅谷剛彦・本田由紀編（2010）『大卒就職の社会学』東京大学出版会。

岩田龍子（1981）『学歴主義の発展構造』日本評論社。

岩脇千裕（2007）「日本企業の大卒者採用における『コンピテンシー』概念の文脈」
　　労働政策研究・研修機構。

小林雅之（1985）「労働市場の構造と選抜理論」『高等教育研究紀要』。

石田秀夫（2002）『MBA 人材マネジメント』中央経済社。

大久保幸夫編（2002）『新卒無業―なぜ、彼らは就職しないのか』東洋経済新報社。

池田秀男（1966）『学歴―実力主義を阻むもの』ダイヤモンド社。

田中博秀（1980）『日本雇用論』日本労働協会。

豊田義博（2010）『就活エリート迷走』筑摩書房。

野村正實（2007）『日本的雇用慣行―全体像構築の試み―』ミネルヴァ書房。

［中国語］

陳善暁（2007）「提高付加値：高校卒業生就業工作新策略」『湖州師範学院学報』。

李鵬（2001）「戦略人力資源的４Ｐ管理模式」『経済管理』。

余輝・張志詳（2010）「市場営銷視野下的高校卒業生就業工作探析」『中国電力教
　　育』。

張鳴・馬池珠（2010）「地方高等教育拡張対我国労働力市場的影響」『山東師範大学
　　学報』。

趙峰（2010）「高校就業指導工作現状与問題研究―基于北京八所高校的調査分析」
　　『大学教育科学』。

钟天送・郭文海（2009）「４Ps営銷理論与高校卒業生就業競争力」『吉林省教育学院
　　学報』。

［サイト］

１．http://hr-recruit.jp/articles/method 2015年７月16日閲覧。
　　大学・大学院の「新卒採用」総合情報（新卒採用.jp）

２．マイナビ採用サポネット http://3aponct.mynavi.jp/

終章　結論

1．中国式学歴社会

　本研究からも明らかなように、中国は日本以上の「超学歴社会」である。ソ連の教育制度をモデルとした中国の高等教育は、一握りの国家エリートの養成を無償で実施した。しかし高等教育の定員拡大後、大学の大衆化が進むと同時に、学費が高騰する事態を迎えている。そして今では、年間約750万人の大卒者が社会に送り出されており、彼らは深刻な就職難に直面している。

　中国における教育の目的は、職業・生活に必要な知識・技能の習得から、高い社会的地位の職業に就くための手段に変わり、大卒以上の卒業証書はそのための最も重要な通行証となり、就職・昇進等、社会的上昇のための手段となっている。さらに、試験は人材の選択、卒業証書の取得手段として、教育・進学過程を支配している。成績、学生生活、政治活動は教育の中でも重要な位置を占めており、熾烈な進学・受験競争が生じやすい背景のもとで、試験と進学を目的として勉強を続ける者も少なくない。

　こうして大学受験がヒートアップし、高校教育は大学受験の準備教育と化し、多くの子供たちは休日や夜遅くまで塾・予備校通いをするようになった。これが中国の「受験戦争」の現実である。この動きは高校進学段階にも波及し、大学進学実績の良い高校に受験者が集中して、同様の「受験戦争」が引き起されている。激しい「受験戦争」のために、教育機会の均等はいまや崩壊の間際にある。

中国式学歴社会の原因としては、まず伝統的な儒家文化の影響が考えられる。儒家の「学而優則仕」（学びて優なれば則ち仕う）という思想が多くの人々に共有されていた。中国では、隋から清まで行われた「科挙」に見られるように、学習→試験→合格→官僚の図式が定着しており、これは今日では学習→試験→卒業証書→より良いポストへと変化している。こうして、学歴主義が中国で根付くようになった。

　次に、中国経済の発展過程にあり、政府が高等教育をすべて提供するほどの財政力を持ち合わせていないために、学費は年々高騰している。したがって、高学歴・高い社会的地位は自然と人々の羨望の対象となっている。

　さらに、就職難のなか、多くの大卒者が職に就けず、さらに高い学歴を目指して大学院に進学している。また地域間、都市・農村格差の拡大を反映して、大卒者は沿海部の大都市・経済発達地域への移動、あるいは同地区への残留を希望している。このような傾向は、企業の人材選抜基準を高めており、一般大学から名門大学へ、さらに大学から大学院へと、高学歴ブームを引き起こしている。

　中国式学歴社会は社会不安の一因となり、大卒者の就職難をさらに深刻化させている。大卒者が急速に増加し、しかし、大学の進学率は29％にとどまり、他の先進国と比べて決して高くない。中国がこれから経済発展を進化させるに伴い、大卒者は一層高まることが予想できる。また大学に入ったとはいえ、「大卒」のブランド力は凋落している。このような高等教育の現状は、中国政府に多大な課題を投げかけている。

2．大卒者就職難の原因

2-1　高等教育の定員拡大

　大卒者の就職難を引き起こした最大の原因は、中国の高等教育の定員拡大である。高等教育の急激な拡大、労働市場に参入する新規大卒者の増加は、教育水準と就業機会の関係を変容させ、以前ならば大卒者が得ていた高い報酬を伴

214

う就業機会を縮小させている。

　労働市場における供給が拡大すれば、大学卒業から就職までの待機時間はさらに長期化する可能性がある。さらに、大卒者の就職難の原因として、産業構造のミスマッチ、就業意識のミスマッチであることが考えられる。その場合、新規大卒者の就業問題はさらに困難となり、若者層の経済基盤を大きく損ねることになる。

　大卒者の就職難の悪化に伴い、大卒者がそれまで高卒者が得ていた就業機会を侵食するようになると、今度は高卒者の就職がさらに悪化することになる。しかし中国社会では、大卒者は高卒者が就く職を望まないために、大量の「ニート」が発生する。より良い就業機会を得るための大卒の学歴が相対的に低下するために、大卒者は大学院進学、海外留学等を目指し、学歴取得競争はさらに過熱することとなる。

　第3章の賃金に対する学歴効果の実証研究によると、高等教育の定員拡大後、賃金に対する学歴効果は有意、かつマイナスとなっており、定員拡大後の学歴効果の低下が明確に確認された。

　定員拡大後、「エリート職」の就業機会は必ずしも増加傾向にあるわけではない。大卒者の「非エリート職」で吸収されるために、大卒者の賃金は下落する。過剰な教育とそれが引き起こす学歴インフレーションにより、初職に対する高等教育の効果は逓減し、高等教育の学歴効果を大幅に低下させたことは、本研究の実証研究で明らかになった通りである。

　しかし、大卒者は既存の「エリート職」を望むために、一方では、学歴獲得競争がますます過熱化し、他方では、「非エリート職」を拒否して、いつまでも求職活動を続けることとなる。この結果、就職意欲自体をなくして、「ニート」現象が生まれることにもなる。

　高等教育の定員拡大により、それまで労働者に期待されていた知識、技能、考え方、地域分布等に大きな変化が生じ、労働市場では需給関係のミスマッチが起こり、失業を生みだしている。さらに、大卒者の職業能力・技能と、現実に企業が求める技能・能力とが大きく乖離している。人材の供給過剰が大卒者の低賃金化を引き起こしているところに、仕事の質の低下も進行しており、大

卒者の就職難が長期化することは予想される。

2-2　大卒者の就職観と資質の低下

第4章のアンケート結果に基づく分析によると、大卒者の就職意識は就業機会と就業満足に影響を与えている。金銭的欲求（「賃金・福利厚生」、「仕事の安定性」、「将来性」）を重視すればするほど、就職機会が少なくなり、就職満足も低くなる。また「求職時間」と「求職費用」をかければ、就職機会が増え、良好な就職結果と繋がっていることが確認できる。

また第4章では、大卒者の賃金に及ぼす影響について、次のような結果が得られた。学習能力（「学習成績（GPA）」、「奨学金の獲得」、「専門・パソコンの資格」）、組織能力（「学生幹部」、「学生党員」）といった学生生活面は大卒者賃金に有意でプラスの効果があり、このような大卒者はより高い賃金を得ている。しかし、これは大卒者の一部に限られている。近年の大卒者は、企業が求めている能力と大きな乖離があり、大卒者の実際の資質は年々低下傾向を示している。

これまでエリート中のエリートとして扱われてきた大学生であるが、高等教育機関の定員拡大後、逆に仕事に対する高望みと現実の雇用との間のミスマッチが露呈した形となっている。たとえば、多くの学生が大都市での就職を希望しており、これは今後とも揺るぎようのない現実であろう。しかし大卒者が急増しているとしても、大都市の就職先が同様に増えているわけではない。勤務地域にとどまらず、給料の面でも大学生の理想と現実の間には大きな乖離がみられる。

大卒者の量的増加と質的低下を反映した新たな「均衡賃金」を彼らが受け入れれば、供給過剰の問題は生じないはずである。このほか、「仕事の安定性」、「将来性」、「仕事の環境」、「勤務地域」等も「高望み」さえしなければ、就職難も解消されるはずである。しかし現実には、多くの大卒者が期待される賃金水準を落としてまで就職を急がず、より良い待遇の仕事を探し続けるために、就職できない大卒者が増加しているのである。

2-3 高い親の期待

親の子供の教育に対する期待は、文化的再生産のメカニズムとして理解できる。すなわち、文化資本を持つ親は、子供に自分自身と同様、あるいはそれ以上の学歴の取得を期待しており、それを実現させるために教育支出を積極的に負担し、教育に情熱を注いでいる。結果として、子供は高等教育を受け、親の期待を実現することになる。

中国では、一人っ子の増加、また親世代が文革中にまともな教育を受けられなかったことから、親が子供に学歴取得を駆り立てるような背景がある。家族・親族が依然として競争の基本単位であるために、子供は親の分身であり、親は子供の成功により評価されるという二重の競争原理が存在する。

高等教育の規模拡大に伴い、高等教育機会を巡る競争は変質したといえよう。若者たちにとっては、高等教育機関への入学はもはや競争の目的でなく、競争の対象は一流大学への入学となっている。若いうちに努力して一流の大学に入学し、卒業後は一流企業に就職することが、子供に対する多くの家庭の期待である。

こうした社会通念は、大卒者の労働市場における企業の雇用行動により確立されたといえる。新規大卒者の賃金から判断すると、一流大学卒業者の生涯賃金は一般大学卒業者よりも高く、これは一流大学を巡る進学競争の直接の動因である。現実に、多くの大卒者が就職難に直面するなか、一流大学卒業者の高い就職率は、親の心を惹きつけていると言わざるを得ない。

親の子供の教育に対する高い期待、また親の高学歴志向は、「科挙」に由来する中国社会の学歴主義的価値観に根ざすものと解釈できよう。親の社会階層が高くなるにつれて、高ランクの大学への進学期待も高まる。さらに、経済資本か文化資本のどちらか、あるいは双方を所有している親ほど、高ランクの大学への進学を期待する傾向がある。

第5章のアンケート結果による分析では、父親の学歴、企業の種類、役職、共産党員としての身分等の家庭環境が、大卒者の就職に役に立つことが確認できた。特にここで強調しておきたいのは、多くの先行研究が父親の学歴が子供

の教育・就職に有利であることを指摘しているが、本研究では、母親の学歴も子供の教育・就職に役に立つことが確認されたのである。

日本と異なり、中国では専業主婦はきわめて少なく、女性の社会進出が顕著である。男性と同様に、女性も職に就き、管理職になり、高い賃金を得ることが可能である。そのために母親の学歴や所得が家庭環境に大きく寄与し、子供の教育にも多大な影響を与えることが確認できた。

3.「人的資本」の蓄積と社会的負担

過去30余年の経済発展は、中国の高等教育機関の定員を拡大させ、大卒者数を大幅に増加させた。大卒者数の増加は、企業が提供する雇用機会をはるかに上回り、大卒者の就職難を招来している。中国社会では、大卒者は高学歴でありながら、思うように就職ができない状況に陥っており、皮肉なことに、人的資本の蓄積が社会的な負担となっている。

多くの企業は大卒者の能力や資質に満足していない。大卒者の中から、本当に実力のある人物を探し出すのは容易ではない。もちろん、修士課程や博士課程を修了していれば、まずまずの資質とはいえるものの、それでも企業を満足させるものではない。高学歴を持つ失業者の増加は、今後、新たな社会問題になるのではないかとの懸念が高まっている。

比較的高い学歴を有しながら、出稼ぎ労働者と変わらない仕事に就き、低賃金に甘んじている大卒者からは、高学歴のメリットを何ら見出すことはできず、今後、彼らは社会に対して恨みや不満を抱く「憤青」（怒れる若者）に変身していく可能性もある。そのため中国政府は、国有企業の新入社員の募集を増加させたり、大卒者に対して農村の管理・教育業務に就くように奨励したりするなど、問題解決・緩和の道を探っている。しかし、大卒者は今後とも毎年数百万人単位で増加するために、中国社会にかかる負担は依然として巨大である。

高等教育の大衆化に伴い、大卒者の就職難とともに、教育の「質」の低下も問題視されている。持続的な成長のためには、高等教育の見直しを通じて、人的資本の強化を図る必要がある。高等教育における「量」と「質」の両面での

問題は、政府はもちろん、学費を工面して大学に子供を通わせている世帯にとっても損失であり、早急に事態の改善を図る必要がある。限られた予算のなかで、どのように問題を解決していくのか。政府は教育の「質」、大卒者に対する需要、そして予算面から、高等教育のあり方を見直すことが求められている。

さらに、持続的経済成長の結果として、沿海部における労働力、とくに農村からの出稼ぎ労働者の供給不足が深刻化し、賃金上昇が顕著となっている。また世界的な需要増加と価格上昇の影響もあり、中国国内でも原材料・エネルギー価格が高騰し、企業の生産コストを押し上げている。経済成長に伴う環境破壊に直面し、政府は環境対策を重視する姿勢を鮮明にしており、企業の環境保護コストも急増している。外資・輸出企業に対する優遇策の見直しも、結果的に企業の経営コストを上昇させている。中国経済の減速が鮮明になる中、外資系企業の中国撤退が相次いで報じられるようになった。このような状況が続けば、大卒者の就職難に加えて、出稼ぎ労働者の失業も顕在化することが見込まれており、中国経済は二重の雇用問題に直面することとなる。

4．中国社会の処方箋

4-1　学歴社会から学習社会へ

学歴社会では、労働者の教育訓練が重視されたが、学習社会では、労働者の学習能力が重視される。両者の相違は、労働者・学生・生徒の学習に対する自発性にある。学歴社会では、あくまで雇用側が労働者を訓練するものと想定されているが、学習社会では、労働者が自発的に、自己責任のもと、生涯にわたり学習し続けることが想定されている。

生涯学習は、自己充実や生活向上のために、その自発的な意志に基づいて、必要に応じて自己に適した手段・方法を自ら選びながら行う学習のことである。今後は、自分自身にあった学習方法で「いつでも」、「どこでも」、「誰でも」学びあえる社会、また誰もがいつでも自由に好きなことを学ぶことができ、単なる「学歴」ではなく「学習の成果」がきちんと評価される社会、この

ような「学習社会」の創造を目指すべきであろう。

　産業化の進展に伴い、ドーア（1976）等が指摘する「学歴病」という社会病理現象が顕在化し、社会そのものを蝕むようになった。「生涯学習」は、その病理の解消のための方策であり、生涯学習を掛け声だけで終わらせることなく、実質的なものにしていくためには、「学歴」に対して正確に認識することが不可欠である。

　生涯学習時代の「学歴」はどのように考えれば良いのだろうか。まず「学歴」を、「学校歴」（どの学校を卒業したか）ではなく、「学習歴」（何を学んだか）に変えていくことが必要となる。同時に、「どのような目的で学んだか」、そして「その結果はどうだったのか」をも含めて「学習歴」と捉えることが重要である。

　ここでは、学歴社会を「社会における社会的・職業的地位などの配分の基準として学歴が重視される社会」と定義する。効率的な人材養成や登用システムは、この学歴社会で重要な役割を担ってきた。たとえば、「富国強兵」に代表される国家目標の達成のために幅広い分野でのリーダーが求められ、この目的を達成するために、広範な階層の子供を競わせ、資質を持つ人材を見つけ出し、彼らに社会的・職業的地位へ配分することがなされてきた。

　現在でも、学歴社会はその役割を変化させながら、受験を基点とする競争原理や学位に対する社会的価値の信頼感により、学生の学力水準を押し上げることに寄与していると考えられる。社会的要請からしても、望ましい人材の獲得のために何らかの選抜・判断基準が設けられ、その人物のすべてではありえないにしても、能力のある一面を反映する要素として学歴を採用することは、きわめて妥当であると考えられる。

　学歴はもともと社会的・職業的地位の配分のための基準として利用されてきた。それは現在でも、企業の採用の際に、貢献期待度の評価として、類似した観点から利用されている。しかし、高学歴化が進み、学力格差が広がる可能性が増す中で、継続学習は必要であると同時に、学習の取り組み方もあらためて評価されるべきであろう。継続して形成される学歴、あるいはその応用としての職歴は、より適切に評価されなければならない。人物の職業的地位や待遇が

終章　結論

学校歴だけで評価されるのは、あるべき姿ではなく、人物評価は常に公平かつ
建設的に運用されることが期待される。健全な学歴評価がなされる社会では、
教育に対する信頼感も増し、学力の向上も期待される。変化の大きな現代社会
にあっても、柔軟な対応をなしうる人材を輩出することができるものと考えら
れる。

4-2　「新卒一括採用」の導入

　日本の若者を取り巻く就職環境は、中国と比べると、きわめて充実してい
る。これを支えているのが「新卒一括採用」である。学生は志望する企業に簡
易にエントリーすることができ、エントリーの制限もないために、倍率や難易
度の違いはあるものの、ほとんどの学生が企業に就職することができる。

　もし「新卒一括採用」の見直しや効率化の一環として採用機会の限定がなさ
れることになれば、学生の負担が従来とは比べものにならないくらい増大する
だろう。就職格差は拡大し、内定を得られずに大学を卒業した就職浪人が大量
に発生しかねない。親の所得による教育格差のみならず、正社員と非正規雇用
の就職格差や所得格差が、これまで以上に進むことはまず間違いない。

　中国でも、大卒者の円滑な就職を可能にする「新卒一括採用」の枠組みが検
討され、多様な採用機会が提供されることが望まれよう。新卒就職者の大半が
大卒者となる中で、大卒未就職者の増加、専門により異なる就職状況、若者と
企業とのミスマッチ等に対して、高等教育機関と就職支援機構は相互に協力し
て、中小企業とのマッチング等のきめ細かな支援、キャリア教育の充実を行
い、社会全体として若者の就職を支援していくことが重要である。日本の「新
卒一括採用」は若年者の円滑な雇用に対して一定の役割を果たしてきた。在学
中から就職に関する様々な情報が得られ、卒業前には就職先が決まり、「無
職」のリスクが回避できることは、学生にとって大きな利点である。

　さらに、「新卒一括採用」は学校と企業の就業マッチングを容易にする。長
期雇用と長期能力を形成（企業内 OJT）することにより、良好な処遇と雇用
関係を可能にしている。これは「エリート職」だけではなく、「非エリート職」
にも当てはまる。中国の「エリート職」と「非エリート職」は断絶的に存在す

221

るために、大卒者は「エリート職」に殺到し、「非エリート職」には就きたくない現状がある。政府はこの両者の格差を解消するために、「非エリート職」の待遇や仕事の環境等をさらに改善すべきである。そして、学校側は「非エリート職」に就くために、教育や職業訓練をより一層強化することが望ましい。

今日の中国では、人的資本蓄積の様々な条件がいまだ整っていない。この過渡的な時期に、ここでは、「新卒一括採用」の検討を提案したい。「新卒一括採用」の導入により、今日の大卒者の就職難問題は解消・緩和され、安定的な社会の維持が可能になるものと考えられる。

5．今後の課題

最後に、本研究の今後の課題をいくつか挙げておきたい。

第1に、本研究のアンケート調査は、中国経済の中心地である上海で実施された。そのため、このアンケート調査のデータは地理的にはきわめて限定的でもある。中国全体の大卒者の就職実態を分析するためにも、今後は上海以外の地域での調査も必要である。経済の先進地域と後発地域の比較調査も今後の課題である。

第2に、雇用創出への圧力が上昇していることを受けて、各地で積極的な雇用支援策が打ち出されている。大卒者や失業者が創業した新興企業への税制優遇策等に加えて、人員削減を実施する企業に対する失業保険を通した支援策、地方からの出稼ぎ労働者の起業支援等は今後とも行われる見通しである。大卒者の起業がどの程度大卒者の就職難を解消・緩和できるのか。このような問題意識に興味を持ちながら、大卒者の起業問題も1つの課題として検討する必要があろう。

第3に、中国の大卒者就職難問題を受けて、大卒者は国境を越えた就職志向を強めている。これは留学ではなく、大卒後、直接海外で就職することを意味する。大卒者の国境を越えた就職の実態、またそれに必要なスキル等に注目しながら、大卒者の国際的な雇用問題に着目することも、新たな研究課題といえよう。

［注］

1 ）『人民網』日本語版2015年 3 月 5 日付。

2 ）粗就学率とは、就学者数を該当学齢人口で除したものであり、就学者が公式学齢を超えて広がっている場合には100％を超える場合がある。それに対し、純就学率とは、就学者のうち就学年齢層に対応する生徒のみを該当年齢人口で割ったものであり、100％を超えることはない。

3 ）『広州日報』2009年 3 月 8 日付。

4 ）農民出稼ぎ労働者不足の現象。

5 ）零点調査グループは、創業者の袁岳博士が1992年に設立した中国市場調査の専門会社零点調査を中心とするプロの集団である。2000年に戦略コンサルティングサービスを提供する会社及び情報共有サービスを提供する会社を設立し、市場調査から得られたマーケット情報、ノウハウを総合的にクライアントに提供するトータルソリューションプロバイダーになった。中国最大の民営市場調査会社の一つである。中国国家統計局から海外調査業務受託認定を受けている。

6 ）中国青少年発展基金は、貧困地域の教育条件の改善や未就学児童の復学等を資金的に援助するために展開している非営利社会公益団体である。1989年に設立された。2006年「中国貧困生調査」が行われた。

7 ）1980年代初頭に郷鎮企業が雨後の筍のように誕生し、 1 億余りの余剰労働力を吸収した。1990年代に入り、その吸収力は大幅に低下し、農村の余剰労働力は都市部に流れ、都市部で自営業を営む人も増えた。このような農村と都市の大規模な労働力移動は「民工潮」と呼ばれた。

8 ）中国では、人民の代表とされる「全人代」に全ての権力が集中している。全人代、正式には「全国人民代表大会」という。代表の任期は 5 年で、解散はない。全人代は、立法権を独占しているほか、国家主席の選出、首相に当たる国務院総理の任命、最高人民法院・最高人民検察院のメンバーの選出など、大きな権限を持っている。

9 ）「小康」は、"まずまずの生活" の意。その前段階は「温飽（衣食が足るぎりぎりの生活)」である。鄧小平は1979年12月、大平正芳（当時首相）と会見した際に、一人当りGNP 四倍増計画を語り、250ドルの現行水準を1000ドルまで引き上げることができれば、「小康の水準」になる、と指摘した。鄧小平の提案をもとに1982年 9 月の第12回党大会の胡耀邦「政治報告」で、「小康の水準」を本世紀末までの経済発展戦略目標にすることを、正式に決定し、これを国策とした。この戦略目標の達成状況を1980年の一人当り GNP を100とする指数でみると、1988年＝200、1997年＝406,7 となっており、2000年までに 4 倍にするという計画は 3 年繰り上げて達成されたことになる。国家統計局の「全国都市住民の小康生活水準の基本指標」は、①経済発展水準、②物資生活水準、③人的指標、④精神生活水準を測定しているが、1997年に小康水準の90％を達成したとしている。また、農村部でも81.5％の達成度で中国国民の 5 人のうち 4 人は小康水準の生活を送っていると結論づけている。

10)「先富論」（一部分人先富起来）一部の人がまず豊かになることをゆるす政策。鄧小平は1985年に「個人経済の発展を認めよ、外国資本との合弁経営、外国資本の単独経営企業を認めよ」と主張した。ただし、その条件は「社会主義の公有制を主体とすること」であった。経営の自由化により、一部の地区・企業・個人が先に豊かになることによりのみ、国家・地方・集団の経済的実力をつけることができる。その実力がつけば、遅れた地区・企業・個人を援助する物質的基礎が得られ、「共同富裕」の道を切り開くことができるというのが鄧小平の考え方である。鄧小平のこの考えが、毛沢東時代の「平等主義」が「平均主義」（＝悪平等主義）に陥ったことを反省して生まれたものであることは、見やすい道理であろう。つまり、これは平均主義のアンチテーゼである。

11）可処分所得とは、労働の対価として得た給与やボーナスなどの個人所得から、支払い義務のある税金や社会保険料などを差し引いた、残りの手取り収入のこと。個人が自由に使用できる所得の総額。個人の購買力を測る際には、1つの目安とされる。

12）収入から、要した費用を差し引いた残りの収入である。

13）「四書」「五経」（ししょ・ごきょう）とは、儒教の経書の中で特に重要とされる四書と五経の総称。ただしこのうち『大学』『中庸』はもともと『礼記』の一章を独立させたものである。君子が国家や政治に対する志を述べる大説として、日常の出来事に関する意見・主張や噂話など虚構・空想の話を書く小説と区別される。四書は「論語」「大学」「中庸」「孟子」、五経は「易経」「書経」「詩経」「礼記」「春秋」を言い、五経をもって四書よりも高いとする（なお礼記の成立受容史に関しては「三礼」を参照せよ）。「楽経」を含めて四書六経ともいう。

14）科目により人材を挙げ用いる意。中国で古くから行われた官吏登用のための資格試験。隋・唐の時代に制定され、清末の1905年に廃止された。唐代には秀才・明経・進士など六科（りくか）があり、経書や詩文について試験を行ったが、宋代からは進士の一科となり、試験も解試・省試・殿試の三段階となり、明清代でも郷試・会試・殿試が行われた。官吏としての栄達にかかわるため、厳しい競争があり、弊害も大きかった。

15）五四運動とは、1919年のヴェルサイユ条約の結果に不満を抱き発生した、中華民国の北京から全国に広がった抗日、反帝国主義を掲げる大衆運動。5月4日に発生したのでこの名で呼ばれ、五・四運動、5・4運動とも表記される。抗日・反帝国主義だけではなく、反封建主義の側面もあった。

16）『人民日報』1953年6月9日付。

17）大躍進政策（1958年〜60年）は、中国が施行した農業・工業の大増産政策である。毛沢東は数年間で経済的にアメリカ・イギリスを追い越すことを夢見て実施した。結果は中国経済の大混乱と、推計2,000万人から5,000万人の餓死者を出す大失敗に終わり、毛沢東は生涯でただ一度の自己批判を行って、国家主席を辞任した。その後は中国共産党中央委員会主席毛沢東に代わって劉少奇・鄧小平などが修正主義的路線による経済再建を目指すが、権力奪還を企図する毛沢東の動きがこの後の文化大革命を引き起こすことになる。

［注］

18) 『人民日報』日文版「二十世紀写真と証言でたどる中国の百年」。

19) 「上山下郷」運動とは、文化大革命期の中華人民共和国において、毛沢東の指導により行われた青少年の地方での徴農（下放）を進める運動のこと。下放はそれまでにも行われていたが、文化大革命以後、都市部の青年層に対して、地方の農村で肉体労働を行うことを通じて思想改造をしながら、社会主義国家建設に協力させることを目的とした思想政策として進められた。

20) 大学が発展しているうちにその規模が徐々に大きくなり、いくつかの大学が集まることにより大学周囲または大学キャンパスそのものは、一定規模の都市になって「大学城」（University City・College Town）と呼ばれるようになった。大学城の機能は主に高等教育機関のために基礎設備や社会厚生システムなどの社会化サービスを提供し、学校運営に便宜を図ることである。

21) 中国教育部、2009年1月5日。

22) 中国教育部、2007年3月6日。

23) 一人っ子政策とは1979年から中国で行われている人口抑制政策。都市部では子どもが1人だけの家庭に優遇を与え、2人以上の家庭には住居や税金などの負担を重くすることにより、人口抑制を図り、都市は1人の子ども、農村ではさまざまな条件付で適当な出産期間を置けば2人の子どもを持てる制度である。

24) 中国教育部「2012年教育統計数拠」（http://www.moe.gov.cn/）。

25) 『中国統計年鑑』2014年版。

26) 厚生労働省大臣官房統計情報部。

27) 『人民網』日本語版2010年3月29日付。

28) 『RecordChina』2012年12月26日付。

29) 『京華時報』2009年6月29日付。

30) 教育部1985年5月27日発表。

31) 中国の「戸籍制度」の最大の特徴は住民の管理と、都市と農村の人口移動、とくに農村から都市への流入を厳しく制限することにある。農村から都市に移転するときは、必ず都市労働部門の採用証明、学校の合格証明または都市戸籍登録機関の転入許可証明を持参し、常住地の戸籍登記機関に転出手続きを申請しなければならない。

32) 中国には人事档案とよばれる個人情報を記録した人材ファイルが存在する。この人事档案には戸籍に関する基本情報から党籍、学歴、勤務年数、過去の表彰受賞から懲罰まで記載されている。この人事档案は大学に進学するときや、公務員、事業単位（独立行政法人に相当）、国有企業などの政府関連機関に就職するときに必要になる。

33) 旧政府の公務員と官僚資本主義企業の従業員に対して、採用から強制配置転換まで国家がコントロールする「包下来（丸抱え）」政策である。

34) 「公私兼顧、労資両利」は公と私の双方に配慮し、労働者側と資本家側の双方の利益をはかることである。

35) 農民を公共事業・生産活動に参加させ、その収入をもって救済金・救済物資に代える。

あるいは国の配給物資などを公定価額で農民に配給し、自由価額との差額をもって救済金・救済物資に代える。これは1950年から始まり、ある水利工程の事業では5億8000万立方メートル以上となり、水利施設の修繕に参加した被災民は300万人、その家族を入れると約1000万人がこれにより生活した。

36) それは中国の古代から封建制社会にかけての「救荒」（飢饉からの回復策）のための社会事業を起源としている。季節的失業に対する端境期の困難を乗り切るための「冬賑」、自然災害が大量に生み出す失業に対しての「工賑」「代賑」と呼ばれる失業対策のための社会事業が、官だけではなく民間の慈善団体による相互扶助として営まれてきたのである。

37) 国有企業、かつては「国営企業」と称された。中国語で「全民所有制企業」とも呼ばれる。原理的には、社会の成員全体が共同で生産手段を占有する形態とされるが、現実的には、国家が全人民を代表として生産手段を所有し、経営を行う形態とされる。

38) 集団所有制企業（中国語で「集体企業」）：社会の部分的な労働者が自ら組織し、共同で生産手段を占有し、経営を行う形態とされる。

39) 中国改革信息庫 http://www.reformdata.org/special/655/。

40) 教育部「教育50年大記事」。

41) 教育部「教育50年大記事」。

42) 『中華人民共和国教育大事記』（1949〜1982）。

43) 同上。

44) 『中国網』2009年9月18日付。

45) 『人民網』「中国青年択業観20年回顧」2002年4月22日付。

46) 国家が大学生の募集、管理、配分をすべてコントロールすることである。

47) 全国普通高等学校招生入学考試［全国普通高等學校招生入學考試］は、中国で実施されている入試システムである。通称「高考」。中国の大学は欧米と同じく9月入学のため、毎年6月から7月に試験が行われる。日本と違い、大学や専攻ごとの試験は原則行われず、この高考の試験結果のみで合否が判断される。

48) 『中華人民共和国国務院公報』第12号、1989年7月25日。

49) 『労働報』2010年8月21日付。

50) 政府などの公共機構に保護されている職業は、国が無くならない限り倒産しえず安定しているため、これらの職業に対して、割れない鉄で作ったお碗のように安定しているという意味で用いる。具体的には公務員、軍人、公立学校の教師、国有企業従業員などである。

51) 『中国教育改革和発展綱要』1993年。

52) 湯敏・左小蕾（1998年11月）「関于啓動中国経済有効途径的思考―拡大高校招生一倍的建議」（この主内容は、湯敏へのインタビュー形式で「教育啓動消費呼之欲出」と題して1999年2月19日付の『経済学消息報』に掲載された。また、全文は、湯敏（2002年）『千慮一得』広東経済出版社に収められた。）。

226

［注］

53）『解放日報』2002年12月2日付。

54）『大紀元』2007年4月13日付。

55）『新民晩報』2010年5月15日付。

56）労働社会保障部の「出稼ぎ労働者不足に関する調査報告」。

57）グローバルノート-国際統計・国別統計専門サイト、UNESCO統計ベース。

58）中国総合社会調査（Chinese General Social Survey, CGSS）中国人民大学社会学部2003年中国「211」工程の支持を受け、香港科技大学調査研究センターと連携し、中国総合社会調査をし始めた。その後定期的に調査を行っている。

59）中国ではイノベーションを「自主創新」と呼び、第11次5カ年計画、国家中長期科学技術発展計画綱要では自主創新が大目標とされている。2008年には、創新型国家を目指すための国家値財戦略綱要の公表、企業結合の事前申告義務を定めた独占禁止法の制定、税制優遇を認めるハイテク企業認定管理弁法制定（これにより、個人の知的財産取得が進んだ等の影響が見られた）が行われている。また、同年（2009年）自主創新製品認定制度が始まった。2010年現在、自主創新認定商品を政府調達において優先的な調達対象とする制度案（政府調達法実施条例）が意見募集の対象となっている（なお、中国はWTO政府調達協定に未加盟である）。

60）工業化前の社会においては農業部門が余剰労働力を抱えている。工業化が始まると、低付加価値産業の農業部門から都市部の高付加価値産業の工業部門やサービス部門へ余剰労働力の移転が起こり、高成長が達成される。工業化のプロセスが順調に進展した場合、農業部門の余剰労働力は底をつき、工業部門により農業部門から雇用が奪われる状態となる。この底を突いた時点がルイスの転換点である。

61）『中国国家統計局』。

62）国務院研究室が発表した「中国農民工調査研究報告」による。

63）国有企業労働者の一時帰休である。

64）「北京市外地來京務工経商人員管理条例」が北京市第10回人民代表大会常務委員会第16次会議に採決された。『新浪網』新聞中心2015年3月29日「北京市外地來京務工経商人員限制性規定被取消」。

65）「粗放型経済」とは、資本と労働の多投入を行って生産するので、資本も労働も無駄が起こるのである。粗放型経済成長方式の一種の生産要素の品質、構造、使用効率と技術レベルが不変の状況の下で、生産要素の大量投入や拡張実現による経済成長パターンを実現する。

66）『深圳市人力資源と社会保障局』http://www.szhrss.gov.cn/2010年6月23日検索。

67）このような見方に対する反論としては、南（2008）、丸川（2014）がある。

68）農村税費改革の推進政策と2003年3月、社会主義新農村の建設目標を打ち出した。

69）『大紀元』2011年10月5日付。

70）『中国都市発展報告』

71）『国家中長期教育改革和発展規劃綱要』（2010-2020）人民出版社。

72) 『中国統計年鑑』には各製造業の生産額は公表されていないため、営業収入のデータから算出した。

73) 独立行政法人『科学技術振興機構』中国総合交流センター。

74) 管理学に関してはその人数の半分は第二次産業に統計し、残り半分は第三次産業にした。

75) 数学におけるユークリッド距離（英：Euclidean distance）またはユークリッド計量（英：Euclidean metric；ユークリッド距離函数）とは、人が定規で測るような2点間の「通常の」距離のことであり、ピタゴラスの公式により与えられる。この公式を距離函数として用いればユークリッド空間は距離空間となる。ユークリッド距離に付随するノルムはユークリッドノルムと呼ばれる。古い書籍などはピタゴラス計量（英：Pythagorean metric）と呼んでいることがある。

76) 『中国大学生就業報告』2013年版。

77) 『捜狐網』教育動態2014年3月22日「教育部副部长鲁昕：600多所本科院校转做职业教育」。

78) 『日経ビジネスオンライン』2014年1月10日付。

79) 他の省や直轄市からやって来て北京や上海など大都市でチャンスを探している若者、就職していても住居も戸籍もなく、まだ大都市に根を下ろしていない若者を指す。また北京や上海などの都会で働く子や孫について、故郷を離れて慣れない大都市で孤独な生活を送る親世代の層「老漂族」も増えつつある。

80) 『Record China』2011年4月11日付。

81) 貧しい地方からの出稼ぎ労働者（民工）集団。通常の住宅の家賃は払えず、窓もない地下の狭小・劣悪な環境で生活している。都市戸籍がないので、住宅や自動車を買う資格はなく、教育・医療等の社会保障サービスも一切受けられない。

82) 『Record China』2012年12月21日付。

83) 80後（バーリンホウ）とは、一般的に1980年代生まれの世代を指す言葉である。80後は計画出産政策（一人っ子政策）施行後に生まれ、その多くが一人っ子。小皇帝の元祖とも言える。親や祖父母からの愛情を一身に受け育ったため、一般的に「ワガママ」と言われ、「最も利己的な世代」「最も反逆の世代」「世間も知らずに最も期待できない世代」と世間から厳しい評価を受けてきた世代でもある。

84) 90後（ジョウリンホウ）とは、一般的に1990年以降に生まれた世代を指す言葉である。90後は豊かさの中で育ってきたと言える。その影響からか考え方が前向きで、新しい事に対しての挑戦意欲も強く、進歩的、斬新さを持ち、人生を楽しむことにも価値を見出す世代である。しかし、これまでの保守的な、時に臆病な面も持つ昔の中国人とは異質な90後はその反動として、現実離れした考え方、行動が時に批判の対象となることがある。生活の苦しさを体験していないだけに、周囲に気を配ることもなく自己本位で、自分に合わないものは無視し、気の向くままに生きているとの批判も聞かれる。

85) 東京大学社会科学研究所「希望学」プロジェクト。

[注]

86) 習仲勲は現在の国家主席習近平の父であり、中国の副総理も歴任した。

87) 国の重点産業に関する職業である。

88) 親の学歴、職業、役職、政治状況、家庭収入等を含む。

89) 選択理論とは、アメリカの精神科医ウィリアム・グラッサー博士が提唱している新しい
心理学である。リアリティセラピーの教育界への適用『現実療法』（1965）の著作で一
躍有名になった精神科医ウィリアム・グラッサー博士は教育界では『落伍者なき学校』
（1969）で知られるようになり、その後教育現場でのグラッサー選択理論の適用を『ク
オリティ・スクール』（1990）で著している。

90) ジョージ・キャスパー・ホーマンズ（1910-1989）は、社会的交換理論で知られるアメ
リカの社会学者である。ホーマンズの社会学理論は、小集団やそこで交わされる相互作
用を研究対象とした社会心理学の分野にカテゴリーできるが、心理学実験に依拠する割
合が大きい点では、その中でもさらに心理学寄りだと感じる。彼自身、デュルケムが心
理学からは社会学理論は導けないとした主張に対抗して、自らを「心理学的還元主義
者」と自認していることからもうかがえる。

91) アンケート調査の対象は、上海南匯（上海市にかつて存在した市轄区、現在は浦東新区
に属する）大学城にある四つの大学の4年生である。この4つの大学は、（1）上海電
力学院（主に理工学部のほか、文学部、管理学部、経済学部等がある）、（2）上海托普
信息技術学院（通信、コンピュータ、ソフトウェア等の専攻がある。2003年国家教育部
と信息産業部から国家コンピュータ応用、ソフトウェア技術人材育成学校が命じられ
た）、（3）上海思博職業技術学院（国際貿易、通関実務、国際物流、ホテルの経営と管
理等の専攻がある、民営高等職業技術学院でもある）、（4）上海工商外国語職業学院
（外国語が主な専攻であり、特に日本語、ドイツ語、フランス語が重視されている）で
ある。この4つの大学は、いずれも「985」、「211」のような国家重点大学ではない。

92) 大学英語四六級試験 CET（College English Test）である。大学生が大学卒業までに受
験する全国英語検定試験である。4級は英語英文専攻以外の大学生は卒業までに合格す
ることが求められる。国家公務員の条件でもある。6級は英語英文専攻以外の優秀学生
の条件であり、大学院入学条件である。

93) 一定の試用期間を働いた後に、企業と労働者の両者が同意の上で労働契約を結ぶ方法
で、試用期間中の給料はゼロである。

94) GPA（Grade Point Average）とは、各科目の成績から特定の方式により算出された学
生の成績評価値、あるいはその成績評価方式をいう。

95) 効能とはある物質により得られるはたらき、信念とはある個人がある命題ないしは前提
が真であると信じること、もしくは信じられる内容のことであり、正しいと信じ、堅固
に守る自分の考えである。

96) メタ認知とは認知を認知すること。人間が自分自身を認識する場合において、自分の思
考や行動そのものを対象として客観的に把握し認識すること。それをおこなう能力をメ
タ認知能力という。

97) 文部科学省「教育目標・内容と学習・指導方法、学習評価の在り方に関する補足資料」
ver. 3 教育課程企画特別部会（第2回、平成27年2月12日）

98) ミンテルは1972年の創業以来、独立系の調査会社として、市場情報や信用性の高い情報・分析、重要度の高い提言などを提供し、数々の賞を獲得してきた。

99) 『労働報』2011年7月20日付。

100) 独自のアンケートモニターとインターネットのアンケートシステムにより、豊富なネット調査、市場調査、ネットリサーチの実績を持つマーケティングリサーチ会社。

101) 『livedoor'News』2014年1月27日付。

102) 『Record China』2010年6月29日付。

103) 葛藤理論とは、社会は様々な集団の利害闘争から構成されており、公式理論や道徳的な言説の背後には集団の利害が作動しており、能力主義というのは人々を納得させるための表の論理であるとする理論。

104) 『北京週報』2007年8月23日付。

105) ピエール・ブルデュー（Pierre Bourdieu、1930年8月1日−2002年1月23日）は、フランスの社会学者。コレージュ・ド・フランス名誉教授。哲学から文学理論、社会学、人類学まで研究分野は幅広い。著書『ディスタンクシオン』が有名。文化資本、社会関係資本、象徴資本の用語や、ハビトゥス（Habitus）、界、象徴的暴力などの概念で知られる。

106) 「高考」とは大学入試、「状元」はもともと科挙用語の1つであり「進士」の首席合格者を指す。ここでは「トップの成績を収めた人」を意味する。

107) 『中国校友会網』http : //www.cuaa.net/cur/2015/2015gkzydc/2015年8月25日検索。

108) 『人民日報』2005年6月28日付。『中国労働』2005年10月号。

109) 就業に影響する要素であり、たとえば、個人能力、家庭環境等を含む。

110) 費は「郷土社会」の村落を実地調査し、その社会構造は、無数の私人関係が組み合わさったネットワークから成り立っており、1つ1つのネットワークは、異なる「己」を中心として同心円状に広がっているという結論を得た。この基層構造を「差序格局」（序列と格差のモデル）と呼んだ。学習院大学東洋文化研究所出版の訳本では、「差序構造」と訳され、郭玉念・朱新建（2009）は、「格差構造」と訳されている。ここでは、園田（2002）で示した訳を使用した。

111) 株式会社学情 http : //company.gakujo.ne.jp/2015年8月20日検索。

112) 東洋経済オンライン、「就職協定」と「倫理憲章」、そして「卒業後3年以内既卒者の新卒扱い」に関する人事の声。

113) 経団連「採用選考に関する企業の倫理憲章の理解を深めるための参考資料」。

114) 『日本経済新聞』2013年4月19日付。

115) garbagenews.net、EU MAG。

116) 『中国網』2014年12月11日付。

117) NDRC（中国人材開発研究会）。

[注]

118) ボーデンの論文「The Concept of the Marketing Mix」（1964年）によると、同僚の
ジェームズ・カリトン（James Culliton）教授が1948年に行った研究の中で、企業経営
者を「素材のミキサー」と表現したことに示唆を受け、経営者が諸要素を組み合わせて
デザインしたものを「マーケティングミックス」と呼んだという。マーケティング管理
論の先駆者、シカゴ大学経営学大学院のジョン・A・ハワード（John A. Howard）
は、1957年の著書『Marketing Management: Analysis and Dicision』で、マーケティ
ングを経営管理の一分野と規定した。

119) 経済産業省サービス産業人材育成事業「医療経営人材育成テキスト」Ver.1.0。

索　引

アメリカの SCANS モデル　139, 140
蟻族　69, 73, 110, 169
一般職　188
一般労働市場　42, 43
ウィスコンシン・モデル　18, 162
エリート職　80, 215, 221

改革開放　23, 30, 36, 44, 53, 59, 67, 78
階層意識　6, 7
階層分化　6, 8
買手市場　13
替え玉受験　38
価格戦略　206, 208
「科挙」制度　29
学習社会　219, 220
学習能力　133, 216, 219
学力格差　7, 176
学歴意識　3, 34
学歴格差論　180
学歴観　5, 6, 16, 28, 33
学歴効果　16, 98, 102-104, 215
学歴社会　4-6, 16, 26, 34, 35, 170, 213, 219, 220
学歴社会意識論　6, 7
学歴主義　4, 33, 214
学歴信仰　5
勝ち組　16, 37, 45

学校歴　13, 45, 220
家庭環境　16, 117, 132, 155, 156, 158, 169-171, 174, 217, 230
家庭資本　18, 165-171
官二代　169
期待賃金　75, 124, 128, 130, 132
希望留年制度　192
義務教育　8, 11, 22, 29, 103, 138, 159
教育アスピレーション　156
教育機会　13, 28, 39, 163, 213, 217
教育構造　75
教育支出　11, 33, 217
教育社会学　7
教育水準　8, 11, 83, 125, 158, 214
均衡賃金　216
金銭的欲求　119-121, 216
計画経済体制　31, 52, 57, 59
経済学　8, 11, 28, 40, 97, 118, 126, 131, 156
経済格差　7, 24, 25
経済構造　69, 71, 78
経済成長　10, 14, 23, 77, 81, 96, 113, 219
高学歴化　5, 12, 13, 44, 157, 220
高学歴志向　6, 34, 42, 155-157, 159, 217
高学歴者　5, 33, 39, 41, 43-45, 113, 128, 159
高考移民　37, 38
高考状元　161, 162
高等教育機関　2, 11, 15, 28, 34, 50, 54, 64, 65, 73-75, 90, 95-99, 132, 136, 156, 182, 203, 206, 216-218
高付加価値　68, 227
功利主義　5, 6, 113
合理的格差　27

232

合理的選択理論　118
戸籍制度　14, 15, 42, 50, 74, 76, 78, 105
固定工　58, 62, 63
雇用慣行　62, 114, 179, 195, 196
雇用創出　1, 14, 142, 199, 222
五四運動　29, 224

先富論　24, 224
産業構造　14, 16, 25, 74–76, 83, 87, 90, 93–95, 105
産業高度化　34
シグナリング理論　8, 9
自主的職業選択　17, 49, 50, 53, 63, 67, 68, 117
市場経済体制　31
下崗　65, 77, 169
下放　30, 55, 225
資本集約型　73, 78, 87, 89, 91, 93, 96
社会階層　7, 34, 43, 160, 164, 168–170
社会経済地位　158
社会的交換理論　118, 229
社会的資源　9, 160
就業維持　136
就業機会　119–121, 127, 144, 215
就業コスト　119
就業収益　119
就業能力　136–138, 141, 142
就業満足　119–121, 216
就職意識　17, 105, 109–114, 117–121, 124, 199, 216
就職過程　199, 200
就職機会　4, 17, 44, 71, 120–123, 130, 144, 208, 216
就職協定　182–185

就職経路　193, 197, 208
就職構造　71
就職制度　49, 50, 52, 53, 59, 64, 80
就職動機　118
就職難　1, 3, 13–18, 41, 45, 49, 50, 55, 57, 65, 68–71, 73–76, 80, 81, 83, 90, 95–98, 104, 109, 110, 203, 207, 213–219
就職氷河期　45, 185, 192, 203
就職方式　12
就職満足度　16, 17, 121, 122
収入格差　6, 22
就労意識　113
就労観　113, 114
受験競争　6, 36, 44, 170, 213
受験戦争　38, 44, 160, 213
小康社会　23
上山下郷　30, 55, 57, 225
少子・高齢化　114
情報の非対称性　10, 125, 126, 130, 132
上流階級　161
職業価値観　115
職業観　67, 111, 114, 115, 142
職業選択　41, 42, 56, 59, 61, 67, 112, 115, 116, 118, 156, 168, 172
職業達成　15, 156
初職獲得　136
所得格差　21–27, 35, 36, 39, 44, 82, 175, 221
人口政策　157
人口大国　21
人材強国　2, 21
人材競争　97
人材市場　34, 42, 43, 64
人材大国　2
人材フロー　195, 196
新卒一括採用　18, 179–182, 188–193, 195,

233

196, 201, 202, 221
新卒採用　10, 125, 179–181, 183, 187, 190, 193, 195, 196, 201, 202
新卒採用制度　3, 15, 16, 18
人的資本理論　8, 9, 27, 99
生産性　8–11, 27, 58, 78, 98, 125
製品戦略　206
総合職　188
双方向選択　17, 50, 59–61, 80, 116, 199
組織能力　135, 144, 216

大学園区　31, 32
大学進学機会　13
大衆化　8, 11, 13–15, 22, 28, 32, 96, 127, 164, 168, 213, 218
大卒者労働市場　12, 70, 80, 81, 83
大卒労働市場　42
大躍進　30, 224
漂族　110
地域間格差　15, 24
地位上昇志向　6
知識集約型　73, 87, 91, 93, 96
中産階級　155, 161
中途採用　125, 189–192, 195, 202
賃金格差　22, 26, 27, 40, 42, 44, 74, 79, 123, 127, 128
賃金水準　4, 42, 43, 80, 82–84, 99, 117, 208, 216
定員拡大　2, 15–17, 73, 74, 81, 96, 98, 99, 101, 103, 117, 127, 156, 164, 207, 213–216
定期採用　45, 179, 181, 182, 188–190
適合度　94
鉄飯碗　62, 63, 116

天之驕子　39, 164
統包統配　17, 49–53, 57–59, 64, 78, 116, 199
独立学院　32, 105
途上国　5
富二代　169
トラッキング論　18, 163, 164

ニート　45, 70, 202, 215
望子成龍　33

売手市場　13
非エリート職　123, 144, 215, 221, 222
非金銭的欲求　119, 120, 122
非合理的格差　27
一人っ子政策　33, 34, 37, 225, 228
福沢諭吉　4, 5
不平等　13, 21, 23, 24, 39, 75, 158, 160
プロモーション戦略　206, 209, 210
文革世代　34, 157
文化資本論　18, 160
文化大革命　30, 44, 53–55, 116, 159, 171, 207, 224, 225
偏差値　180
ホワイトカラー　45, 71, 112, 179, 201

負け組　22, 45
民営大学　32
民工荒　3, 16, 17, 73–80, 82–85, 90, 96, 105, 223

民工慌　76
民工潮　17, 76–78, 223
ミンサー型賃金関数　98, 99
ミンサー賃金関数　17, 99

USEM モデル　136, 137
欲求選択理論　118
４Ｐマーケティング理論　203–206

リーマン・ショック　68, 73

流通戦略　206, 208
倫理憲章　185, 186, 188, 230
レモン市場　17, 123–127, 130, 210
労働集約型　73, 77–79, 85, 87, 91, 93, 95, 96

和諧社会　21

あとがき

　本書を書くにあたっては、各方面の多くの方々にご指導ならびにご支援をいただきました。いくら感謝しても感謝しきれない思いです。そのような温かいご親切がいただけたからこそ書き上げることができました。ここに重ねて御礼申し上げます。

　博士論文を執筆するにあたっては、恩師大橋英夫教授に勉学から生活まで公私にわたって8年間、何度も挫折しそうになる私を導いていただき、本当にお世話になりました。深く感謝申し上げます。

　また、データ分析等の知識をご教示くださった宮本光晴教授は、温厚で優しいお人柄ですが、論文指導の折には、時に厳しくご指摘頂き、長きにわたるであろう今後の研究活動の基本となる教えを示して下さり、大変感謝申し上げます。

　修士課程のときから貴重なご意見をいただきました浅見和彦教授、徳田賢二教授、福島利夫教授、高橋祐吉教授ならびに学部ゼミの担任鈴木直次教授、そのほかお世話になった佐々木重人教授、狐崎知己教授、飯沼健子教授、商学部の岡田穰准教授、岩尾詠一郎教授、そして、激励してくださった国際交流センターの小川浩司氏、学長室企画課の石垣佐智子氏、大学院事務課の安藤徳明氏、同じ研究室だった李春霞氏にこの場を借りて厚く御礼を申し上げます。

　なお、本書は平成28年度専修大学課程博士論文刊行助成を受けて出版されるものであり、本書出版の際は専修大学出版局局長笹岡五郎氏より適切なご助言をいただき、感謝いたします。

　日本に来て16年間になり、一貫して日本人の温かさに支えられました。これからは日中の架け橋として、日本社会に貢献したいと強く考えております。専修大学の12年間にわたる学生生活は私の人生にとってとても貴重な経験であり、これからも諸先生方のお教えを守り、研究者としてより一層邁進していく所存です。

　研究とは本を読むことだけではない、現場を踏んで調べる姿勢が大事だとい

うことです。同時に楽しく覚えてという教えも胸に刻みました。論文を書き上げたときがゴールであり、新たなスタートでもあります。これからも奥の深い探求に励みます。今後ともご指導、ご鞭撻賜りますようお願い申し上げます。

最後に、あらゆる場面で私を温かく見守り続けてくれた自分の両親、義理の両親、弟のご家族、友人、また妻に深く心より感謝いたします。

2017年1月吉日

蒋 純青

蒋 純青（JIANG CHUNQING）

略歴：
2008年3月　専修大学経済学部国際経済学科　卒業
2010年3月　専修大学大学院経済学研究科経済学専攻修士課程　修了
2016年3月　専修大学大学院経済学研究科経済学専攻博士後期課程　修了
2016年6月現在　上海を拠点として研究活動

論文：
2010年3月　「中国における学歴社会と所得格差」修士論文
2011年11月　「中国の学歴格差社会」専修大学社会科学研究所月報 No.582
2013年5月　「中国における大卒者就職制度の変遷」専修大学社会科学研究所月報
　　　　　　　No.599
2016年3月　「中国における高学歴化と大卒者就職に関する研究」博士論文

報告：
2012年6月　「中国における産業構造と雇用問題―大卒者就職難を中心に」中国経済
　　　　　　　学会　第11次全国大会

中国の高学歴化と大卒者就職の諸相

2017年2月28日　　第1版第1刷

著　者　蒋　純青
発行者　笹岡五郎
発行所　専修大学出版局
　　　　〒101-0051東京都千代田区神田神保町3-10-3
　　　　　　　　　　　　　　　　　㈱専大センチュリー内
　　　　電話　03-3263-4230㈹
印　刷
製　本　亜細亜印刷株式会社

Ⓒ Jiang Chunqing 2017　Printed in Japan
ISBN978-4-88125-311-3